KB141353

변치 않는 마음이 있고, 굴하지 않는 정신이 있다.
There are loyal hearts, there are spirits brave,

순수하고 진실된 영혼들도 있다.
There are souls that are pure and true.

인생은 거울이므로, 왕에게도 노예에게도
For life is the mirror of king and slave,

우리가 무엇이고 무엇을 하는지 그 자체일 뿐.
This is just what we are and do.

그러므로 그대가 가진 최고의 것을 세상에 주라.
Then give to the world the best that you have,

다시 최고의 것이 되어 그대에게 돌아올 테니.
And the best will come back to you.

- 「Life's Mirror」by Madeline S. Bridges -
매들린 브리지스의 「인생은 거울」 중에서

36세,
내 집을 가져라

겸손	보리나무
돈읽녀	상상력부자
드리머	아이리쉬
바를공반운	풍백
	플레이야데스

잇콘

페이스북 '돈 읽어주는 여자' www.facebook.com/itcontents
네이버 포스트 '도서출판 잇콘' http://post.naver.com/itcontents

36세
내집을 가져라

초판 1쇄 발행 2017년 12월 7일
초판 3쇄 발행 2018년 1월 22일

지은이 겸손, 돈읽녀, 드리머, 바를공반운, 보리나무, 상상력부자, 아이리쉬, 풍백, 플레이야데스
감수 호빵

펴낸 곳 잇콘
책임편집 임효진
출판등록 2016년 6월 13일 제2016-000083호
주소 인천광역시 남동구 석산로 207번길 34-25
전화 070-4122-1895
팩스 02-6919-1886
디자인 은아 BOOK

ⓒ 겸손, 돈읽녀, 드리머, 바를공반운, 보리나무, 상상력부자, 아이리쉬, 풍백, 플레이야데스

ISBN 979-11-960731-2-1 13320
값 15,000원

"저 많은 집들 중에
왜 내 집 하나가 없을까?"

서른여섯 살의 당신은, 아마도 서울올림픽 개막식에서 굴렁쇠를 굴리던 소년을 어렴풋이 기억하고 있을 것이다. 독수리로 변신하는 우뢰매 로봇이 갖고 싶었을 것이고, '옛날옛날 한 옛날에 다섯 아이가~'로 시작하는 「후레쉬맨」 주제곡을 기억할 것이다. 뭐든지 만들어내는 맥가이버 아저씨를 좋아했고, 쥐를 먹는 파충류 외계인 다이애나를 무서워했으며, 밤에는 홍콩할매귀신이 내 손발톱 숫자를 셀까봐 주먹을 꼭 쥐고 잠들었을 것이다.

서른여섯 살의 당신은, 초등학교가 아닌 '국민학교'를 나왔을 것이다. 한 반에 50명 가까운 아이들이 오전반과 오후반으로 나뉘어 등교를 했고, 짝꿍을 정할 때면 항상 몇 명은 남자들끼리 짝을 해야 했다. 여름방학이면 『탐구생활』을 몰아서 푸느라 바빴고, 받아쓰기 시간에는 이제부터 '…읍니다'가 아닌 '…습니다'로 써야 한다고 배웠을 것이다. 본체 위에 모니터가 놓이는 컴퓨터의 A드라이브, B드라이브에 플로피디스켓을 끼워가며 도스(DOS)를 배우고, 한메타자를 연습하고,

「고인돌」이나 「페르시아의 왕자」 같은 게임을 했을 것이다.

서른여섯 살의 당신은, 초등학교 오륙학년쯤이던 어느 날 갑자기 한강다리가 무너진 모습을, 그리고 얼마 후에는 서울의 유명 백화점이 무너진 모습을 뉴스에서 보고 충격을 받았을지 모른다. 그러나 그보다 당신에게 더욱 충격적이었던 건 어쩌면 '서태지와 아이들'의 은퇴 기자회견이었을지도 모르겠다. 당신이 여자라면 중학생이 된 후 'HOT'파와 '젝스키스'파로, 남자라면 'SES'파와 '핑클'파로 나뉘어 친구들과 서로 신경전을 벌였을 수도 있고, 좀 더 마이너한 감성의 소유자였다면 신해철의 넥스트나 김동률의 전람회 혹은 바다 건너 엑스재팬에 열광했을 수도 있다.

안정적인 직장이 전부인 줄 알았다

그리고 당신은 아마도 감수성 충만했던 중학생 시절, 그 혹독했던 겨울을 기억할 것이다. IMF라는 낯선 이름이 대한민국과 우리 가정을 파괴하던, 그 모습을 무기력하게 지켜봐야 했던 그 겨울 말이다. 주변에는 멀리 이사를 가거나 할머니와 함께 살게 된 친구들이 늘어났다. 더 이상 직장에 나가지 않는 아버지, 부업을 찾아 나선 어머니, 대학 대신 입대를 선택한 수많은 큰형들과 큰오빠들… 무슨 일이 일어난 건지 정확히 알지도 못하면서 당신은 본능적으로 엄마 아빠를 힘들게 하면 안 된다는 걸 알았고, 이유 없이 죄스럽고 미안했을 것이다.

그래서였을까. 당신은 자기도 모르는 사이에 '안정적인 회사에 정규직으로 취업해야 한다'라는 책임감을 품게 되었을 것이다. 대학에 입학하자 학생운동 좀 했다는 복학생 선배들은 "1학년 때는 F를 맞아도 된다"며 당신을 꼬드겼을 테지만, 당신은 한 귀로 흘리며 도서관에 자리를 잡고 토익책을 펼쳤을 것이다. '스펙'

이라는 단어는 언제부턴가 전자제품보다 사람에게 더 많이 쓰이게 됐다.

　안정적인 직장을 갈구하던 당신은 어쩌면 공무원시험이나 임용고사를 준비했을지도 모른다. 노량진과 강남의 학원가를 전전하며 컵밥이나 삼각김밥으로 끼니를 때우고, 언제까지 이래야 하느냐면서도 다시 모의고사와 인터넷 강의를 신청했을 당신. 쪼들리는 집안사정과 산더미 같은 학자금대출을 생각하면 마음 한 편에서는 차라리 포기하고 빨리 취업을 하는 게 낫지 않을까 끊임없이 갈등했을 것이다.

'성실하기만 해서는 희망이 없다'는 잔인한 진실

　그로부터 몇 년 후, 어쨌든 당신은 결국 취업을 했을 것이다. 원하던 업종과 직장은 아니지만 이게 어디냐며 아직 합격 소식이 없는 친구들을 떠올리면서 안도했을 것이다. 첫 월급으로 부모님께 소소한 용돈을 드릴 때에는 이제 얼른 돈 모아서 효도하겠다고 다짐했을 것이다. 그러나 현실은 생각과 많이 달랐다. 월급이 들어왔다는 문자를 받고 기분이 좋아진 지 몇 시간 만에 카드값, 학자금대출, 보험료 등등이 빠져나가고 통장은 다시 한없이 가벼워진다. 지금 만나고 있는 애인과 진지하게 결혼을 생각하고 있지만, 이 상태로 과연 그것이 가능할까 싶다.

　전에는 있는 줄도 몰랐던 각종 재테크 상품에 관심이 간다. 뭔지도 잘 모르는 CMA라는 것도 개설해 보고, 변액유니버셜보험이란 것도 가입했다. 어떤 주식이 좋다는 말에 조금 사 보기도 하고, 통장을 네 개로 쪼개면 좋다기에 그것도 해봤지만 어느 것 하나 영 신통치가 않다. 어쩌면 무조건 돈이 된다는 차이나펀드에 꽤 많은 돈을 넣어놓고, 2008년 어느 날 저녁 반토막이 난 계좌를 보며 술 한잔으로 쓰린 속을 달랬을지도 모르겠다.

그래도 당신은 성실했기에 쥐꼬리만 한 월급을 아끼고 쪼개서 저축을 했고, 사랑하는 사람과 결혼도 했을지 모른다. 월세에서 신혼살림을 꾸렸을 수도, 혹은 약간의 도움을 받아서 작은 전셋집을 마련했을 수도 있다. 아이가 생기자 더욱 열심히 살아야겠다고 결심한다. 더 열심히 벌고 아끼고 모아서 우리 가족을 위한 집 한 채를 반드시 마련하겠노라고. 그것을 위해서라면 야근과 특근도 상관없고 개인생활은 어느 정도 포기해도 괜찮다고 말이다.

그러나 어느 순간부터 당신도 이미 깨닫고 있다. 이대로는 희망이 없다는 사실을 말이다. 쥐꼬리만 한 월급에서 주거비, 생활비, 아이 양육비 등을 제하고 나면 한 달에 저축할 수 있는 금액에는 한계가 있다. 내 집을 사려면 대체 몇 년을 모아야 하나… 아이가 크면 대학 등록금과 대학에 보내기 위한 교육비, 나아가서는 결혼시킬 비용도 생각해야 하는데… 그러고 나면 과연 나의 노후는 책임질 수 있을까… 아무리 계산기를 두드려 봐도 결론은 뻔하다. 결국 희망은 로또 복권뿐일까.

고단한 일상과 미래에 대한 불안감에 지친 서른여섯 살의 당신은, 아마도 어느 날 저녁 집으로 돌아오는 길에 창밖으로 보이는 수많은 불빛을 바라보며 이런 말을 내뱉었을 것이다.

"저렇게 집이 많은데, 그중에 왜 내 집 하나가 없을까…"

'내 집' 한 채가 가져다준 작지만 큰 행복

이것은 당신의 이야기이면서 동시에 이 책을 쓰고 있는 우리 아홉 명의 이야기이기도 하다. 이 책에 등장하는 아홉 명의 필자는 모두 82년생 개띠, 대한민국에서 살아온 서른여섯 살 동갑내기들이다. 당신과 마찬가지로 우리는 한국경제가 한참 잘 나가던 80년대 말에 유년기를 보냈고, IMF 사태의 충격 속에서 청소년기를 보냈으며, 취업과 미래에 대한 불안감 속에서 20대를 보냈다.

그리고 어쩌면 노후와 은퇴에 대한 공포 속에서 30대를 보내야 했을지도 모른다. 그러나 정말 다행스럽게도 우리는 그것 하나만큼은 해당되지 않는다. 미래가 전혀 불안하지 않은 건 아니다. 그래도 최소한 노후준비 없이 우울하게 황혼을 맞이하지 않을 자신감은 있다. 대체 뭘 믿고 그러느냐고? 가장 큰 이유는 바로 내 명의로 된 '내 집'이 있기 때문이다.

그렇다. 우리 아홉 명의 필자들은 모두 30대에 내 집 마련에 성공한 사람들이다. 정확히 말하면 평균연령 33세에 본인 명의의 집을 처음으로 구입했다. 남들보다 조금 일찍 '내 집'을 가진 덕분에 2년마다 전세금을 어떻게 올려주느냐는 고민에서 벗어났을 뿐 아니라, 나이 들어서도 걱정 없이 살 수 있는 가족의 보금자리를 꾸미게 됐다.

당장 벼락부자가 된 것은 아니지만 조금씩 삶이 나아지고 있음을 느낀다. 전셋값이 얼마나 오를까 전전긍긍하지 않아도 되는 삶. 벽에 못을 박고 TV와 커튼을 걸 수 있는 삶. 이사 때문에 아이를 전학시키지 않아도 되는 삶. 그 소소한 것들이 얼마나 중요한 행복인지를 새삼 깨닫고 있다. 이제 부동산 값이 오르거나 떨어지는 것은 중요하지 않다. 우리는 계속 이 집에서 안심하고 살아갈 것이기 때문이다. 그것 하나만으로도 미래에 대한 희망이 생겼다.

여기서 끝이 아니다. 월세를 놓음으로써 매달 생기는 고작 몇 십만 원의 여윳돈 덕분에 가끔 그럴싸한 외식을 하고, 아이를 위한 적금을 들고, 부모님 용돈을 드릴 때 한숨을 조금 덜 쉬게 됐다. 내 집이란 이렇게 고마운 존재다. 그 작지만 소중한 경험을 이제 여러분들과 나누고 싶은 것이다.

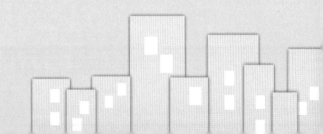

갭투자, 경·공매, 분양권까지 … 내 집 마련의 다양한 방법

30대 초반에 내 집 마련이라니, 이 책에 나온 사람들은 모두 '금수저'인 것일까. 그러나 이제부터 읽어보면 알겠지만 우리는 아주 평범하다 못해 조금은 어려운 환경 속에서 살아온 사람들이다. 재산을 물려받은 것도 아니고 특별히 학벌이 좋았던 것도 아니다. 당신이 그랬던 것처럼 우리도 그저 성실히 일했고, 악착같이 아꼈으며, 열심히 모으면서 살았다. 그 과정에서 크나큰 한계와 좌절을 느꼈고, 저 많은 집들을 올려다보며 "왜 내 집은 없는가…"를 읊조렸던 것까지도 크게 다르지 않다.

차이점이 있다면 우리는 어느 순간 돈과 부동산에 대한 '관점'을 바꾸었다는 것이다. 돈 버는 방법엔 월급만 있는 게 아니라는 것, 빚은 무조건 갚아버려야 할 악(惡)이 아니라 적당히 활용할 무기가 될 수 있다는 것, 내 시간을 진정으로 투자해야 할 곳은 직장생활이 아니라 나의 미래와 소중한 가족들이라는 것을 깨달은 순간부터 삶이 조금씩 달라지기 시작했다.

이 책의 필자들은 30대 초반에 첫 집을 마련한 이후 현재는 실거주용 집뿐 아니라 투자를 위한 부동산까지 보유한 다주택자가 되었다. 그렇게 되기까지의 과정도 무척 다양하다. 누구는 일반매매(갭투자)로, 누구는 경매나 공매로, 누구는 분양권으로, 그리고 누구는 분양전환 임대아파트로 내 집을 샀다. 이 책은 그러한 과정을 가감 없이 솔직하게 털어놓을 뿐 아니라 초보자 눈높이에 맞춰 쉽게 설명한다. 아주 최근까지 우리가 실제 겪은 경험담이기 때문에 가능한 일이다.

그 과정에서 종자돈을 어떻게 모았는지, 처음 시작은 어떻게 하면 되는지, 지역과 아파트를 분석할 때는 어떻게 하면 되는지, 임대사업자는 어떻게 하면 될 수 있는지 등 구체적인 정보도 알려 줄 것이다. 분량 관계상 투자의 깊은 세계를

모두 다루지는 못하지만, 다양한 분야를 꽤 폭넓게 다루고 있다.

물론 우리는 대단한 투자 고수가 아니라는 점을 미리 밝혀둔다. 쟁쟁한 고수님들이 활동하고 계신 부동산 투자계에서 우리의 경력이나 성과는 갖다 댈 바가 못 된다. 그렇지만 초보자를 위한 책 중에서는 어떤 책에도 뒤지지 않는다고 자부한다. 쉽고, 다양하고, 구체적이다. 내 집 마련에 대한 꿈을 막연하게만 품어온 독자들에게는 실제 나아가야 할 방향을 보여 줄 것이고, 이제 막 투자를 시작한 분들에게는 다양한 전략을 구상해 볼 힌트를 제시해 줄 것이다. 아홉 명의 필자들이 제시하는 각자 다른 부동산 이야기를 통해 폭넓은 흐름을 한 권으로 훑어보기에는 나쁘지 않다.

작지만 꾸준하게, 자산을 키우는 시스템을 만들자

단언컨대 내 집을 마련하는 과정은 결코 쉽지 않았다. 줄일 것도 없는 살림살이를 더욱 악착같이 졸라매서 종잣돈을 모았고, 퇴근 후에는 피곤한 눈을 비벼가며 공부했다. 주말에는 달콤한 휴식을 포기한 채 지방으로 현장답사를 떠나야 했다. 사람을 상대하는 것은 또 어떤가. 부동산 중개사와 매도자와 임차인 사이에서 줄다리기하는 것도 피곤한 일이지만, 가장 힘든 것은 주변사람들의 우려와 반대였다. 그 속에서 우리는 '실패하면 어떡하지'라는 내면의 목소리와 끊임없이 전쟁을 치러야 했다.

부동산 공부를 시작하기로 마음먹은 당신도 아마 비슷한 과정을 겪게 될 것이다. 결코 만만한 일이 아니다. 함께 부동산 공부를 시작한 사람들 중에 3년 후 남아있는 사람의 비율은 10%가 채 안 된다는 사실이 그것을 방증한다. 그러나 겁먹지는 말기 바란다. 특별할 것 없는 우리들도 이렇게 해냈는데, 당신이 못할 리

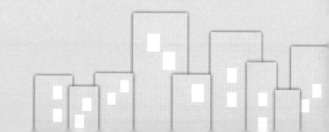

없다.

가장 중요한 것은 지치지 않고 꾸준히 가는 것이다. 'OO살에 아파트 XXX 채'라는 식의 책들이 워낙 많다 보니 투자를 시작하면 당장 부자가 될 수 있다고 생각하는 사람이 꽤 있다. 대단한 착각이나. 오히려 부동산 투자는 흘리는 땀의 양 만큼, 헤진 신발의 켤레수만큼 돌려받는 정직한 투자다.

부동산의 규모나 채수보다 중요한 것은 작은 금액이라도 꾸준히 키워 갈 수 있는 시스템이다. 주먹만 한 눈뭉치가 구르면서 커다란 눈덩이가 되는 것처럼, 꾸준하게 계속해 나가기만 하면 자연스럽게 규모는 커지게 되어 있다. 그러면 당신도 은퇴할 때쯤, 아니 어쩌면 그보다 훨씬 일찍 '경제적 자유'라는 것을 누려 볼 수 있을지 모른다.

이 책의 필자들은 여전히 그 과정 위에서 열심히 노력하고 있다. 여러분이 우리들보다 한 발 늦게 출발했더라도 결국 도착점은 같을 것이다. 꾸준히 나아가자. 우리도 열심히 앞장서 나아가며 당신을 기다리고 있겠다.

또 다른 희망찬 새해를 앞두고
36세 동갑내기 저자들 드림

실수해도 괜찮으니
지금 당장 시작하라

호빵

서른여섯. 30대 중반이라는 나이는 다른 누구보다 눈앞에 닥친 현실이 클 시기다. 직장에서는 가장 많은 업무를 해야 할 때이고, 후배들과 직장상사 사이에서 균형을 잡느라 눈치를 봐야 하고, 경제적인 자립의 기틀을 다져야 하고, 결혼을 했거나 어린 자녀가 있다면 이제 어른으로서 한 가정을 돌봐야 하고, 점점 나이 들어가시는 부모님을 곁에 두고 늘어나는 각종 집안 경조사를 쫓아다녀야 하고, 주변의 걱정 소리에 귀 기울이며 일찍부터 노후 준비를 시작해야 할 나이다. 어쩌면 이들에게 세상은 뭔가 해보려고 하면 밟히고, 다시 일어나려고 하면 또 짓밟히는, 이해할 수 없는 구조의 빠져나가기 벅찬 미로 같을지도 모르겠다.

여기, 태어난 곳과 자라나고 교육 받은 환경이 모두 다른 아홉 명이 있다. 각기 다른 개성을 가지고 있지만 공통점은 서른여섯 살 동갑내기들이라는 것, 그리고 30대에 내 집 마련에 성공했다는 것이다. 쉽지 않은 세상살이 속에서 행복하기 위한 기본 조건은 '내 집'이라는 점을 일찌감치 깨달은 아홉 명의 동갑내기들이 똘똘 뭉쳐 각자의 내 집 마련 성공담을 들려준다. 어찌 보면 당돌하기까지 한 이들은 각자의 상황에 맞는 다양한 방법으로 집을 마련했다.

상상력부자는 대학을 포기한 대신 사회생활을 선택하고, 성실한 생활로 결혼 전부터 내 집 마련에 성공한 젊은 직장인이다. 매일매일 작성한다는 1·2·3 메모일기를 통해 부자 아빠의 길에 들어섰다.

바를공반운은 졸업과 동시에 학자금대출 상환을 시작으로 부모님의 빚을 갚고 자신의 신혼집까지 마련한 악바리 근성이 있다. 투자의 근간은 절약과 저축이라는 것을 몸소 보여주는 초보 투자자이다.

돈읽녀는 당장 시집을 가야만 할 것 같은 프리랜서 편집자로, 우연히 배우게 된 부동산 경매를 통해 '내 집'을 가진 화려한 싱글로 변신했다. 친언니 같은 그녀의 좌충우돌 내 집 마련 분투기는 비혼족이 증가하는 요즘 자주독립을 외치는 싱글녀들에게 왜 '내 집'이 필요한지를 잘 보여준다.

드리머는 많은 사람들이 꺼리는 미분양 아파트에 과감하게 도전하여 '내 집'을 마련했다. 지금은 분양권 투자로 얻은 수익을 기반으로 '전업주부'이자 투자자로서의 인생 2막을 즐기는 다재다능한 젊은 아빠다.

풍백은 가족과의 시간을 인생의 1순위로 두고, 투자를 일상의 한 부분으로 삼아 병행하고 있는 열혈주부다. 다주택자로서 목표 금액을 조기에 달성한 실행력과 지역을 분석하는 구체적 요령을 알려준다.

보리나무는 분양전환 임대아파트 등을 비롯한 소액투자를 통해 수십 채의 부동산 거래 경험을 바탕으로 다양한 투자 이야기를 풀어내고 있다. 직장과 투자를 병행하며 모범적인 부자의 길로 들어선 투자자다.

겸손은 선망의 대상인 치과의사라는 직업을 가지고 있지만, 상식을 깨고 다양한 부동산 투자를 병행하고 있다. 너무나 솔직담백한 그의 이야기는 '투자하는 치과의사'에서 '치과 하는 투자자'로의 변화를 잘 보여주고 있다.

플레이야데스는 부동산 빅데이터를 활용해 투자 지역을 발굴하고 분석하는, 직장인에서 전업투자자로 거듭난 실전 투자자다. 이제는 투자 소비자보다 투자 생산자란 말이 어울린다.

아이리쉬는 태어날 아이를 위해 부자 엄마가 되기로 결심한 주부 투자자이면서 임대사업자다. 철저히 지출을 통제함으로써 자본을 마련하고 이제는 당당하게 부자 엄마의 길을 걸어가고 있다.

이 책의 공저자들은 매매, 경매, 공매, 분양권, 분양전환 등의 방법을 통한 내 집 마련 노하우를 비롯하여 시간 관리, 지출 관리, 종자돈 마련 방법에 이르기까지 30대 중반의 또래들이 시도할 수 있는 현실적인 재테크 방안들을 보여주고 있다. 이들은 그다지 특별한 배경을 가졌다고 하기 어려운 평범한 사람들이다. 아직 엄청난 부를 이룬 부자라고 하기도 어렵다. 그렇지만 자신에게 주어진 '해야만 하는 삶'에서 벗어나 '하고 싶은 삶'을 향해 움직이기 시작했다는 점에서 또래의 다른 사람들과 다른 특별함이 있다.

이들은 아직 완벽하지 않다. 부족함이 분명히 존재한다. 서른여섯이라는 나이는 그럴 때다. 동시에 실패를 두려워하지 않고, 실수도 애교로 눈감아 줄 수 있는 때이기도 하다. 육체적으로 건강하고, 경제적 자립을 시작한 이들에게 세상은 두려움으로 물러서야 할 대상이 아니라 자신만만하게 맞설 도전의 대상일 것이다.

독자 여러분께도 크게 말해 주고 싶다. 이들을 보라고. 실수해도 괜찮으니, 지금 당장 시작하라고.

목차

01

나는
대한민국의
평범한 젊은
아빠입니다

글쓴이 **상상력부자**는 ─────────────

'대출은 죄'라는 생각으로, 차곡차곡 성실하게 모으는 것만이 최고의 재테크인 줄 알았던 평범한 30대 가장. 성실한 직장인이자 부동산 투자자, 그리고 자상한 아빠이자 남편으로서 1인3역을 소화하고 있다. 대학은 사치. 일찌감치 사회생활을 시작해 얼떨결에 내 집을 마련했지만, 아이가 생기고 미래를 고민하면서 성실하게 산다고 반드시 밝은 미래가 보장되는 것은 아니라는 의심을 품기 시작했다. 이제는 인생에도 전혀 새로운 방향도 존재한다는 생각으로, 남들 하는 대로가 아닌 내 기준에 맞춘 인생을 설계하고자 노력하고 있다. 부동산 투자는 그 한 가지 수단이다. 좌우명은 이것이다. "상상하라! 이루어질 것이니."

블로그 : 상상력부자의 골든타임 blog.naver.com/ddaey703

마인드 트레이닝 &
돈에 대한 관점을 바꿨더니
미래가 바뀌었다

한때 취업을 준비하면서 20대 청춘을 노량진이라는 곳에서 보낸 적이 있다. 어스름한 저녁 사육신공원에 올라 서울시내 한복판을 내려다보았다. 아직 가진 것 없는 공허한 내 마음에 비해 저 화려한 불빛은 무척 사치스러워 보였다.

'저기 저 수많은 아파트 중에 내 집 하나가 없단 말인가!'

서러운 마음에, 나도 언제가 내 집을 가지겠다며 주먹을 꼭 쥐어 보았다. 하지만 그 이후로도 몇 년 동안 내 집은 없었다.

어려서부터 남들과 그저 똑같은 평범한 삶을 살고 싶었다. 아이러니하게도 그것이 제일 힘든 꿈이었다. 분명한 목표 없이 막연하게 회사원, 공무원이 희망직업이었고 수능시험을 볼 때까지도 내가 무엇을 위해 살아야 하는지, 무엇을 좋아하는지 알지 못했다.

다들 그렇게 사는 줄 알았다. 가정에서, 학교에서 사회에서 말 잘 듣는 착한 아이, 착한 학생… 그게 바로 나였다. 그래서 돈은 아끼고, 저축해야 한다는 말에 절대 믿음을 가졌다. 어린 마음에도 지금보다 나중을 위해 쓰는 것이 낫다고 생각했고, 용돈을 받으면 집안 도자기에 동전을 집어넣으면 들려오는 땡그랑 소리에 행복해 했다.

그래도 다행인 것은 직업을 또래보다 빨리 가졌다는 점이다. 군대를 제대하고 바로 취업전선에 혼신의 힘을 쏟은 결과 2006년 스물다섯 살 나이에 용돈보다 몇 배나 많은 돈을 손에 쥐게 되었다. 직장을 얻고 나서 대학에 복학하려고 보니, 당시 대학 등록금을 내려면 학기당 400만 원이라는 금액이 필요했다. 아마 지금은 더 많을 거라 생각된다. 1년이면 800만 원이고, 4년이면 3,200만 원이다. 고민을 했다. 대학 졸업장이 있다고 한들 내 연봉은 오르지 않을 것임을 알고 있었다. 내 전공은 지금의 내 직업과 전혀 연관성이 없었다. 솔직히 아까웠다. 그 돈이 어떤 돈인데…. 내 월급이 학자금으로 수 년 동안 지출되도록 내버려 둘 수 없었다.

25년 인생에서 처음으로 평범하지 않은 결심을 했다. 대학 등록금 대신 통장에 저축하기로, 대학 졸업장이 없는 삶을 선택하기로 한 것이다. 그것이 나의 월급쟁이 재테크의 시작이었다.

• 〉〉〉 대한민국 평범남의 흔한 재테크 실패담

월급쟁이 재테크는 어디서부터 시작해야 할지 알지 못했다. 주변에 조언을 구해 보려 했으나, 돌아오는 대답은 어릴 때부터 듣고 실천했던 그 주옥같은 말씀뿐이다.

"아껴 쓰고 저축하라!"

그 다음 단계에 대해서는 아는 사람이 없었다. 주위에 부자들이 없기도 했지만, 일부러 부자들을 찾아다니며 물어볼 용기조차 없었다.

금융상품 위주의 재테크가 눈에 들어온다. 높은 금리의 상품을 찾아 적금을 시작했다. 한창 인기가 높았던 종금사의 CMA 통장도 만들어 예비 자금을 넣고 다녔다. 지금은 사라졌지만, 금리도 높고 소득공제가 되는 장기주택마련저축 상품에도 가입했으나 안타깝게도 7년 이상의 유지 조건을 충족하지 못했다.

하루가 멀다 하고 직장까지 찾아온 보험 설계사가 있었다. 책자에 그려진 변액유니버셜보험의 수익률 그래프가 눈에 들어왔다. '그래, 장기목적 상품도 하나는 있어야겠다'라고 생각하고 매달 30만 원씩 넣었다. 그리하면 다 되는 줄 알았다. 변액보험의 사업비가 그렇게 많이 빠져나가는지는 몇 년이 지나고 나서야 알게 되었다.

2007년 당시에는 펀드투자가 유행처럼 번지고 있었다. '묻지마 투자'에 나 또한 한 몫을 더했다. 무슨 뜻인지도 모르는 상품을 당시에 수익률만 보고 선택했던 우를 범했다. 2008년 서브프라임 모기지 사태로 인한 금융위기가 터졌다. 아니, 터졌다고 뉴스에서 떠들어대고 있었다. 그 의미가 무엇을 뜻하는지, 무엇이 잘못되었는지도 몰랐지만 일단 변액보험 담당자에게 전화를 걸어 "고객님 돈은 괜찮으니 걱정하지 마세요"라는 대답을 듣고는 놀란 가슴을 쓸어내렸을 뿐이다.

그리고는 다시 관심을 전혀 두지 않았다. 나는 물론 우리가족에게 피해가 없었기 때문

CMA 통장

개인자산관리계좌(Cash Management Account). 고객이 돈을 입금하면 금융회사가 그 돈을 운용하여 수익을 내고, 수익금을 이자의 형태로 고객들에게 다시 돌려준다. 상품으로 ATM 사용, 인터넷뱅킹, 급여이체, 공과금 자동납부 등 일반 입출금식 예금처럼 사용할 수 있으면서도 수익률이 상대적으로 높아 인기를 끌었다. 일반적으로 종금사(종합금융회사)의 CMA는 예금자보호가 되지만, 증권사 CMA는 되지 않는다.

장기주택마련저축

1994년 7월 15일부터 2012년 12월 31일까지만 판매되었던 무주택자를 위한 상품으로, 금리가 높았을 뿐 아니라 조건을 충족한 후 해지하면 이자소득이 전액 비과세가 된다. 만 18세 이상의 거주자로서 가입 당시 무주택 세대주이거나, 일정 규모 이하 주택을 한 채만 소유할 경우 가입 가능했고, 저축기간 7년 이상을 유지하는 것이 조건이었다.

변액유니버셜보험

변액보험이란 펀드 운용 수익률에 따라 보험금이 변동되는 상품이고, 유니버셜보험이란 보험료 납입 및 적립금 인출이 자유로운 상품이다. 이 두 가지를 결합한 것이 변액유니버셜보험이다. 가입자가 보험료를 주식, 증권, 채권 등 어디에 투자할 것인지 선택할 수 있으나 원금보호는 되지 않는다.

서브프라임 모기지 사태

'서브프라임 모기지(Subprime Mortgage)'란 비우량주택담보대출. 즉 신용이 낮은 저소득층에게 높은 금리로 빌려주는 미국의 주택담보대출 상품이나. 2000년대 초부터 무분별한 대출로 인해 이자 연체가 속출했고 금융기관이 대출금을 회수하지 못하는 경우가 많아지면서 2007년 금융회사 뉴센추리파이낸셜의 파산 신청을 시작으로 대규모 금융기관들의 연쇄파산이 이어졌다. 이후 세계적인 신용경색이 일어나면서 글로벌금융위기로 이어졌다.

이었다. 역설적 이야기지만 아무것도 하지 않았기에 손해를 보지 않았다. 다행이라면 다행이지만, 어쩌면 정신을 차리기 위해서라도 그때 한 번 크게 잃어야 했었는지 모르겠다.

지금도 나와 같은 시행착오를 겪는 사람들을 보곤 한다. 흔한 투자 실패담, 고집불통 금융지식, 한 곳에 머물러 있는 인생. 돌이켜 보건대 내가 했던 투자는 기업의 입맛에 맞는 먹잇감에 불과했다. 무기를 갖고 싸워야 한다. 대한민국에서 평범하게 산다는 것은 노출된 들판 위에 뿔마저 없는 벌거벗은 양과 같다.

개인마다 차이는 있겠지만 나의 경우는 오히려 경험을 통해 깨달음을 얻었다. 좀 더 효율적인 투자를 해야 한다는 깨달음 말이다. 지금도 나는 금융상품, 주식 그리고 부동산에 투자하고 있다. 저축을 기반으로 대출도 적극적으로 활용하고 있다. 물론 아직도 실패와 성공을 반복한다. 다만 예전과 달라진 것이 있다면 대상에 관심을 가지게 되었다는 점이다. 이것의 의미가 무엇인지, 누구를 위한 상품인지, 내가 원하는 목적에 부합하는지 볼 줄 아는 눈을 가지려고 한다. 그 눈은 많이 읽고, 듣고, 만나고, 경험하고, 실패해야 배울 수 있다.

· 〉〉 일찌감치 내 집 마련, 그러나…

직장인 4년차가 되던 2009년 6월, 악착같이 모은 종자돈 5,000만 원으로 난생 처음 아파트를 구입했다. 부동산 투자에 재능이 있어서 투자수익을 얻고자 한 것은 아니다. 단지 고향이자 직장도 가까운 경기도 외곽의 시골동네에 평생 살고

자 마음먹었기 때문이다. 이곳은 지금도 1억 원대 아파트들이 존재한다.

시간은 나를 그곳에 머물게 했다. 일종의 '최적화 설정 세팅'같은 것이었다. 나는 평생 이곳을 벗어나지 않을 거라고 확신했다. 그게 나의 인생관이었다. 그래서 당장 결혼할 사람이 있었던 것도 아니면서 일단 신혼집 아파트부터 구해 놓기로 했다.

2000년식 전용 18평에 1억 원이었던 아파트 가격을 조금 깎아 9,940만 원에 매수하였다. 기존 소유자가 받았던 국민주택기금 대출 2,600여만 원을 인수하기로 했다. 그리고 당장 내가 들어가서 살 것이 아니었으므로 일단은 보증금 3,000만 원에 월 30만 원 월세로 세입자를 맞이하게 되었다. 투자금 약 5,000만 원으로 1억 원짜리 부동산을 구입한 것이다. 들어온 월세 30만 원 중 19만 원이 이자로 나가고 11만 원의 수입이 발생하였다. 그것이 내가 처음으로 얻은 부동산 수익이었다.

그러나 그때의 나는 이자 수익의 기쁨보다 오히려 대출 때문에 느끼는 부담감이 더 컸다. 2008년 금융위기 이후 학습이 되어버린 탓에 빚이 있으면 큰일 나는 줄 알았던 것이다. 3년 후에 저축을 통해 기존 대출을 갚아 버렸다. 비로소 내 마음은 편안해졌다. '빚'이 없으니 '빛'이 생겼다.

이제 총 투자금은 8,000여만 원이 되었다(초기비용 5,000만 원 + 대출 2,600만 원 + 기타비용). 월 수익이 30만 원이면 투자금 대비 수익률은 4.5%이므로 나름 훌륭하다고 생각했다. 그래서 똑같은 방법으로 아파트를 두 채, 세 채 추가로 더 구입하면 월세가 30만 원의 두 배인 60만 원 혹은 그 이상도 받을 수 있지 않을까 잠시 생각했던 것도 사실이다. 하지만 그러자면 투자금이 더 필요한데 다시 8,000만 원을 저축해서 언제 모아야 할지 까마득했다. 대출은 도저히 엄두가 나지 않아 생각지도 않았다. 그렇게 신혼집에 들어올 색시감은 구하지도 못한 채 시간은 흘러갔다.

다행인 것은 훗날 이곳을 벗어나 진짜 신혼집을 전세로 마련하면서 이 아파트의 월세를 전세로 돌려 확보한 금액이 크게 도움이 되었다는 사실이다. 2014년도에는 매도하여 소소한 양도차익을 얻었으며, 4년 동안 차곡차곡 모아온 월세는 덤이었다. 그리고 그 자금은 다시 투자금이 되어 두 채, 세 채의 부동산을 가지게 되었다.

> **양도차익**
> 부동산 등의 재산을 양도, 즉 팔아서 얻은 수익. 단순히 매도가(판 금액)에서 매수가(산 금액)를 뺀 금액이 아니라 설비비와 개량비, 자본적지출액, 각종 필요경비 등을 공제하여 계산한다.

• 〉〉 전세로 신혼집을 다시 장만하다

『난문쾌답』의 저자 오마에 겐이치는 사람을 바꿀 수 있는 방법에 세 가지가 있다고 한다. 첫 번째는 시간 배분을 바꾸고, 두 번째는 사는 장소를 바꾸고, 세 번째는 교류하는 사람을 바꾸는 것이다. 그 세 가지를 한꺼번에 바꾸었다는 점에서 결혼은 나에게 변화와 새로움의 시작이었다.

서른두 살의 남편, 스물여덟 살의 아내. 이제 막 결혼을 약속한 부부가 결혼 준비를 시작한다. 예물, 예단, 스드메(스튜디오, 메이크업, 드레스 패키지) 등 처음 해보는 준비지만 어렵지 않게 해결해 나간다. 준비 자체가 데이트다. 사소한 의견 차이는 쿨하게 넘어간다.

이사 갈 동네는 이미 선택되었다. 향후 육아를 위해 출퇴근이 가능한 경기도 안산의 장모님 댁 인근에 거주하기로 정한 것이다. 우리는 맞벌이 교대근무자다. 아내의 근무 패턴이 불규칙했기에 야간에도 아이를 맡길 수 있는 사람이 절실히 필요했다. 그렇지 않으면 한 사람은 반드시 직장을 관두어야 한다. 결국 아내의 출근길은 결혼 전과 다름이 없었고 그나마 직장을 옮길 수 있었던 내가 평생을 살아왔던 고향을 벗어나기로 결심했다. 남편이 약간의 불편만 감수하면, 아내가 편하고 향후 아이를 키우기 좋은 집이 가장 좋은 집이라 생각한다. 다만 그 집이 우리 소유가 아닌 전셋집일 뿐이었다. 내 전세보증금도 어디 안 가니 얼마나 좋은가.

그런데 신혼 전셋집 찾기가 쉽지 않았다. 수시로 부동산 중개사이트에 들어가 물건 검색에 시간을 쏟고 그 지역 부동산 중개사무소에 전화를 돌려 봐도 전세는 씨가 말랐다고 한다. 당연한 일이었다. 2013년 당시에는 부동산 하락기가 한창 지속되어 매매 심리가 꽁꽁 얼어붙어 있었고, 사람들은 우리 부부처럼 집을 사는 대신 전세만 찾으려 했다.

반대로 기준금리가 당시 2%대 초반까지 떨어지는 초저금리 시대로 접어들면서 집주인들은 전세보증금을 받아 은행에 넣느니 월세를 받아 금리 이상의 수익을 얻고자 했다. 그런 이유들로 전세 공급은 부족한데 수요만 넘쳐나니 전세가 귀할 수밖에 없었다.

가지고 있던 자금은 1억 2,000만 원이었다. 신랑은 미리 신혼집으로 구입했던 아파트에 전세를 놓아 자금 8,000만 원을 확보했고, 신부는 혼수와 별개로 적금 4,000만 원이 있었다. 여기에 대출을 지렛대 삼았다면 아예 집을 매수하거나 더 좋은 지역에 전세를 구할 수 있었을 것이다. 하지만 빚은 죄악이다! 대출은 없다! 그것이 그 당시 우리 부부의 경제 마인드였다.

그러던 중 20평짜리 신축빌라 전세가 1억 2,000만 원에 나왔다는 부동산 사장님의 말을 듣고 현장으로 출동했다. 사장님의 안내를 받고 안으로 들어갔다. 아내와 나는 이제 막 지어진 깨끗한 집이 마음에 들었다. 여기다가 냉장고를 넣고 저기다가 TV를 거는 행복한 상상에 빠진다.

그런데 조금 이상하다. 내가 아무리 집에 대해 잘 몰라도, 가구도 없는 집이 참

작아 보인다. 살림이 들어온다면 더 비좁을 듯한 느낌이다. 20평이라는 집은 결국 알고 보니 '20평형'이었다. 부동산 세계에서는 이렇게 '평형'이라 불리는 공급면적을 전용면적과 아무렇지도 않게 혼용한다. 지금 생각해 보면 전용18평도 안 되는 집이었지만 평수에 대한 정확한 개념이 없었던 우리는 그것도 몰랐다.

중개사무소 사무실에 앉아 이것저것 물어본다. 집은 마음에 들었으니 계약서까지 말이 오고 간다. 그런데 건물의 등기가 아직 나오지 않았다는 것이다. 이런 물건을 두고 '미등기건물'이라 한다.

만일 임대인(건축주)에게 어떤 사정이 생겨서 등기가 안 된 건물인데 전세계약서를 작성했다면 나중에 이사를 나올 때 전세금을 돌려받기가 힘들 수 있다.

나중에 알게 되었지만, 이런 경우 보증금을 지키기 위해서는 반드시 주민센터에 가서 전입신고를 하고 계약서에 확정일자를 받아야 한다.

그러나 당시 부동산 등기부등본도 볼 줄 몰랐던 나는 불안했고 무서웠다. 내가 무지하다는 이유로 부동산에 휘둘려 계약까지 할 뻔했다. 세상은 그렇게나 무섭다.

공급면적·전용면적

거주자가 실제로 사용하는 집 내부의 면적을 '전용면적'이라 하고, 다른 거주자들과 공동으로 사용하는 계단, 엘리베이터, 주차장 등의 면적을 '공용면적'이라 한다. 전용면적에 세대당 공용면적을 합하면 이른바 '○○평형'이라 불리는 '공급면적'이 된다. 참고로, 발코니는 집 외부에 있는 것으로 보아 전용면적에 포함되지 않는다.

미등기건물

지어진 후 아직 정식 등기되지 않아 등기부등본이 없는 건물. 등기는 건물의 출생증명서와 같은 것으로, 등기되지 않은 건물은 법적으로 보호받기 어렵다.

확정일자

주택임대차계약이 체결된 날짜를 정부 또는 법원이 공식적으로 확인한 날짜. 임대차계약서를 주민센터에 제출하면 즉석에서 날짜가 찍힌 확인 도장을 받을 수 있다. 해당 주택에 입주하고 전입신고를 한 임차인이 확정일자를 받으면 그 집에 대한 경매가 진행되어도 배당에 참여하여 순위에 따라 보증금을 변제받을 수 있다.

›››› 환경이 바뀌자 느끼는 바도 바뀌었다

　지난번 모험을 통해 신축빌라로 신혼집을 구할 생각을 접었다. 대출을 받아서라도 차라리 아파트를 구하기로 결심했다. 전세가 귀한 시절이라 1층의 낮은 물건도 우물쭈물하는 사이에 다른 사람에게 금방금방 빼앗겨 버렸다.

　며칠 후 아파트의 전세매물이 있어 보러 가기로 했다며 아내에게 연락이 왔다. 그리고 그날 계약서도 썼음을 알려왔다. 10년도 안 된 새 아파트였고, 도보로 5분 거리에 지하철역이 있었고, 무엇보다 장모님과 같은 단지였다. 결국 2013년 늦겨울에 기존 자금에 6,000만 원의 빚을 더해 1억8,000만 원에 전세 계약을 하였다. 당시 그 아파트의 매매가는 2억2,000만 원이었다. 한 가지 문제는 이사 일정이었다. 이전 세입자가 이삿짐을 빼는 날이 하필 결혼식을 올리고 신혼여행을 떠나 있는 기간이었다. 청소도 해야 했고 신혼짐도 받아야 했지만, 당시 전세가 그 물건 하나였기에 조율할 겨를도 없이 잡은 것이다. 졸지에 딸을 시집보내 놓고도 장인어른께서 짐을 받고 정리해 주시느라 고생이 이만저만이 아니셨다.

　평생 살 줄 알았던 고향을 떠나 이곳에 자리 잡은 것은 나중에 육아를 하게 될 것을 고려한 것이지만, 이 선택 하나가 내 인생을 변화시킬 시작점이었음을 그때는 알지 못했다. 그동안 도보로 5분 거리였던 직장을 한 시간 이상 걸려 출근했다. 지하철 환승을 두 번이나 해야 했다. 조용한 시골에 살면서 지하철은 가끔 서울에 갈 일이 생길 때 이용할 뿐이었던 나에게는 낯선 일이었다.

　지하철 출퇴근길에 비친 풍경은 저마다 스마트폰을 꺼내들고 게임, 영화, 웹툰을 보며 시간을 보내는 사람들이었다. 나도 스마트폰을 꺼내 들기 일쑤였다. 의미 없는 습관적인 검색, 낭비되는 시간이 아까웠다. 생산적인 일을 찾기 시작했고, 가방 속에 책을 넣고 다니며 지하철 안에서 책 읽기를 시작했다. 장르는 중요치 않았다. 지하철은 내게 도서관이 되었다.

　인생을 살면서 계속 새로운 자극에 노출되고 인식의 변화가 찾아온다. 그게 무엇일지, 어떻게 올지는 모른다. 나에겐 결혼이 그랬고 직장 이동, 그리고 육아가 그랬다. 변화의 때가 온다면 두려워하지 말고 행동해야 한다. 앞으로 더 많은 자극이 우리를 괴롭힐지 모른다. 하지만 고통이라 생각지 않는다. 앞으로 나아가는 사람들은 바로 이러한 자극을 통해 인생의 전환점을 만들어내는 사람이다.

• 〉〉 병원 침대에 누워 각성을 하다

　원거리 직장생활이 익숙해질 때 즈음 아내의 임신 소식을 접하게 되었다. 기쁘기도 했고 신기하기도 했다. 내가 아빠가 된다니…. 아내는 바로 휴직을 하지 못했고 출산을 몇 개월 남겨 놓을 때까지도 일을 다녔다. 근무 특성상 새벽에 일어나 눈을 비볐고, 밤을 지새웠다. 힘들어 눈물을 보이는 아내가 안쓰럽기만 했다.

　그런데 결혼한 지 1년이 되었을까. 나는 일을 하다가 디스크 파열 진단을 받게 되었다. 걸을 수도 없는 하지통증 때문에 일상생활 자체가 힘들었다. 주위에선 "젊은 나이에 벌써…"라는 말을 위로인 양 내뱉었다. 병원 침대에 누워 있자니 무기력한 내 모습에 한숨이 나왔다. 병가로 인해 줄어든 급여, 병원비 지출, 1년도 안 되어 수천만 원씩 오르는 전세가…. 여기에 임신한 아내와 곧 태어날 아이가 떠오르자 가슴이 먹먹해진다. 아무리 성실하게 살아도 내 노동력만으로 이 모든 문제를 해결할 수 없다는 한계를 직감하는 순간이었다. 가장으로서의 책임감이 무거웠다. 나를 인정할 수 없었다.

　불안한 미래는 나를 변하게 만들었다. 해야 할 것이 생겼다. 그날 이후 부(富)와 관련된 책을 탐닉하기 시작했다. 책에서 그 해답을 찾아보려 했다. 그중에서 내 관심을 사로잡은 것은 바로 부동산 분야였다. 인식의 돌을 맞았다. 학교에서 배우지 못했던 진실에 다가가는 기분이었다. 저축만이 답은 아니다. 그동안 알고 있던 지식은 쓸모없는 골동품이었다.

나는 책 속이 아닌 현장으로 가기로 했다. 스스로 성공한 사람을 만나고 싶었다. 만나서 물어보고, 듣고 싶었다. 저자 강연회 참석자 명단에 이름을 올렸고, 인터넷 카페에 부동산 강의를 신청했다. 오프라인 스터디 모임도 적극적으로 임했다. 정기적으로 또는 수시로 모여 공부했다. 물론 스터디를 한다고 답을 쉽게 찾을 수 있었던 것은 아니다. 실패하지 않기 위해 자료를 찾고, 분석하고, 현장에도 가야 했기에 보통 이상의 노력과 수고가 필요하다. 시간은 늘 부족했고, 몸이 부지런해야 했다.

이상한 소리로 들릴지 모르겠지만, 그럼에도 불구하고 재미있었다. 아직 실제 투자를 경험해 보지 않아 어렵고 답답하기도 했지만 투자 스터디를 통해 서로의 의견을 나누고, 현장을 같이 보고, 결과를 발표하면서 소중한 경험을 얻었다. 스터디를 하면서 만난 사람들은 성별과 나이와 사는 곳이 다르고 직업도 다양하다. 하지만 반짝이는 눈빛에서 충분히 느낄 수 있었다. 모두 나와 같은 꿈을 가지고 있다는 것을. 살아왔던 경험이 다르고 개인 역량도 다르다. 조금 느린 사람도, 소위 투자의 고수처럼 잘하는 사람도 있었다. 그러나 여기는 계급이 필요 없는 신세계다. 사회에서 직업이 무엇이든 그런 것 따위가 중요한 공간이 아니다. 같은 주제를 공유하고 발표하면서 서로에게 자극이 되었다. 나뿐만이 아니라 우리 모두가 그러했다.

그들의 고민 역시 나와 다르지 않았다. 넉넉지 않은 급여와 불안한 노후, 매일같이 반복되는 야근 및 출장, 맞벌이를 하려 해도 믿고 맡길 사람이 없는 육아 문제, 나라님도 해결하지 못한 숙제 말이다. 그럼에도 불구하고 가족의 반대를 무릅

쓰고 지금 이 자리에 나온 이유가 무엇이냐 말이다. 그들은 고민하고 그에 따라 행동하는 사람들이다. 고민을 끌어안은 채 주저앉지 않는다. 그들에겐 꿈이 있다. 목표가 확실하고, 변화하는 것에 두려움이 없다.

만약 16년 전으로 돌아가 스무 살이 된 나에게 이런 이야기를 하면 내가 받아들이고 변화했을까? 내 대답은 "아니오"다. 왜냐면 그 당시 나는 목표(꿈)가 없었기 때문이다. 이 말을 꼭 해주고 싶다. 목표가 확실히 정해졌더니 재미있고 행복하다. 행동하는 과정 속에서 분명히 배우는 것이 있다. 그것이 경험적인 지식이든, 사람이든, 경제적 자유를 찾는 방법이든 차곡차곡 쌓아라. 그것이 기회를 보는 눈을 키워줄 것이다. 그러니 기회를 알아보고 놓치지 않는다. 세상 사람들은 그것을 운이라 부르겠지만 말이다.

나는 스트레스의 순기능을 믿는다. 지속적인 자극은 행동할 수 있는 용기를 북돋아주고, 그 행동 하나 하나가 모여 삶의 결과를 낳는다. 선순환구조가 이루어지는 패턴을 구성해야 한다.

지금 당신이 고민하고 있는 문제를 적극적으로 해결하겠다는 용기를 내 보라. 실패한다고 해도 상관없다. 답을 찾지 못해도 괜찮다. 그 과정 속에서 당신은 물어보고, 검색을 하고, 시도해 보고, 찾아가 보고, 사람을 만날 것이다. 어찌 얻은 게 없다고만 할 것인가. 주어진 삶에 만족하며 주저앉을 것인지, 뛰어넘을 것인지, 그 차이는 용기를 가지는 것에 있다.

전셋집 마련 후 1년이 지난 2014년 겨울, 전세가는 무려 4,000만 원 이상이 올라 2억2,000만 원에 거래되고 있었다. 전세가와 매매가 사이에 별 차이가 없었다. 이상하다고 느꼈다. 아파트값이 왜 오르지? 무엇 때문인지 모르겠다. 그때는 부동산 공부를 막 시작한 단계였다. 확인할 수 있었던 것은 전세가가 매매가의 80% 이상이었고, 전세가 상승이 매매가를 밀어 올리는 형상이라는 점이다. 2013년 후반을 기점으로 부동산은 반등하기 시작했고, 우리는 바로 그 흐름의 한가운데를 지나가고 있었다. 미래는 알 수 없지만 흐름이 바뀐 것만은 확실히 알 수 있었다. 지금이 기회라 생각했다. 후회하고 싶지 않았다. 같은 단지 내 동일한 20평대(전용면적 18평) 물건을 사고 싶었다.

그러나 우리 부부에게는 아직 갚아야 할 전세자금 6,000만 원이 남아 있었다. 아이가 없는 맞벌이 기간 동안 갚을 계획을 잡았었다. 그 사이에 관점이 바뀐 나와 달리 아직 부동산을 바라보는 아내의 시선은 부정적이었기에 설득한다는 것이 쉽지 않았다. 게다가 아내는 임신 중이지 않은가.

고민 끝에, 먼저 실행하고 결과는 나중에 통보하기로 마음을 먹었다. 사실 나에게는 결혼 선배들의 조언을 받아 아내 몰래 보유하고 있던 개인자금이 있었는데 여기에 마이너스 대출을 추가하여 집을 구입할 계획을 세웠던 것이다. 내 집을 가지리라, 우리의 보금자리를 가지리라! 그 후 출퇴근 할 때마다 부동산 중개사무소에 방문해 물건이 있는지 얼굴 도장을 찍고 다녔다. 처음에는 출입문도 못 열겠고 어떻게 말해야 할지 어색했다. 막상 열고 들어가고 보면 반겨주시고 차 한 잔에 정보도 들을 수 있어서 나중에는 동네 마실 다니듯 편히 다녔다.

그 당시 제일 저렴한 아파트는 동향 물건 저층인데 2억4,000만 원에 거래되고 있었다. 시세가 오르는 추이였지만 좀 더 저렴하게 사고 싶었다. 그러던 중 상가 앞 6층이 매물로 나왔다. 기존 세입자의 보증금은 2억 원이고 아직 만기가 1년 남아 있었다. 현재 살고 있는 전셋집의 계약도 남아 있었기에 오히려 잘 되었다 생각했다.

임차인과 통화한 바 대학생 자녀가 혼자 살고 있는데 낮에는 학교를 가고 밤에는 아르바이트를 다닌다고 하여 집을 제대로 볼 기회가 없었다. 어쩔 수 없이 세를 안고 구입하면서 집도 제대로 못 보고 사는 상황이었지만, 그 이유로 500만 원을 깎아달라고 집주인과 밀고 당기기를 반복했다. 무슨 500만 원이냐고, 한 푼도 안 된다고 손사래를 치던 주인은 결국 400만 원을 깎아 주었다. 그렇게 결혼 2년차, 전세가가 폭등하던 그 겨울날, 아내의 출산 예정일을 한 달 남짓 남겨두고 나는 일을 저질러 버렸다. 물론 아내에게는 당분간 비밀이었다.

2015년 1월 4일 우리 아이가 태어났다. 손가락 열 개, 발가락 열 개의 숫자를 세는데 왜 이렇게 떨리는지…. 산모도 건강하다. 다행이고 행복했다. 그런데 기뻐할 틈도 없이 이틀 뒤 부동산에서 연락이 왔다. 지금 오면 집을 볼 수 있다고 한다. 계약서를 쓰고도 집을 못 보고 있었던 것이 계속 마음에 걸렸던 터라 병원에 있는 아내에게는 잠깐 산책한다고 둘러댄 후 계약한 집을 보러 갔다. 방 세 개, 화장실 두 개. 집 안을 둘러보는데 왜 이렇게 떨리는지…. 우리 아기처럼 우리 집도 건강하다. 다행이고 맘에 들었다. 이제 내 집이라 생각하니 흐뭇하기만 했다.

서둘러 돌아왔다. 아내 얼굴이 붉으락푸르락하다. 잠깐 자리를 비웠다고 생각했는데 아내 입장에서는 이해할 수 없는 시간들이 흐른 모양이다. 아내가 울면서 소리쳤다.

"네가 남편이냐!"

나는 아무런 변명도 하지 못했다. 갓 태어난 아이와 산모를 놔두고 오지 않았는가. 집을 샀다고 솔직하게 말할 용기가 없었다.

나는 가족의 행복을 담보로 도박을 한 건 아닐까? 그해 아이가 태어나 행복한 밤을 지새웠고, 그해 등기가 넘어와 불안한 밤을 뒤척였고, 그해 아내가 우울해해서 걱정스러운 밤을 맞이했다. 그해 선택이 나의 헛된 꿈이 아니라 우리 가족의 든든한 울타리가 되어 돌아오길 간절히 기도했다.

돌잔치가 얼마 남지 않았다. 그리고 우리가 이 전셋집에 산지도 2년이 다 되어 전세 재계약을 해야 했다. 1억8,000만 원으로 시작한 전세가는 그 사이에 2억5,000만 원이 되어 있었다. 재계약을 하려면 7,000만 원이 필요했다. 기존의 전세자금대출 6,000만 원을 다 갚고도 7,000만 원을 더 받아야 유지가 가능하다는 말이다. 대출의 합이 1억3,000만 원이다. 생각만 해도 감당이 안 된다.

이 시점에 아내에게 말하는 게 좋겠다고 생각했다. 그리고 말했다. 사실은 이러이러하게 우리 명의의 집을 마련해 놓았노라고. 아내는 놀라워했고, 좋으면서 또 당황하면서도 대체 그 돈이 어디서 났느냐고 궁금해 했다. 그리고 산후조리원에 있었던 기억을 회상하면 아직도 화가 난다 했다. 남편의 괘씸죄를 무엇으로 갚을까. 그럴 때마다 나는 두 손 모아 항변한다.

"죄는 미워하되 사람은 미워하지 말라~."

· 〉〉〉 당신에게 종자돈이 없는 진짜 이유

내가 부를 바라보는 인식을 전환하게 된 것은 사회생활을 시작하였기 때문이다. 피땀 흘려 벌어들인 돈은 그 무엇보다 소중하지만, 당신은 곧 선택의 순간과 마주하게 된다. 저축이냐, 소비냐, 아니면 투자냐.

지금 와서 생각해 보면 경제 공부를 하고 돈을 모아야겠다고 결심하게 된 것도 바로 첫 월급을 받았기 때문이지 않을까 싶다. 무엇이 나를 신혼집 마련의 길로 인도한 것일까? 그것은 당시 나에게 돈이 있었기 때문이다. 손에 쥐고 있는 몇 천만 원의 돈마저 없었다면 집을 가지려는 시도조차 하지 않았을 것이다. 그저 저렴한 전세나 월세를 찾아 헤맸을 것이다.

또 하나, 결혼을 결심하지 않았다면 내 집 마련에 대한 관심조차 없었을 것이다. 미친 전셋값! 폭등하는 집값에 대해 친구들과 술자리에서 말한 적이 있었다. 이미 결혼한 친구는 열변을 토했으나 미혼인 친구는 들으려 하지도 않았다. 관심 밖의 일인 것이다. 부와 재테크를 바라보는 관점은 기혼이냐 미혼이냐, 서울이냐 지방이냐에 따라서도 다르다. 사회 속에 하나의 자리를 틀고 앉아 봐야 비로소 들리고 보이더란 말이다.

자, 여기 A와 B 두 사람이 있다. 두 사람 모두 수입은 같고 통장에는 돈이 없다. 두 사람은 모두 해외여행을 가고 싶어 한다. 비용은 200만 원이 필요하다. A는 이번 달에 바로 여행을 떠난다. 부족한 돈은 갔다 오고 난 뒤에 20만 원씩 10개월 동안 할부로 갚으면 그만이다. B는 10개월 뒤에 여행을 가기로 계획했다. 지금부터 20만 원씩 10개월을 저축해서 200만 원을 모을 생각이다. 결과론적으로 A와 B가 10개월 뒤에 지출한 금액은 200만 원으로 동일하다. 차이가 있다면 A는 현재를, B는 미래를 선택했다는 점이다.

그러나 A의 소비 성향으로 보았을 때 A는 이미 다른 할부금도 빠져나가고 있을 가능성이 크다. 취업과 동시에 구입한 차량 할부금이나 작년에 다녀온 일본 여행 경비를 갚고 있을 것이다. A는 매월 할부금을 내고 남은 금액을 써야 하기에 항상 급여가 부족하다고 느낀다. 아마도 여행 할부가 끝나는 시점에 A에게는 또 다른 할부가 시작될 것이다.

반면 B는 필요비용을 계획해서 지출하기에 할부가 없다. 차량은 구입하지도 못했다. 차를 가지려면 아직도 20개월은 더 모아야 하기 때문이다. 그러나 B는 20개월 후에 계획한 대로 아무런 경제적 타격 없이 차량을 구입하는 데에 2,000 만 원을 지출하면 된다. 만약 차량 구입을 하지 않는다면 통장에는 2,000만 원의 종자돈이 이자와 함께 모아져 있을 것이다.

아직도 A와 B가 같아 보이는가. 이것이 현실과 미래의 차이다. B가 모은 여유 돈은 투자금으로 환생할 수 있는 여지가 있다. 통장에 잔고가 있다면 이것을 어떻게 써야 할지 고민이 생기고, 자연스럽게 경제적 관심과 지속적 재테크의 근원이 된다. 투자를 시도조차 못 하는 사람은 개인적인 성향의 이유도 있겠지만, 통장 잔고가 항상 0에 수렴하고 있기 때문인 경우가 많다. 입버릇처럼 돈이 없다고 말하지만 정작 본인의 수입이 어디로 사라졌는지는 모른다. A의 사례처럼 말이다.

그렇다면 종자돈이 있다고 해서 무조건 투자에 성공할 수 있는 것일까? 앞에서도 이야기 했듯이 나는 펀드에 투자해서 손해를 보았고, 변액보험은 손실을 안고 해지했으며, 주식에 관심을 갖다가 크게 데이기도 했다. 나의 무지 때문에 종자돈의 크기만 점점 작아졌다. 그러나 가만히 앉아 있을 수는 없는 노릇이었다. 무엇이 잘못되었는지 스스로에게 질문을 던진다. 답을 찾으려 노력한다. 그 과정을 놓치지 않았으면 좋겠다. 오히려 사회초년생 때 충격을 빨리 받은 것이 얼마나 다행인지 모른다. 껍질을 부수는 일은 빠르면 빠를수록 좋다.

다시 20대로 돌아가더라도 나는 매달 받은 수입을 차곡차곡 모을 것이다. 그래야 내가 투자라는 기회를 잡을 수 있기 때문이다. 주변 사람들을 보면 사회생활을 늦게 시작했을 경우 종자돈을 모으는 시기가 그만큼 지연되기도 한다. 그러나 괜찮다. 우려스러운 것은 늦게 시작한 사람들이 아니라, 오직 현재를 위해서 대부분의 소비를 하는 사람들이다.

현재도 중요하지만 미래도 중요하다. 수입을 어떻게 활용할지 고민이 필요하다. 스마트하게 지출해 보자. 꾸준한 흑자 재정을 항상 유지해야 한다. 당신이 사회생활을 하고 있는 직장인이라면 꼭 숙지해야할 재테크의 기본이다. 과거의 선택의 결과가 현재임을 잊지 말자.

• 〉〉〉 실전 멘토를 만나라

2015년 내 집 마련을 시작으로 부동산을 좀 더 적극적으로 배우기로 마음을 먹었다. 돌이라도 씹어 먹을 정도로 공부에 맹목적인 시기였다. 하지만 어떻게 할지 방향성을 잡지 못했다. 그러다 경매 분야에 관심이 생겼다. 시세보다 저렴하게 매입할 수 있고, 적은 돈으로도 월세 수익을 얻을 수 있다는 점이 매력적으로 다가왔다. 퇴근하면 수업을 들으러 서울행 버스에 몸을 실었고, 현장으로 쪼르륵 달려가 임장(현장답사)이란 것을 하게 되었다.

혼자서 추운 겨울 하이에나처럼 남의 집 벨을 누르고 다녔다. 부동산에 방문할 때는 정확한 시세를 알아보기 위해 집주인이나 임차인인 척 입장을 바꿔가며 연극 아닌 연극을 하고 다녔다. 추운지 몰랐고, 부동산 중개사님들과 투자 이야기가 재미있었고, 언젠가 나도 낙찰받을 거란 생각을 하니 너무 행복한 일상이 되어 버렸다.

입찰(경매에 참여하는 것)을 위해 법원이라는 곳을 처음 가봤다. 근무시간이 맞지 않으면 몇 번 없는 휴가도 써 보고, 법무사에게

임장

현장에 임한다는 뜻으로, 현장조사를 뜻하는 투자 실무 용어. 매물을 직접 보거나 점유자를 만나는 것 외에도 주변환경을 둘러보는 것 현지 분위기를 파악하는 것 부동산 중개사무소를 방문하는 것 등 폭넓은 활동을 포함한다

감정가

부동산이 경매에 넘어가면 법원은 이 물건의 가치가 얼마라는 것을 공식적으로 감정하여 공개하는데 그 가격을 감정가라고 한다. 법원이 위촉한 감정평가사들이 정해진 절차에 따라 평가한다. 실제 거래 시세를 반영하여 책정되지만, 부동산 시장이 단기간에 상승하거나 하락하게 되면 감정가와 실제 시세 사이에 차이가 생길 수도 있다.

대리입찰을 부탁하기도 하였다. 그러나 패찰(낙찰받지 못함)하기 일쑤였다. 그때가 2014년에서 2015년을 지나는 겨울이었다. 무엇이 잘못되었는지 모르겠지만, 이상하게도 분명히 경매인데 감정가를 넘어 현 시세와 비슷한 금액에 낙찰이 된다는 느낌을 받았다.

"아니, 저렇게 높은 가격에 낙찰받을 거면 경매를 왜 하는 거지?"

아무리 생각해도 그렇게 높은 가격에 받으면 수익이 나지 않을 것 같았다.

설 연휴 전날, 그해 마지막 경매 입찰이 있었다. 법원에 도착하니 여느 때 이상으로 사람이 가득가득하다. 책에서는 연휴를 앞둔 이런 날 입찰을 하면 경쟁률이 낮다고 했는데, 그날은 아이를 업고 온 애기엄마부터 몸이 불편한 어르신까지 그 많은 사람들이 어디서 다 와 있는지 신기할 따름이었다.

내가 입찰할 물건의 입찰가를 한 글자 한 글자 써 내려간다. 그러나 낙찰자가 되지는 못했다. 그렇게 또 패찰하고, 보증금을 돌려받고 법원을 나왔다. 갸우뚱하다. 다시 생각해 봐도 낙찰된 금액만큼 높게는 못 쓰겠다. 내가 생각한 수익률에 한참 모자라다. 한숨을 쉬어본다. 설 연휴에 이게 무슨 짓인가. 집에는 아내와 갓 태어난 아이가 있다. 그냥 집에 갈까 하는 생각이 스쳐 지나간다.

'그래도 할 때까지 해 보자.'

다시 마음을 붙잡고, 미리 출력해 온 경매정보지를 가지고 현장으로 무거운 발걸음을 옮겼다. 설 연휴 때 남의 집 기웃거리는 것도 그렇지만, 진짜 문제는 문을 연 부동산 중개사무소도 몇 개 없었다는 것이다. 다행히 문을 열고 있는 한 곳을 방문하니 반갑게 맞이해 주셨다. 연휴에 손님이라니, 서로 반가운 일이었나 보다.

여느 때라면 시세 파악도 하고 지역 이야기도 묻고 했을 텐데, 무엇이 그리 복받쳤는지 지금의 이 상황과 부끄러운 내 처지에 대해 중개사님께 하소연을 해 버렸다. 대놓고 알려 달라 했다. 왜 나는 패찰만 하는지를. 당황할 법도 한데, 그 분이 가르쳐 주셨다.

내가 입찰했던 지역인 안산은 2014년에서 2015년 사이 재건축이 대규모로 이루어지면서 이주가 본격적으로 시작되고 있었다. 2008년 이후 수도권 부동산은 하락기를 겪으며 2012년까지 정체되는 모습을 보여 왔다가 2013년도부터 다시 상승하는 흐름이 보이기 시작했는데, 안산은 경기도권 중에서도 비교적 빠른 반등을 보여주고 있었다.

안산뿐만 아니라 수도권에서 전세가가 오르면서 매매가 상승이 시작되자, 앞으로 상승할 것을 예감한 투자자들이 과감하게 입찰을 하기 시작했다. 현재 시세대로 낙찰을 받아도 몇 개월 뒤면 더 오를 것임을 확신한 것이다. 그래서 경매 낙찰가가 시세를 넘어 계속 오르고 있었던 것이었다. 그러니 나는 계속 패찰을 맛볼 수밖에 없었던 것이다.

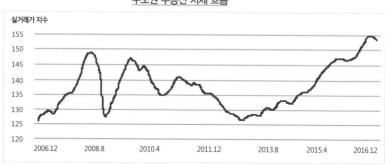

수도권 부동산 시세 흐름

(출처 : 한국감정원 수도권 흐름)

내가 물어보면 그분은 본인의 의견을 내주셨다. 한 줄기 빛을 보는 느낌이었다. 그날 이후로 나는 경매정보지 하나 달랑 출력해서 그곳에 수시로 출근했다. 그렇게 나는 멘토를 만났다. 멘토를 통해 당시 시장의 큰 그림을 어렴풋이 그려

보게 되었고, 꾸준한 현장 경험을 쌓을 수 있었다. 또한 아파트와 달리 사양이 천차만별이라 판단이 쉽지 않았던 빌라 물건의 개별적 가치를 비교하는 눈을 가지게 되었다. 그리고 덕분에 자꾸 패찰만 했던 경매 대신 비교적 적은 돈으로 임대 수익을 얻을 수 있는 빌라를 일반매매로 사들이게 되었다.

꾸준한 임장과 멘토와의 인연은 초보자에게 더할 나위 없는 나침반이 된다. 물건을 보는 눈이 생기고, 좋은 가격의 물건을 만날 확률이 높아진다. 처음부터 완벽한 투자는 없다. 나 역시 투자를 하고도 과도하게 청구된 법무비와 인테리어 비용에 놀라기도 하였고, 수리를 하고도 수익이 투자금에 대비해 아쉬울 때도 있었다.

법무비

주택을 구입하면 전소유자에게서 현소유자에게 등기를 넘기는 과정이 필요한데, 일반적으로 법무사에게 의뢰한다. 이때 필요한 인지세, 서류발급 비용, 교통비, 인건비 등 법무사에게 보내는 비용을 통틀어서 실무에서는 법무비라고 칭한다. 취득세를 함께 포함하기도 하지만, 엄밀히 말하면 취득세는 법무비에 포함되지 않는다.

이런 것들은 책만 봐서는 느낄 수 없는 경험들이다. 초보에게는 모든 것이 쉽지 않다. 더욱이 내 돈이 들어가는 투자인데 고민이 되는 건 당연한 일이다. 가진 거라곤 하고자 하는 마음, 그 열정과 몇 푼 안 되는 종자돈이 전부이니 말이다. 그때 그 하소연을 통해 그분은 그것을 알아봐 주신 것 같다.

"자네는 나중에 크게 될 거야."

"궁금한 것은 언제든지 물어봐요."

"젊은 나이에 열심히 하는 모습이 보기 좋네. 내 예전 모습을 보는 것 같아."

멘토의 격려 한마디에 나는 자극되었고, 덕분에 포기하지 않고 계속할 수 있었다. 멘토는 나를 보며 본인의 예전 모습을 찾았고, 나는 그분을 통해 미래를 꿈꾸었다. 그분은 철없던 젊은 친구가 여러 채의 집주인으로 변하는 과정을 곁에서 지켜보셨고, 내 편으로 존재하는 어른 중에 한 분이 되어주셨다.

최근에도 전화로 안부를 물었다. 가장 밝은 목소리로 말이다. 멘토가 해주는 한결같은 말은 "아이는 잘 크고 있어? 놀러와, 밥 사줄게"이다. 이제는 멘티가 멘토에게 식사를 대접할 차례다.

·〉〉 부자들은 시간을 위해 돈을 쓴다

직장인들의 하루는 일정한 패턴 속에 반복되고 있다. 아침에 눈을 떠 출근 준비를 시작으로 하루 종일 업무에 야근까지 하고, 가정이 있다면 퇴근 후 아이와 씨름을 할 것이다. 손꼽아 기다리던 주말에도 늦잠 한 번 자기 힘들다. 가족행사를 따라다니다 보면 하는 것도 없이 시간이 흘러가 버린다.

나는 맞벌이 교대 근무를 한다. 야간근무를 하면 다음날 아침 지친 몸을 이끌고 퇴근해 부족한 잠을 보충하고 나서야 오후나 저녁 일정을 소화할 수 있다. 아이가 태어나면서 개인 시간은 이미 사라진지 오래다. 아내와의 교대 일정과 내 근무일정이 일정치 않다. 한 사람이 퇴근하면 얼굴 한 번 보고 인사하고 다른 한 사람은 출근하기 바쁘다. 다행히 장모님이 도와주셨기에 그나마 육아가 가능하다. 그나마 이렇게 아이를 맡길 수 있다는 것 자체가 얼마나 행복한 일인지는 주변의 직장 선후배들을 보면 금방 알 수 있다.

그럼 나는 평생 시간이 없는 것일까? 처음 부동산 공부를 시작하고 열정이 충만할 때 나는 닥치는 대로 책을 읽었고, 부동산 카페에 가입해서 활동하고, 서울로 강의를 들으러 가고, 수도권에서 지방으로 돌아다녔다. 관심을 가지면 가질수록 해야 하는 것들이 늘어났다. 시간이 갈수록 시간은 더욱 더 부족하다는 느낌을 받았다.

동선을 정해서 움직이기 시작했고, 해야 할 일을 기록하면서 중요 순서대로 진행했다. 순전히 나를 위해 시간을 관리하기 시작했던 것이다. 그 결과 오히려 미혼이던 20대 시절보다 나만의 시간이 많아지기 시작했다. 그동안 내가 시간을 허투루 쓰고 있었음을 뼈저리게 느끼는 순간이었다.

시간이 생겼다니 그게 무슨 말인가. 시간은 지금도 부족했고 그때도 부족했다. 다만 전에는 하고 싶은 게 없어서 취미생활이라는 명목으로 시간을 낭비했고, 지금은 하고 싶은 게 많아서 시간이 부족하다.

하고자 하는 바가 있으면 더 이상 피곤함은 걸림돌이 되지 않는다. 꼭 들어야 할 강의인데 일정이 안 맞으면 휴가를 쓰고, 교대근무가 끝나는 아침이면 현장으로 가는 버스나 KTX 열차에서 잠깐씩 눈을 붙이며 돌아다녔다. 자가용 운전은 또 다른 피로를 만들 뿐이다. 강의 시작 전 한두 시간 여유가 있는 경우에는 낮잠 카페나 멀티방 등을 이용해 부족한 수면을 채웠다.

책은 따로 시간을 내서 읽지 않았다. '책을 읽는 데에 정해진 시간과 장소는 없다'라고 생각하면 모든 장소가 도서관이다. 버스나 지하철로 이동하는 순간순간을 이용한다. 책이 무겁다면 전자책 어플을 이용할 수 있다. 자기 전 10여 분만 투자해도 충분히 책을 볼 수 있다. 개인적으로 잠도 더 잘 와서 좋았다. 도보로 이동 중에는 녹음되어 있는 강의 내용을 들었고, 최근에는 팟캐스트를 이용해서 재테크 관련 방송까지 듣고 있다.

이제 알겠다. 사람은 비로소 시간이 부족해야 시간을 관리한다는 것을. 간절해져야 한다. 시간이 부족하다고 기회를 놓아버릴 수는 없기 때문이다. 바로 여기서 성공하려는 자와 포기하는 자가 구분된다. '부자들은 시간을 위해 돈을 쓴다'는 말에 비로소 공감할 수 있게 되었다.

성공하고 싶은 자, 시간에 갈증을 느껴라!

당신이 투자를 시작했다면 당신은 부에 관심이 있다는 말이다. 투자 결과가 성공이든 실패든, 시작했다는 이유 만으로도 칭찬받을 일이다. 자기 안의 수많은 고민과 주변의 반대를 이겨낸 행동일 것이기 때문이다.

투자자가 부딪쳐야 할 관문은 또 있다. 바로 불확실성이다. 투자를 해 본 사람은 알 것이다. 이미 저질러버린 것에 대해 잘했는지 의문이 든다. 그래서 주위 사람한테 묻고 또 묻고, 고수들의 글을 탐닉한다. 하지만 그때 할 수 있는 일이란 오직 가격이 오르길 기도하는 것뿐이다. 투자자에게 조급함은 화가 될 수 있다.

그러나 그보다 더 경계해야 할 것은 다른 사람들과의 비교다. 사람들은 본인과 주위사람들의 투자수익을 끊임없이 비교하고, 수익이 높거나 부동산 개수가 많으면 무조건 고수라고 생각하는 경향이 있다. 그래서 더욱 더 숫자에 집착하기도 한다. 또는 블로그나 카페에서 고수익률의 투자 사례를 보고 열등감에 빠지거나 묻지마 식으로 똑같이 투자하려는 모습을 보인다. 물론 앞선 사람들의 글을 보고 배울 것이 참 많지만 똑같이 한다고 같은 수익을 낼 수 있다는 환상을 가져서는 안 된다. 누군가는 수익을, 누군가는 손해를 보게 될 것이다. 똑같이 따라 했더니 수익이 났다고 하자. 그럼 다음 투자는 어떻게 할 것인가? 또 그 사람을 똑같이 따라 할 것인가? 그 사람이 어떤 투자를 했는지 알려주지 않으면 어떻게 할 것인가? 반대로 손해를 보면 그때는 그 사람이 사기꾼이라고 원망할 것인가?

투자에 성공하기 위해 나는 부동산 전문가

현금흐름

현금이 들어오고 나가는 것을 의미하지만 '수익'과는 의미가 다르다. 수익이 벌어들인 돈에서 나갈 돈을 뺀 금액 자체를 의미한다면, 현금흐름은 당장 쓸 수 있는 금액의 개념이다. 예를 들어 월세를 놓아 월 50만 원을 받고 그중 대출이자로 20만 원이 나갈 경우, 매월 남는 30만 원은 수익이 아니라 현금흐름이다. 수익은 나중에 대출 원리금 갚을 것까지 모두 고려해서 최종적으로 계산해야 한다.

의 강의를 듣고, 현장에 나가고, 책을 통해 지식을 얻고자 했다. 하지만 한계가 있었다. 배움을 통해 어느 정도 수준의 지식을 끌어올릴 순 있지만 그 다음은 자기 몫이 절대적으로 필요하다. 투자의 세계에서만이 아니라 우리의 삶 또한 다르지 않다.

얼마 전까지도 목표를 숫자로 설정했다. 예를 들면 1년 안에 한 채 이상 투자하기, 현금흐름 월 50만 원 만들기, 80세까지 필요한 연금 10억 원 만들기 말이다. 이 숫자만이 우리 가족의 행복을 위한 절대목표라 생각했다. 1년에 한 채를 목표로 했던 내가 내 집 마련을 시작으로 이제는 여러 개의 부동산을 갖게 되었고, 현금흐름도 어느 정도 만들어 내었다. 그렇다면 지금 나는 행복해야 한다. 물론 행복했었다. 그러나 또 다른 목표 숫자가 생기자 다시 빈곤함을 느끼게 됐다. 앞으로 10억 원을 벌게 되면 그때는 행복해질까? 답은 숫자가 아니다.

유명 블로거 중에 '제이쓴'이라는 사람이 있다. 책도 내고 방송에도 출연하는, 인테리어 쪽에서 유명한 사람이다. 물론 처음부터 그랬던 것은 아니다. 유명해지기 전 그는 '오지랖 프로젝트'라는 것을 진행했다. 자취생을 찾아가 함께 인테리어 작업을 하는 재능기부 활동이었다. 그 과정에서 그의 기발한 아이디어와 인테리어 실력이 입소문을 타면서 지금의 제이쓴을 만들었다.

제이쓴이 좋은 건 숫자(부)인가, 이름(명예)인가? 하고 싶은 것에 도전하고 실행했더니 부가 따라왔다. 그는 인테리어 전문가가 되고자 했다. 나도 전문가가 될 순 없을까? 직장에서의 전문가, 부동산에서의 전문가, 육아에서의 전문가 말이다. 무엇보다 '가족 행복의 전문가'가 되고 싶다.

나는 내 집을 가지고 있다. 이제 앞으로 부동산이 오르고 내리고는 상관없다. 우리 부부가 출퇴근하기에 좋은 위치에 있으며, 무엇보다 아이를 키우는 데 만족도가 높다. 혹 직장을 옮기거나 교육 문제로 이사를 하더라도 나는 계속 내 집을 가질 것이다. 그것이 가족의 행복 전문가가 되기 위한 필요충분조건이기 때문이다.

맞벌이에 육아까지 하면서 투자와 공부를 병행한다는 것이 쉽지 않았지만 그 모든 것이 가능했던 것은 지금까지도 출가한 딸 곁에 사시면서 육아에 도움을 주시는 장인장모님의 수고가 있었기 때문이다. 이 글의 마무리는 2016년 장인어른과 장모님께 썼던 편지로 대신하고자 한다. 괜한 걱정을 끼치고 싶지 않아 부동산 투자를 하고 있다는 사실을 숨겼던 시기였다.

결혼한 지 얼마나 되었다고, 손주를 낳고도 철부지 사위는 뭐가 그리도 바쁜지 밖으로만 돌아다녔다. 그 모습에 걱정이 크셨을 것이다. 고민 끝에 사실을 털어놓기로 했다. 결론부터 말하자면, 이 편지는 나에게 가족의 응원은 물론 투자를 위한 시간이라는 최고의 선물을 받게 해주었다.

아버님, 어머님. 사위입니다.

어린 아이를 아내나 저를 대신해서 키우시느라 힘드시죠. 또 출가한 딸 부부까지 근처에 살고 있으니, 말씀은 안 하시지만 많은 고생을 하고 계심을 알고 있습니다. 알고서도 어쩔 수 없는 현실이라는 게 죄송할 따름입니다.

주위의 제 친구들도 그렇지만 외벌이로 가정을 이룬다는 게 말처럼 쉽지 않은 일이 되어 버렸습니다. 그나마 맞벌이를 잘 하고 있더라도 아내가 임신을 하면 공무원이 아니고서는 복직하기도 힘들며, 복직을 했더라도 아이 맡길 곳이 없어 이리저리 알아보다가 결국은 다시 직장을 포기하는 경우를 실제로 보고 있습니다. 그런 현실에서 아버님, 어머님은 저희에게 많은 힘이 되고 계십니다. 저희는 정말 행복한 맞벌이 부부임에 틀림이 없습니다.

예전부터 저에게는 고민이 있었습니다. 얼마 전 아내가 말을 하길 "오빠 혼자 벌어서는 아무것도 못 할 것 같아"라고 했는데, 이 질문이 저에게 많은 생각을 던져 주었습니다. 아내가 일을 평생 할 수 없다는 것 또한 알고 있습니다. 10년이 지난 후에도 제 월급이 경제적 고민을 덜어줄 만큼 많이 오르지 않을 것이라는 것도요.

그리고 20년이 지나도 크게 달라질 것이 없을 것입니다. 아이가 스무 살이 되면 저희가 살아왔던 것처럼 대학을 가기 위한 공부를 하고 있을 것이며, 힘든 취업 전선을 뚫겠다고 토익과 공무원 시험 준비로 노량진 거리를 헤매고 있을 것입니다. 그런 아이가 장가를 가면 아버님, 어머님이 해 주셨던 것처럼 이번에는 저와 아내가 손주를 보아 주지 않고서는 아이 혼자서 가정을 꾸려 나가지 못할 것이 불 보듯 뻔합니다.

그냥 열심히 직장을 다니고 적금을 붓는 것에서 벗어나, 저는 좀 더 적극적으로 삶의 목표에 도전하려고 합니다. 단순하게 '돈을 많이 벌어야지'가 아니라 추운 새벽에 일을 나가지 않기 위해서이고, 밤에도 잠을 줄여가면서 일을 하지 않기 위해서이고, 평생 동안 월급 안에 갇혀 살지 않기 위해서이고, 제 의지와 상관없이 세상이 정해준 일을 하지 않기 위해서입니다. 세상의 틀에 맞춰진 인생 스케줄이 아닌 제가 만든 인생의 스케줄을 따라 살아야 한다고 생각합니다. 이것은 또한 아빠인 제가 아이에게 물려주고 싶은 미래입니다. 아이를 위해서도 저는 이 길을 가야 함에 더욱 확신을 가지고 있습니다.

지금 제 글을 읽으면서 한편으로는 많은 걱정을 하고 계실 줄 압니다. 저는 이미 몇 건의 부동산 투자 경험이 있고, 최근에도 투자를 실행하였습니다. 지금도 지속적인 공부를 하고 있습니다. 수업을 듣기 위해 일주일에 몇 번씩 서울을 오가고 있으며, 야간근무가 끝나는 날 아침이면 현장을 다니고 있습니다.

피곤한 몸은 이미 저에게 짐이 되고 있지 않습니다. 봐야 할 곳이 너무 많고, 공부해야 할 것이 너무 많습니다. 노력과 공부 없이는 실행으로 옮길 수 없으며, 그것이 실패하지 않는 길이기 때문입니다.

이렇게 장문의 편지를 쓰는 이유는 장인장모님에게 응원을 얻고자 함입니다. 앞으로 제가 목표를 이루려 하면 할수록 저는 집안에 관심 없는 사위, 아내에게 관심 없는 남편, 아이에게 사랑을 듬뿍 주지 못하는 아빠처럼 보일 수도 있다는 생각이 들었습니다. 최근에도 현장을 가거나 서울로 수업을 들으러 가게 되면 직장에 회식이 있다거나 다른 일이 생겼다고 거짓말을 했습니다. 이제는 당당히 말씀드리고 싶습니다.

"저 오늘 계약 있는데, 집 좀 보고 올게요."

"저 오늘 강남에서 몇 시에 수업이 있습니다."

"오늘은 지방에 물건 보러 내려가서 늦게 올 것 같아요."

그리고 다녀오면 아마도 내용을 정리하느라 책상에 앉아 책이나 자료들과 씨름을 하고 있을지도 모를 일입니다.

이런 삶이 앞으로 5년, 10년, 혹은 그 이상이 될지 모르겠습니다. 중요한 것은 쉽게 포기하지 않겠다는 것입니다. 한 가정의 가장으로서 책임감을 무겁게 느끼고 있을 뿐 아니라, 제 목표는 붉은 핏빛보다 선명합니다. 그리고 그것을 이루기 위해 제가 지금 무엇을 해야 할지 정확하게 알고 있습니다.

사실 전부터 모두 말씀드리고 싶었습니다. 많은 고민을 했지만, 제 결심을 이제라도 말씀드리게 되어 얼마나 다행인지 모릅니다. 앞으로도 사위로서, 남편으로서, 아빠로서 열심히 살 것입니다. 다만 전보다 가정에서 머무는 시간이 조금 줄어들 뿐이라고 생각해 주시면 감사하겠습니다.

2016년 3월 어느 날

앞으로 10년 후가 기대되는 사위가

효율적 시간 관리를 위한 '1·2·3 메모 일기'

부동산 투자뿐 아니라 어떤 일이든 전문적으로 시작하다 보면 시간이 부족하다는 것을 항상 느끼게 된다. 시간 관리를 하고자 한다면 스케줄 관리표를 작성하는 것이 좋다. 그런데 그보다도 나는 일기 쓰는 것을 더 추천한다. 길게 쓰려고 할 필요 없다. 하루 일과를 기록한다고 생각하면 될 것이다.

내가 책을 읽고 실천해서 습관이 든 방법을 소개하려고 한다. 이른바 '1·2·3 메모 일기'라는 것이다. 쓰는 방식은 간단하다. 하루 세 줄로 그날을 요약하는 것이다.

> ### 1·2·3 번호 메모 일기 쓰는 법
> ①번 – 오늘 그냥 한 일을 쓴다.
> ②번 – 오늘 잘못한 일을 쓴다
> ③번 – 오늘 잘한 일을 쓴다.

예를 들면 다음과 같이 쓸 수 있다.

> ### 02.09목
> ① 책장이 왔다. 아들에게 책을 많이 사줘야겠다. 높이가 안 맞는다. 수정해야겠다.
> ② 신한카드 한도 용어를 잘못 이해하는 바람에 '쌩쑈'를 하고 말았다. 한도와 할인은
>   다르다.
> ③ 핸드폰 배터리만 추가 구매. 오래 가니 좋다. 세입자와 통화하여 임대차계약을 상호
>   협의하여 5월 30일까지 연장. 협상의 법칙 리뷰 정리 – 협상을 즐기자.

인기를 끌었던 드라마 「도깨비」의 대사처럼 1번은 좋아서, 2번은 좋지 않아서, 3번은 적당해서 모든 것이 좋았다. 만약 오늘 나의 일과 중 3번(잘한 일)이 없다고 하자. 그럴 수 있다. 그런데 1

번(그냥 한 일)에 기록할 내용도 없다면 '오늘 하루는 도대체 무엇을 위해 살았단 말인가! 시간을 허비한 게 아닐까. 그런 와중에 2번 잘못한 일에 가득 찬 이 내용은 머란 말인가…'라고 생각하며 그 날은 삶에게 미안하게 생각한다.

2번이 많으면 무조건 안 좋고, 3번이 많으면 무조건 좋다는 말은 아니다. 2번을 통해 깨달음을 얻고, 어떻게 3번으로 가야 힐지 고민하고 풀어나가야 한다. 그 과정에서 우리는 한 단계 성숙해지고 시간을 지배하게 될 것이다.

짧게라도 써보기 바란다. 하루를 돌아보게 될 것이며 오늘 내가 소비한 시간, 알차게 보낸 시간을 정리할 수 있다. 그래야 잃어버린 시간에 대해 관심을 가지게 될 것이다.

02

결혼,
내 집을 장만할
가장 좋은
기회

by 바를공반운

글쓴이 **바를공반운** _____

이유 없는 씀씀이는 용납할 수 없다는 자타공인 저축 애호가이자 결혼 2년차의 새신랑.
가계부 작성 9년 경력의 '가계부 쓰는 남자'로 대출은 죄악이라고 여기며 살았다. 그러나
부동산 재테크에 눈을 뜬 이후 레버리지를 적당히 활용하는 법을 알게 됐고, 특히 신혼집
을 마련하면서 '사는(stay) 집'과 '사는(buy) 집'의 가치를 고민하게 되었다. 재테크에 관심이
많지만, 기본은 역시 절약과 저축임을 믿는다.

블로그 : http://fogperson.blog.me

종자돈 모으기 &
내 집 마련이 빠를수록 좋은 이유

다수의 우리나라 사람들은 결혼 전까지 부모님과 함께 지낸다. 부동산에 대해 고민하기 시작하는 것은 결혼할 때가 되어서다. 신혼집은 어디에 구할까? 집을 살까, 말까? 나는 동료나 친구들의 결혼소식을 들으면 꼭 묻는 게 있다.

"집은 어떻게 해?"

대답은 자가, 전세, 월세 중 하나다. 그런데 전세를 생각한다고 하면 나는 이렇게 조언한다.

"대출 갚을 여건만 된다면 차라리 사도록 해."

내가 남들에게 집을 사라고 말하다니! 예전의 나라면 절대 생각도 못할 일이다. 나 또한 결혼할 때 집을 꼭 사야겠다는 생각이 없었다. '전세든 자가든 내가 가지고 있는 자금에 맞춰야지'라는 생각뿐이었다. 대출이 있다는 것, 내 이름으로 빚이 있다는 것이 매우 싫었다. 그러던 내가 지금은 '대출을 좀 받더라도 저 아파트를 살까, 말까?' 이러고 있다. 생각이 변했다. 그동안 나에게 무슨 일이 일어난 것일까?

2008년 1월 졸업을 앞두고 취직을 했다. 월급을 받기 시작하면서 돈 관리를 어떻게 할 것인가에 대한 관심이 커졌다. 다행히 나는 돈을 쓰는 것 보다 모으는 것에 더 관심이 있는 편이었다. 돈 관리를 하기로 마음먹고 우선 부모님이 만들어 주신 내 보험들을 내가 직접 부담하기로 했다. 빚 청산도 시작했다. 학자금대출 원금 상환이 시작되지 않았지만 여유가 될 때마다 갚았다. 원금을 먼저 갚을 때마다 이자정산액을 조금이나마 돌려받았는데 그게 기분이 좋았다. 그렇게 1년 만인 2009년 3월에 학자금대출을 모두 갚았다.

학생 때 부모님이 내 명의로 넣어 주셨던 청약부금이 기억났다. 그런데 상황을 보니 그 청약부금을 담보로 부모님이 대출을 받은 후 이자를 내고 계신 상황이었다. 내가 빌린 돈은 아니지만 내가 갚기로 결심했다. 대출이자는 월 1만 원도 되지 않았지만 '내 이름으로 된 빚'이 있는 게 싫고, 나중에 내가 청약통장을 쓸 요량이었기 때문이다. 급하지 않게 여건이 될 때마다 천천히 채워 나갔다. 2010년 5월 기존 금액대로 상환을 하였다.

빚을 갚는 한편 저축도 했다. 인터넷을 뒤져가며 '손품'을 팔아 보니 일반 은행보다 저축은행이 금리가 더 높다는 점을 알았다. 그렇다고 아무 은행에나 가입할 수는 없었다.

청약부금

적금의 형식을 가지고 있으되 일정기간 일정금액을 납입하면 청약, 즉 신규 아파트 분양권에 응모할 권리가 주어지는 금융상품. 현재는 주택청약종합저축으로 일원화되었다.

저축은행

과거에 상호신용금고 또는 상호저축은행이라 불렸던 소규모 금융기관을 말하며, 정확히는 은행이 아니라 '비은행금융기관' 또는 제2금융권으로 분류된다. 업무는 시중은행과 크게 차이가 없다. 자본규모가 작은 만큼 시중은행과 비교했을 때 안정성이 떨어지는 것은 사실이지만 예·적금 금리는 좀 더 높다.

소수점 단위의 작은 금리 차이나마 소중하기도 했지만, 저축은행은 안정성이 중요하기 때문이다. 가입을 염두에 둔 곳이 있었는데 당시 회사에서 거리가 있었다. 마침 회사 동기의 지인이 그 저축은행에 다니고 있어 '지인 찬스'를 통해 편하게 통장을 개설할 수 있었다. 그렇게 나름 알뜰살뜰 모아 드디어 1,000만 원이란 숫자를 눈으로 확인하게 됐다. 이런 큰돈은 처음 가져 보았다. 그때의 기쁨이란!

'그래, 이렇게 돈을 모으면 되는 거야. 차근차근 모으자.'

·〉〉〉 저축만으로는 헤어날 수 없는 현실의 늪

하지만 그 기쁨은 오래 누릴 수 없었다. 애써 모은 돈은 내가 써보지도 못하고 집 안의 또 다른 빚을 갚는 데에 사용됐다. 그때는 돈을 모은다는 것에 회의가 들었다.

'이렇게 모아서 뭐 하나, 내가 써보지도 못 하는데…. 차라리 내가 다 써 버리는 게 덜 억울하겠다.'

다행히도 흔들리는 나를 잡아준 것은 다른 분의 게시판 댓글이었다. 부모님이 어려운 일을 겪고 계신데 모른 척 할 수 없다며 힘들게 모은 몇 천만 원을 고스란히 내놓았다는 사연을 보고 나 정도는 약과라며 마음을 다잡았다. 마음을 다독이며 다시 돈을 모으는 일에 집중했다.

그런데 3년이 지나고 부모님이 또 지원 요청을 하셨다. 금액도 지난번보다 배이상 커져 있었다. 도와드릴 수야 있었지만 과연 이게 맞는가 하는 생각이 들었다. 아무리 생각해도 상황이 밑 빠진 독에 물 붓기 같았기 때문이다. 주변에 조언을 구해 봐도 다 같이 늪에 빠지지는 말라는 의견이 지배적이었다. 생각하고 생각한 끝에 결심을 했다. 비상 상황을 대비해서 어느 정도의 금액은 남겨 두기로. 요청하신 금액 중에서 일부만 도와드리기로 하고 예금을 해약했다. 돌이켜보면 잘한 일이었다. 예상대로 2년이 지나 비슷한 일이 또 일어났기 때문이다.

빚 상환 - 저축 - 빚 상환. 이런 일이 반복되자 빚을 진다는 게 더더욱 싫었다. 당연히 그때의 나는 집을 사는 것에 대해서도 부정적일 수밖에 없었다. 집을 사는 거야 좋지만 빚을 내면서까지 사고 싶지는 않았기 때문이다.

'내가 가진 돈의 범위 내에서 거주지를 마련하지.'

이것이 내 집 마련에 대한 생각이었다. 하지만 마음 한 구석에서는 의심이 없지 않았다. 과연 월급 모으기만으로 내 집 마련을 할 수 있긴 할까?

• 〉〉 '그래, 집을 사자'라는 생각을 갖게 해준 경매 공부

그랬던 내가 생각이 변하게 된 것은 취미활동 때문이라 할 수 있다. 나는 책 읽는 것을 좋아하는데, 그 때문에 출판사가 운영하는 서평단 활동을 하게 됐다. 그때 받게 된 책이 신정헌 저자의 『저는 부동산 경매가 처음인데요』였다. 집을 사는 방법이라고 하면 부동산 중개사무소를 통하거나 직거래, 두 가지 방법만 알고 있던 내가 경매라는 또 다른 방법을 알게 된 기회였다. 게다가 경매 투자를 위해 필요한 지식과 정보는 곧 내가 임차인으로 세를 들어가 살 경우 내 보증금을 지키기 위해 매우 유용한 지식이란 것을 알았다. 책이 재미있다보니 경매라는 것에 대한 첫인상도 좋았다.

> **경매**
>
> 사전적 의미는 값을 가장 높이 부르는 사람에게 물건을 파는 행위를 뜻하지만, 일반적으로는 법원이 주관하는 동산 및 부동산 경매를 의미한다. 돌려받아야 할 돈, 즉 특정한 '권리'를 가지고 있는 사람(채권자)이 그 권리를 보호받지 못하게 됐을 경우 경매를 신청하면 법원은 법적절차에 따라 돈을 돌려줘야 할 사람(채무자)의 재산을 강제로 매각한 후 그 금액을 채권자에게 배당해준다.

몇 개월이 지난 후 같은 모임에서 또 경매 책을 읽을 기회를 얻었다. 오은석 저자의 『월급쟁이를 위한 부동산 경매』였다. 이 책은 재미도 있었지만 회원들의 다양한 사례가 함께 실려 있었다. 덕분에 '경매도 괜찮겠는 걸'이라는 생각이 다시 들었다. 얼마 후에는 블로

그 이웃을 통해 경매 책을 선물 받았다. 유명 블로거 핑크팬더 님의 『소액 부동산 경매 따라잡기』였다. 이 책을 인연으로 핑크팬더 님의 경매 기초반을 수강하고, 다음 해에는 실전반이란 이름으로 스터디를 하게 되었다. 이때 즈음이다. 경매에 대해서 알고 수업을 들으면서 대출에 대한 생각이 확 바뀌었다. 월세를 통해 매월 현금흐름을 창출하는 부분이 매우 인상적이었다.

월세 수익을 목표로 하는 경매 투자 구조는 이렇다. 저렴한 빌라나 소형아파트를 낙찰받은 사람은 낙찰대금 중 70% 내지 80%를 경락잔금대출을 받아서 낸다. 이 집에 월세를 놓게 되면 세입자에게 받은 월세 보증금으로 나머지 금액 중 20% 내지 30%를 메울 수 있게 된다. 이런 식으로 하면 투자금이 적거나 혹은 전혀 들이지 않고 매월 월세라는 부수입을 안겨주는 집을 얻게 되는 것이다.

경락잔금대출

금융기관이 경매 낙찰자를 대상으로 대출해 주는 일종의 주택담보대출 상품으로, 이때의 담보는 낙찰받은 부동산이 된다. 일반 담보대출에 비해 조건이 덜 까다로운 편이다.

경매 투자의 수익 구조

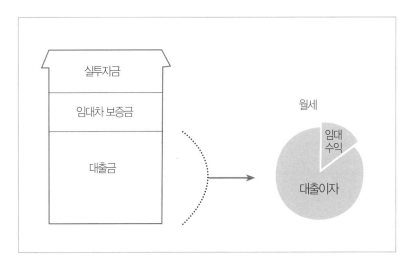

특히 앞으로 월세는 절대 살지 말아야겠다는 생각도 들었다. '임차인의 월세 = 임대인의 대출이자 + 임대수익'이라는 사실을 알았기 때문이다. 즉 임대인(집주인)은 대출을 받아 이 집을 샀는데 그 이자는 임차인(세입자)이 낸 월세로 내고, 남는 부분은 임대인의 수익이 되는 것이다. 경매뿐 아니라 대부분의 월세 투자도 비슷하다.

대출을 통해 돈을 버는 구조가 가능하다는 게 충격이었다. 그때 생각이 변했다. 대출을 무조건 갚아야 할 빚으로만 볼 것이 아니라 수입을 늘려 줄 수 있는 하나의 수단으로도 바라볼 수 있는 것이다. 그런 마음으로 경매 스터디에 참여했다. 법원에 가서 몇 번 입찰에 참여하고 2등으로 떨어져 보기도 했다.

· 〉〉〉 첫 번째, 그리고 유일한 낙찰

그런 와중에 드디어 올 것이 왔다. 상황이 계속 안 좋게 흘러가더니 부모님과 함께 살고 있던 집이 경매에 넘어간 것이다. 매번 남의 경매 물건만 보다가 막상 살고 있는 집을 경매정보지에서 보니 기분이 참 묘했다.

경매정보지

경매에 나온 물건들의 정보를 모아서 제공해 주는 정보지. 현재에는 주로 인터넷으로 서비스를 제공한다. 대법원에서 무료로 운영하는 '법원경매정보' 사이트 외에도 민간업체들이 운영하는 유료 경매정보지가 있다.

같이 스터디를 하던 분들은 그 집을 내가 낙찰받으면 되겠다고 했다. 하지만 솔직히 말하자면 처음에는 전혀 그러고 싶지 않았다. 왜냐하면 이것은 그동안 목표로 삼아왔던 '투자를 위한 경매'가 아니기 때문이다. 만약 이 집을 낙찰받아 세를 놓을 수 있다면 수익이 날 테지만, 내 경우에는 부모님을 내보내고 세입자를 받을 수는 없는 노릇이다. 결과적으로 내가 낸 낙찰금은 빚을 청산하는 데에 모두 사용되고 나에게 남는 수익은 없을 것이다. 또한 그때 여자친구,

즉 지금의 아내와 결혼을 생각하고 있었기 때문에 나도 자금이 필요했다.

하지만 생각을 바꿔 먹기로 했다. 살던 집에서 계속 사는 게 편하지 않을까? 어차피 이 집에서 나가면 월세로 옮겨야 하고 그 월세도 내게 될 텐데, 그럴 바에는 은행에 이자 내는 게 낫잖아? 결국 그런 마음으로 입찰기일에 법원으로 향했다. 그때 솔직한 심정은 내가 제일 꼴찌이길 바랐다. 낙찰은 받지 않고 부모님께 "제가 낙찰받으려고 했는데 떨어졌네요"라고 말하면 그래도 아들로서 이 정도 노력은 했다고 스스로 위안할 수 있을 것 같았기 때문이다.

드디어 개찰이 시작되었고, 내가 입찰한 물건(우리 집) 순서가 되었다. 총 네 명이 입찰했다. 법원 집행관이 제일 낮은 금액부터 불러주고 있었으므로 내 이름이 가장 먼저 불렸으면 했다. 첫 번째는 서울에서 오신 ○○○씨. 내가 꼴지는 아니군. 다음에는 대구에서 오신 ×××씨. 내가 3등도 아니다. 그리고 다음에는 일산에서 오신 △△△씨…. 어랏? 내가 제일 마지막으로 불렸다. 낙찰이 된 것이다.

스터디를 시작할 때의 꿈은 '경매로 투자수익을 내 보자'였지만, 그런 소망과 달리 내 인생의 첫 낙찰은 내가 부모님과 살던 집이었다. 애꿎게도 그 이후로 낙찰은 한 번도 받지 못했다. 그러나 어쨌든 그 단 한 번의 낙찰로 우리 집을 지킬 수 있었다는 점에 위안을 삼는다.

·》》 신혼집은 전세가 좋을까, 자가가 좋을까

결과적으로 경매를 통해 수익을 내지는 못했지만, 성과는 있었다. 공부를 통해 '대출은 절대 안 돼'라는 생각이 '대출, 무리하지만 않으면 할 수도 있지'로 달라졌다. 덕분에 신혼집을 준비할 때에도 선택지가 넓어졌다.

물론 그렇다고 해도 '신혼집은 무조건 사야 해'라고 생각했던 것은 아니었다.

그때는 여기저기서 "부동산 하면 망한다"는 소리를 많이 들었다. 아직 공부가 깊지 않았고, 집에 대한 경험이라고는 우리 집 낙찰이 전부이다 보니 확실한 기준을 잡기가 어려웠다. 이런 환경에서 신혼집을 사서 결혼생활을 시작해야 하는가라는 생각이 들 수밖에 없었다. 다른 사람들은 어떻게 생각하는지 궁금해 이미 결혼하신 주변 분들에게 숱하게 물어봤다.

"신혼집을 사야 될까요?"

많은 분들이 의견을 주셨는데, 그 중에서 기억에 남는 이야기는 이것이다. 그분이 집 구매를 결심한 것은 부인이 겪은 일 때문이었다. 아직 전세를 살고 있던 당시 아내가 집주인한테 별 것 아닌 일로 한소리를 들었다는 것이다. 더 속상한 건 집주인이란 사람이 부인보다 한참 어렸다는 점이었다. 집 때문에 아쉬운 소리를 듣고 서러워하는 부인을 보고 기분이 좋지 않았던 그분은 집을 살 결심을 하게 됐단다. 내 아내가 남에게 안 좋은 소리를 듣지 않고 안 좋은 일을 겪지 않게 해주자는 마음! 매우 공감이 되었다. 또 기억이 나는 것은 선배의 한마디였다.

"2년마다 집세와 이사를 걱정해야 하는 불안함과 내 집에서 그런 걱정 없이 살면서 얻는 심리적 안정감을 돈으로 따질 수 있을까?"

단순히 돈이 많이 들어가느냐 아니냐를 떠나 걱정할 환경을 예방하는 것, 스트레스를 받지 않는다는 돈 외적인 가치도 생각할 수 있었다. 온라인으로도 질문을 해 봤다. 결혼 준비를 하면서 가입한 카페에 질문을 올렸다.

"주변에 결혼하는 사람이 있다면 어떤 조언과 추천을 하고 싶으세요?"

여러 회원들이 자신의 생각을 알려 주었는데 대부분 의견이 비슷했다. 가전과 가구는 이사 다니고 아이가 생기면 나중에 다시 장만하게 되니 처음부터 고가 제품을 마련하지 않아도 된다. 결혼 경험자들이 돈을 써야 한다고 생각하는 부분은 명확했다. 신혼집과 신혼여행이었다. 물론 '신혼집'이란 게 꼭 구매를 말했던 것은 아니었다. 하지만 이때 나는 이미 집을 사야겠다고 생각을 했다.

다른 의견도 있었다. 투자자라면 실거주집에 들어가는 돈을 최소화하고 그 돈을 다른 곳에 투자하시라고. 하지만 그러기 위해서는 아내의 동의가 필요하다. 아무리 가족의 미래를 위해서 지금 불편을 감수하는 거라고 해도 아내에게 그걸 강요할 수는 없다고 생각한다. 부부 의견이 같다면 신혼집에 들어갈 돈은 줄이고 그 돈을 종자돈 삼아 투자하는 것도 한 가지 길이 될 것이다.

·〉〉〉 부부 둘 다 출퇴근이 편리한 지역을 찾아서

아내와 나는 긴 연애 덕분에 결혼 준비를 일찍 그리고 느긋하게 했다. 예식장도 거의 1년 전에 잡았다. 아내가 예식장을 열심히 알아보는 동안 나는 집을 알아봤다. 그러다 집을 덜커덕 구매해 버렸다. 결혼은 내년 4월인데 신혼집 계약은 그 전년도 6월에 했다.

집주인이 아닌 세입자가 전세로 사는 집이었다. 이왕이면 우리에게 필요한 날까지 살아 주셨으면 좋았을 텐데, 기존 세입자는 우리가 계약서를 쓴 다음 달에 전세 기간이 만료되고 이사를 나가는 상황이었다. 잔금을 치르는 날부터 우리가 이사를 들어가기 전까지 10개월 동안 빈 집이 되는 것이다.

어째서 나는 빈 집이 될 것을 각오하고라도 집을 계약했던 것일까? 원래는 결혼이 많이 남았으니 서두르지 않고 천천히 집을 알아볼 생각이었다. 일단은 어느 지역에 살 것인지가 중요했다. 아내와 나는 일하는 지역이 완전히 반대 방향이었다. 나는 인천, 아내는 서울이었다. 나는 운전하는 것을 별로 좋아하지 않고 아내 또한 운전면허가 없으니 우리는 당장 차를 살 일이 없었다. 우리는 둘 다 버스보다는 전철을 선호했다. 우리에겐 전철 출퇴근이 편한 지역이 신혼집 후보지였다.

나는 나보다 아내의 출퇴근이 편해야 된다고 생각했다. 처음에는 인천으로 가는 1호선과 서울로 가는 2호선이 만나는 신도림역 근처가 제일 적당한 것 같았다. 하지만 역시 서울은 서울이었다. 일단 가격 때문에 포기를 했다. 그나마 인천에서 동쪽인 부평이나 부천도 생각했다. 나는 이 정도 위치면 아내 회사까지 출퇴근이 나쁘지 않을 것이라 생각했지만 아내의 기준에 통과되지 못했다.

그러다가 예전 경매 스터디를 하면서 가본 곳이 떠올랐다. 공항철도가 생기면서 새롭게 주목받았던 지역으로 경매 스터디가 아니었다면 지나갈 일도 없던 곳이었지만 아내가 제시하는 조건에 부합할 것 같았다.

공항철도

인천국제공항에서 서울역까지 이어지는 민간 지하철. 총연장 61km로 2010년 12월에 전 구간이 개통되었다.

마음에 들었던 몇 가지 이유가 있다. 첫째로 평지였다. 동네 자체가 평지였고 경사가 있어도 완만했다. 둘째로 동네 자체가 젊어 보였다. 그 당시에는 신축빌라가 많이 들어선 지역을 위주로 다녔는데 유치원이나 어린이집이 눈에 잘 띄었다. 그렇다면 어린아이가 많다는 것이고, 거주하는 사람들 중 젊은 세대가 많을 것이라는 생각을 했다. 셋째로 이 지역은 대부분 신축빌라였기 때문에 1층에 주차장이 있어 길가에 차가 많지 않은 점도 마음에 들었다. 넷째는 앞으로 인천지하철 2호선이 개통할 것이라는 점이다. 인천으로 회사를 다녀야 하는 내게 이 점은 매우 중요했다.

아내에게 말했을 때 반응은 시큰둥하였다. 너무 멀다고 생각을 했던 것이다. "공항철도를 이용하면 회사까지 생각보다 멀지 않다"라는 나의 지속적인 설득보다 효과가 컸던 것은 아내 회사 동료의 도움(?)이었다. 그 지역에서 출퇴근하는 동료에게 이 한마디가 나왔다.

"그 동네에서 회사 다니는 거 괜찮아요."

이 말 때문에 마음이 움직인 아내도 그곳에 가보기로 했다. 아직 결혼까지는 시간이 남았기에 집을 빨리 구매할 필요가 없었으므로 첫 방문은 말 그대로 동네 구경이었다. 역에서 내려서 바로 보이는 아파트 단지를 지나 주택가를 걸었다. 처가가 언덕 위에 있어서 그런지 아내는 이 지역이 평지와 완만한 경사로 이뤄진 것을 매우 마음에 들어 했다.

동네를 돌아다니다가 신축 중인 빌라에 구경 겸 상담 겸 들어갔다. 구경하는 집만 공사가 완료된 상태였는데, 우리가 살 집은 꼭 자기 손으로 설계하고 꾸미고 싶어 했던 아내는 상담사에게 "실내 디자인에 대해서 마이너스 옵션 가능한가요?"라고 물었다. 아마도 안 될 것이라는 답변을 들었다. 평형은 기억이 가물가물하지만 분양가는 1억 원대 중반이었던 것 같다. 아내는 좋다 싫다 표현이 없었다. 다만 동네는 마음에 들고 빌라가 있는 지역도 돌아다녀봤으니 다음에는 아파트를 보고 싶다 했다. 나는 꼭 아파트나 빌라 중 어떤 곳이어야 한다고 정해놓은 게 없었다. 아내가 원하는 쪽으로 할 생각이었다.

· 〉〉 중개사에게 원하는 바를 정확히 전하자

그 동네를 다시 방문한 것은 일요일이었다. 아내 말대로 이번에는 아파트를 둘러보기로 했다. 가기 전에 포털사이트 네이버가 운영하는 '네이버 부동산' 코너를 먼저 살펴봤다. 그곳에 올라와 있는 공인중개사 소장님들의 사진을 보면서 왠지 인상이 좋아보이는 부동산 중개사무소에 연락을 했다.

우리가 방문할 수 있는 시간이 일요일뿐이어서 걱정을 조금 했다. 일요일은 부동산 중개사무소가 대부분 쉬는 날이기 때문이다. 연락했던 곳은 다행히 그날 문을 연다고 했다. 다만 오전에 계약이 있으니 오후에 오라고 했다. 전화 통화를 통해 미리 우리가 원하는 집을 말해 두었다. 신혼부부인데 20대 평형의 아파트를 보고 싶다고 하고 원하는 가격대도 이야기 했다.

중개사무소에 도착하니 소장님이 운을 뗀다. 20평대를 원하신다고 해서 전화 상 말하지 않은 물건이 있다고, 가격은 비슷한데 30평대라고 했다. 혹시 생각이 있으면 보여드리겠다고 해서 그 집까지 구경해 보기로 했다.

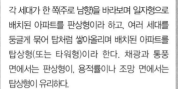

판상형·탑상형
각 세대가 한 쪽(주로 남향)을 바라보며 일자형으로 배치된 아파트를 판상형이라 하고, 여러 세대를 둥글게 묶어 탑처럼 쌓아올리며 배치된 아파트를 탑상형(또는 타워형)이라 한다. 채광과 통풍 면에서는 판상형이, 용적률이나 조망 면에서는 탑상형이 유리하다.

우선 부동산 인근 단지의 매물 두 개를 봤다. 같은 단지 다른 동의 6층과 12층이었다. 참고로 이 동네 아파트는 대부분 2003년과 2004년에 완공됐고 판상형 구조다. 그 구조 때문인지 보러 간 집들은 모두 바람이 잘 통했다. 둘 다 남향이었는데 확실히 12층 집에 들어가는 순간 더 밝다는 느낌을 받았다.

세 번째 집은 중개사무소에서도, 역에서도 좀 떨어진 곳이었다. 이 지역에서 는 지하철역에 가까운 서쪽을 1지구, 동쪽을 2지구라고 하는데 1지구에 주민센터, 우체국, 소방서 등이 몰려 있다. 세 번째 아파트는 2지구에 위치한 곳이었다.

마지막으로 네 번째 집을 마지막으로 보러 갔다. 세 번째 집과 같은 위치인 2지구에 있는 아파트였다. 꼭대기층(탑층)이자 가장자리 라인이었다. 그런데 이 집에서 사단이 났다. 흔히 탑층은 냉·난방에 취약하다고 하여 선호하지 않는 사람이 많은데, 아내는 오히려 꼭대기라는 것을 마음에 들어 했다. 처가도 탑층인데 층간소음이 없어 참 좋다고 했다. 그리고 그 집에 들어가는 순간 지금까지 본 아파와 다른 구조가 우리를 맞이했다. 거실 천장이 매우 높은 아치형이었다. 탁 트이고 밝은 느낌을 주었다. 천장이 높은 덕분에 거실창도 길어서 채광도 좋았다. 이 아파트가 지어질 당시에는 1층과 꼭대기 층을 기피하는 사람들 때문에 다른 층과 다른 차별화를 두는 것이 유행이었다. 1층 사람들이 정원을 사용할 수 있게 하거나 꼭대기 층은 다락방을 만들어 주는 식으로 말이다. 우리가 보러 간 집은 천고를 높게 아치형으로 만들었던 것이다. 아내는 이것 하나로 이미 이 집과 사랑에 빠져버렸다. 살고 계시는 분(세입자)에게 물으니 여름에도 바람이 잘 들어온다고 했다.

집을 모두 보고 중개사무소로 다시 왔다. 단순히 구경만 하러 왔다가 마음에 드는 집을 봐버린 것이다. 아내는 마지막 집에 대해 이런저런 것들을 묻기 시작했다. 세입자가 만기가 되어서 나가려면 한 달이 남았는데 주인이 그에 맞춰서 팔려고 내놓았다가 집이 잘 나가지 않아 조금 가격을 낮춘 것이라는 소리를 들었다.

·〉〉 장점과 단점을 냉정하게 파악하고 결정하자

중개사무소를 나오면서 매우 마음에 들어 하는 아내를 보니 자연스레 이 집을 살까 말까라는 이야기로 흘러갔다. 우리가 이 집을 사야 하는 이유를 이야기해 봤다.

① 천장이 높아 매우 매우 마음에 든다.
② 확장을 하지 않아 발코니를 그대로 사용할 수 있다.(이건 내가 중시하는 점이다. 나는 확장한 집보다 발코니가 있는 집이 좋다.)
③ 1지구와 같은 가격으로 더 넓은 집에서 지낼 수 있다.

반대로 마음에 걸리는 점은 무엇인가?

① 역에서 멀다.
② 우리가 결혼하고 들어가서 살기까지 시간이 길게 남았다.

중개사무소에서 나온 후 다시 역에서 그 집 입구까지 걸어 보기로 했다. 둘이 손잡고 걸어 보니 역 입구에서 아파트의 해당 동 입구까지 18분이 걸렸다. 그 당시 우리가 각자 살던 집에서 전철을 이용하려면 나는 역에서 도보 12분이 걸리고 아내는 내려올 때 20분, 올라갈 때 30분이 걸렸다. 평지와 완만한 경사지로 이루어진 18분 거리는 우리에게 크게 문제가 되지 않았다. 충분히 걸어 다닐 수 있는 거리라 여겼다. 이 길에 익숙해진 지금은 내 걸음으로 15분이 걸린다.

가계약금

계약금은 정식 계약을 할 때에 주는 것이지만, 가계약금은 지금 당장 정식 계약을 할 수 없을 때 내가 계약할 의사가 있음을 보여주기 위해 걸어두는 일종의 계약 보증금이다. 이 금액은 나중에 정식 계약을 할 때 줄 계약금에서 뺀다. 정해진 액수는 없다.

중도금

정식 계약을 하고 계약금을 지급한 후, 나머지 금액(잔금)을 완전히 치르기 전에 일부를 미리 주는 것을 말한다. 중도금의 횟수나 금액에는 제한이 없지만 일반적으로 중도금을 1회 이상 주고 나면 그 계약은 해지할 수 없는 것으로 인정된다.

결국 다음날 집주인에게 가계약금을 보냈다. 구매하기로 한 것이다. 소장님 말에 따르면 다른 중개사무소를 통해 해당 집의 계약이 진행되는 중이었다고 한다. 그 와중에 우리가 같은 가격으로 구매를 하겠다고 한 것이다. 그래서 소장님은 집주인에게 지금 세입자도 자기가 구해드렸으니 같은 가격이면 자기랑 계약하자고 집주인을 설득했다고 했다. 세입자 만기가 한 달 밖에 남지 않았으므로 중도금 없이 계약금과 잔금만 납부하기로 했다.

계약하던 날 계약금을 제대로 처리하지 못해 꽤 당황했던 기억이 난다. 인터넷뱅킹을 주로 이용하는 나는 공인인증서가 들어 있는 USB와 OTP(일회용 비밀번호) 생성기를 함께 들고 다닌다. 계약금도 계약일에 계좌이체를 통해 드리고자 했다. 그런데 계약일 하루 전날 밤 USB와 OTP 생성기를 분실했다. 바로 다음날이 계약일인데 어쩌지 하며 걱정하다가 출금카드로 현금인출기에서 현금을 뽑아서 드리면 되겠다고 생각했다. 내가 이용하던 통장은 다른 은행의 현금인출기에서도 수수료 없이 돈을 뽑을 수 있다.

하지만 내가 미처 생각하지 못한 게 있었으니, 바로 인출금액 한도 축소. 현금인출기에서 오랫동안 출금을 하지 않으면 금융사고를 막기 위해 인출 가능 금액이 자동으로 축소되는 것이다. 중개사무소 인근의 현금인출기에서 돈을 뽑으려고 했는데 생각했던 금액을 뽑을 수가 없었다. 어쩔 수 없이 계약서를 쓰는 그 자리에서는 계약금을 일부만 드릴 수밖에 없었고, 결국 다음날 휴가를 내고 은행에가서 한도 제한을 푼 후에 남은 금액을 보낼 수 있었다.

이런 일이 있었기에 한 달 후 잔금을 치르는 날에는 전날 미리 돈을 다 맞춰서 뽑았다. 잔금일이 하필 '손 없는 날'이었는지 중개사무소에 사람이 많았다. 중개사무소 인근 농협에서 수표로 딱 준비해서 갔는데 수표 발행 비용이 소액 들었다. 또 법무사에 돈을 넘기고 확인할 때 큰돈이 현금으로 왔다 갔다 하니 정신이 없었다. '아… 이래서 인터넷뱅킹이 제일 편한데…'라는 생각이 들었다.

·>>> 1년간 빈 집으로 둔 이유

잔금을 무사히 치르고 짐을 다 뺀 집을 보러 갔다. 이제 '우리 집'이 생긴 거다. 우리 집이 이렇게 컸었나? 아내에게 으쓱거리면서 말했다.

"너 원하는 대로, 하고 싶은 대로 꾸며!"

신혼집은 늘 자기 손으로 꾸미고 싶어 했던 아내에게 큰 선물을 줬다고 나는 자부한다. 그러나 내심 고민을 했던 것이 있다. 집이 비는 동안 어떻게 할 것인가? 살던 사람이 이사를 나간 것은 7월말이다. 그런데 우리는 결혼을 그 다음해 4~6월쯤으로 계획하고 있었다. 짧게는 8개월, 길게는 1년 가까이 빈 집으로 둬야 하는 것이었다. 비어 있는 기간 동안 단기임대를 놓을까도 생각을 했다. 집 계약을 하고 중개사님께 빈 기간 동안 들어와서 살 사람이 있는지 물어보았다. 그럴 손님이 한 명 있긴 한데, 알아보니 대출조건이나 기간이 맞지 않았다.

하지만 지금 돌이켜보면 나는 이미 '그냥 빈 집으로 두지 뭐'라는 마음을 먹고 있던 것 같다. 어차피 1년 안 되어 우리가 손을 보고 들어가야 히기에 세를 주기보다는 아예 비워 두는 것이 더 나을 것 같다는 생각이 들었다. 집이 비게 되면? 그냥 놔두지 뭐. 그동안 관리비는? 내면 되지 뭐. 이렇게 생각을 했다.

주택임대차보호법

주거용 부동산의 임대차계약에서 경제적 약자인 임차인(세입자)을 보호하자는 취지로 민법에 대한 특례를 규정한 법률(법률 제12989호). 임대차 기간 갱신, 보증금 반환, 경매가 진행될 경우의 보증금 우선변제 등에 대한 내용이 들어있기 때문에 부동산 권리분석의 기본 자료가 된다.

사용대차계약

어떤 대상물을 일정한 기간 동안 무상으로 사용·수익하기 위해 빌린다는 것을 약정한 계약. 임대차계약과 다르기 때문에 주택임대차보호법의 적용을 받지 않는다.

그리고 사실 그때는 1년도 되지 않은 기간 동안 들어와서 살 사람이 있을까, 혹시 1년 산다고 해 놓고 2년을 살겠다고 하면 어쩌나 하는 걱정도 있었다. 주택임대차보호법상 세입자는 계약서 내용과 상관없이 2년까지 주거를 보장받을 수 있다고 배웠기 때문이다. 물론 지금은 필요한 기간만큼 계약을 하는 방법을 안다. 임대차계약이 아닌 사용대차계약을 하면 임차인이 전입을 하더라도 임대차보호법의 적용을 받지 않으므로 반드시 2년을 채우지 않아도 된다는 것이다.

결국 우리는 직접 들어가기 전까지 빈 집으로 두기로 했다. 의도적인 공실(空室). 만약 투자를 목적으로 한 상황이라면 공실이라는 게 매우 큰 골칫거리였을 것이다. 비어 있는 기간 동안의 대출이자를 메울 월세도 나오지 않고 관리비만 계속 내야 하기 때문이다. 하지만 앞으로 우리가 살 집이기에 빈 집으로 두면서 꾸미고 들어가는 게 낫겠다는 생각을 했다.

집을 일찍 구입해서 몇 개월 간 빈 집으로 둔 것은 잘 한 일일까? 지나고 보니 잘한 일이었다. 결과론적이지만 우리가 결혼하고 이사를 들어갈 때까지 내가 산 가격보다 싸게 거래된 집이 없기 때문이다. 결혼할 당시 같은 단지 시세를 생각하면 공실 기간 동안 나간 관리비와 이자 비용을 합하더라도 그때 샀던 것이 이익이다.

빈 집으로 둔 덕분에 좋았던 점도 있다. 알지 못했던 문제를 찾은 것이다. 빈 집이지만 관리비는 내야 했으므로 우리가 입주하기 전까지는 관리비 고지서를 이메일로 보내 달라고 관리사무소에 요청했다. 도시가스는 끊어 놨으니 나올 일이 없고, 사람이 살지 않으니 전기료와 수도요금이 나오지 않아야 정상이다.

처음 한두 달은 점검날짜 등이 있으니 사용량이 잡히겠지 했다. 그런데 몇 개월 지나니 이상한 일이 생겼다. 전기야 가끔 우리가 가서 켜고 끄니 아주 소량이 나올 수도 있다고 여겼는데, 물 사용량이 부과되는 것이다. 그런데 매달 잡히는 것이 아니라 두세 달 간격으로 수도료가 나왔다. 이 말인즉 어디선가 미약하게 물이 새고 있다는 뜻이었다. 전에 살던 분들에게 물이 샌다는 소리를 들은 적은 없었다. 하긴 집에 물이 새는 것을 알았다면 전 주인에게 말해서 당장 고쳤을 것이다. 아마도 새는 양이 매우 적었기에 일상생활에서는 티가 안 났을 것이다. 빈 집이 되니 이런 문제를 발견한 것이다.

어디서 물이 새는 것일까? 어딘가 벽 같은 데에서 새는 것은 아닐까? 그런 것이라면 어떻게 발견하고, 어떻게 누수(漏水)를 잡지? 이건 내가 고치는 것일까, 전 주인이 고쳐 줘야 하는 것일까? 관리사무소와 통화를 해보니 아랫집이나 벽에 물이 샌다고 신고 들어온 것이 없으니 집 내부에서 새서 제대로 된 구멍으로 빠져 나가는 것 같다고 했다. 그렇다면 의심되는 곳이 딱 정해져 있다. 부엌 싱크대, 화장실, 베란다 하수구. 어디가 문제일까? 그러나 외관상으로는 찾을 수가 없었다. 원인을 알 수 없어 포기를 하고 살아야 하나 싶었다.

결국 원인을 찾아낸 것은 결혼을 하고 들어가 살면서다. 밤에 잠을 자려고 안방에 누워 있는데 어디선가 희미한 소리가 신경을 건드렸다. 안방 화장실에서 들려오는 것 같았다. 환풍기 소리가 아니었다. 화장실 양변기 안에서 나고 있었다. 물이 차면 구멍을 막아주는 고무패킹이 구멍을 온전히 막아주지 못해 조금씩 물이 새는 것이었다. 안방 화장실을 자주 쓰는 것도 아니고 다른 수도 사용량과 같이 섞여 있으니 기존에 살던 분들도 몰랐던 것이리라.

원인을 발견했으니 조치를 취했다. 만약 공실 기간 없이 바로 들어와 살았으면 이런 문제를 몰랐을 것이다. 집을 길게 비우는 게 문제를 찾는 하나의 방법이 될지는 몰랐다.

• 〉〉 셀프 인테리어가 꼭 좋은 건 아니다

집을 꾸미고 가꾸는 것에 별다른 욕심이 없던 나에 비해 아내는 자신이 원하는 대로 신혼집을 꾸미고 싶어 했다. 때문에 10여 년 전에 지어진, 갈색 마루와 체리색 몰딩이 있는 우리 집에 대해 의견이 갈렸다.

"각시야, 딱히 손볼 곳이 없는데? 그냥 살아도 되겠다!"

집은 깨끗하면 그만이라고 생각하는 나와 달리 아내는 이대로 사는 것은 절대 안 된다고 했다. 이미 집 꾸미는 것에 대해서 "너 하고 싶은 대로 해"라고 큰소리를 쳐 놨기에 나는 더 이상 토를 달 수도 없었다. 아내는 기존 부엌의 싱크대와 수납장을 전부 교체하기로 했다. 기존에 있던 마루 수납장들도 다 버리려고 했다. 나는 돈을 너무 많이 들이지 말자는 한 마디는 했지만 그 이상의 말은 하지 못했다.

자신의 전공과 능력을 십분 활용해 아내는 우리 집을 설계해 나갔다. 인터넷을 뒤져 평면도를 구하고, 빈 집에 가서 치수도 손수 쟀다. 나는 따라가서 돕는 보조였다. 집이 비어 있으니 부담 없이 방문해도 되는 장점이 있었다. 빈 집인 상태에서 겨울을 지나야 했기에 날씨가 추운 날은 걱정되어 일부러 가보기도 했다. 혹시나 동파는 되지 않을까 싶어 물을 줄줄 틀어 놓기도 했다.

집을 어떻게 꾸밀지는 전적으로 아내 의견에 달려 있었지만 그렇다고 내가 입을 딱 닫고 조용히만 있던 것은 아니었다. 내가 강하게 바란 것은 하나였다.

"서재를 만들어 주세요."

처음에는 거실을 서재로 꾸미고 싶었다. TV는 사지 않고 거실을 책으로 채우고 싶었다. 하지만 나만 사는 집이 아니어서 방 하나를 서재 겸 아내의 작업공간으로 쓰기로 했다. "나란히 앉아 너는 컴퓨터 작업을 하고, 나는 그 옆에서 책을 읽으면 좋겠다"라고 말했고, 그 의견대로 꾸며진 공간이 탄생했다. 지금 이 글도 그 서재에 앉아 작성하고 있다.

아내가 직접 디자인을 했기 때문에 집이 어떻게 바뀔지 미리 알 수 있었다. 아내는 서재에 대해서 내 의견을 묻고, 내가 이렇게 하길 원한다고 하면 그대로 배치를 해서 보여줬다. 가구 배치도 머릿속으로 상상하는 것이 아니라 그림을 통해 직접 눈으로 볼 수 있었기에 매우 좋았다.

우리에게는 직접 설계하는 것뿐 아니라 셀프 인테리어까지 하는 원대한(?) 꿈이 있었다. 겨울이 지나고 결혼식을 몇 개월 앞두고 우리는 페인트칠에 도전하기로 했다. 원래는 아내가 회사를 일찍 그만두고 집 인테리어와 결혼 준비에 신경을 쓰기로 했지만 퇴사가 늦어지면서 시간이 촉박하게 됐다. 그래도 직접 페인트칠을 하기 위해 아내는 지인과 함께 문짝도 떼 놓고 관련 재료들도 사 놨다. 원하는 색의 페인트를 사기 위해 함께 청담동까지 가서 들고 오기도 했다.

우리가 처음 페인트칠을 한 것은 작은방의 몰딩이었다. 아내가 알려준 대로 열심히 했지만 제대로 못 한다고 한 소리 들었다. 급기야는 하지 말라는 기쁜(?)

제지를 당하기도 했다. 결론부터 말하자면, 페인트칠의 시작은 우리가 했으나 결국 마무리는 전문가의 손을 거쳤다. 입주하기 전까지 시간이 모자랐기 때문이다.

아마 아내는 결혼을 하고 나서도 당분간 입주를 미룬 상태에서 직접 칠을 마무리하고 싶었을 것이다. 우리는 신혼집 공사가 다 끝나지 않으면 당분간은 각자의 집에서 생활하는 것도 고려하고 있었다. 신혼여행을 결혼식 후 바로 떠나지 않았기에 생활의 편리를 위해 잠깐 따로 생활하는 것도 생각했다. 그런데 결혼을 한 달 정도 앞두고 내가 본사로 발령을 받았다. 본사는 신혼집에서 매우 가까운 반면, 본가에서 다니려면 버스를 두 번 타고 출근시간도 한 시간 반 가까이 걸렸다. 나는 결혼 이후부터는 바로 신혼집에서 출퇴근을 하고 싶어 결혼 전에 공사를 끝내자고 졸랐다. 그래서 아내는 결국 사람을 써서 페인트칠을 완료했다.

우리가 직접 페인트를 하지 못해 아쉽지 않느냐고? 나는 전혀 아쉬움이 없다. 아내 또한 페인트가 매우 깔끔하게 칠해졌기에 역시 전문가에게 맡기기를 잘 했다고 만족한다. 나는 웬만하면 돈을 아끼는 쪽으로 행동하지만 페인트칠을 위해 돈을 아끼지 않은 것은 다행이라 생각한다. 몸도 힘들었을 것이고 결과도 지금처럼 만족스럽지 못했을 것이기 때문이다.

우리 집은 지금도 여전히 꾸미고 있는 중이다. 돈을 모아 필요한 것을 하나씩 들여놓고 있다. 신혼여행을 마치고 집에 왔을 때 거실 바닥에 놓여있던 텔레비전은 몇 달 뒤 TV장을 사고 나서야 제 자리를 찾았다. 그 후에는 소파가 들어왔다. 결혼 후 1년 넘게 밥상을 접었다 폈다 하다가 식탁에서 밥을 먹기 시작한 것은 몇 달 되지 않는다. 뿐만 아니라 생활에 크게 불편을 주지 않지만 여전히 손을 봐야 할 것들도 남아 있다. 이걸 언제 다 하게 될지는 알 수 없다. 살면서 하나씩 하나씩, 그렇게 여전히 진행 중이다.

∙ 〉〉〉 처음 집을 사는 사람들을 위한 3가지 조언

이 집에서 산지도 1년이 넘었다. 살기 시작하고 몇 개월 뒤 지하철역이 추가로 개통하여 가끔 출장을 갈 때 그 덕을 톡톡히 보고 있다. 올해에는 도서관이 개관해서 이 동네에 대한 만족도가 매우 높아졌다. 책을 좋아하는 나에게 도서관에서 집까지 5분 거리라는 점은 어떤 것보다 최고의 장점이다. 그래도 살다보니 이런저런 아쉬움이 있어 아내에게 넌지시 묻곤 한다.

"우리 좀만 살다가 역 앞으로 이사 가자. 이 집이 우리한테 넓은 거 같아."

그러면 아내는 정색을 한다.

"쓸데없는 소리 마! 나는 지금 이 집이 아주 좋아요!"

이런 이야기가 불규칙적으로 반복되곤 한다. 위치도 나쁘지 않고 아내가 손수 설계를 해서 집에 대해서는 큰 불만이 없지만, 지내다 보니 높은 천장과 넓은 집의 구성이 내 취향과 다르다는 것을 알았다. 물론 아내 취향에는 매우 맞는 것으로 보인다. 직접 살다보니 '이랬으면 어땠을까' 하고 생각되는 몇 가지가 있다.

① 역세권은 역시나 옳다

아파트를 보러 오던 날, 중개사님께 아예 역 바로 앞의 아파트는 안 보겠다고 미리를 이야기를 하고 시작했다. 그 당시에는 열차가 지나다니는 역 바로 앞보다는 약간 떨어져 있는 것이 더 나을 것 같았기 때문이다. 무엇보다 역 근처의 집은 비쌌다. 역 앞 20평 후반대 아파트와 역에서 떨어진 30평 초반대의 아파트 가격이 비슷했다. '같은 돈이면 더 큰 집이 낫겠지'라고 생각했는데, 자산가치의 측면에서 보자면 지나고 보니 평형보다는 입지다. 단순히 생각한 것과 달리 버스를 한 번 더 탄다는 것이 출근길에는 예상 외로 시간을 잡아먹는다.

나야 집에서 회사가 가깝지만, 아내의 경우는 버스가 예상대로 오지 않으면 지하철을 놓치게 되고 퇴근길에는 종종 걸어오곤 한다. 한여름에는 더워서 지치고, 특히나 겨울에는 바람이 매우 많이 부는 동네라서 날씨가 유난히 매섭다. 그럴 때면 역에서 나올 때 바로 보이는 아파트에 눈이 안 갈 수가 없다. '아, 저기 살았으면 가까운데…'라면서 말이다.

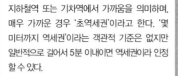

역세권
지하철역 또는 기차역에서 가까움을 의미하며, 매우 가까운 경우 '초역세권'이라고 한다. '몇 미터까지 역세권'이라는 객관적 기준은 없지만 일반적으로 걸어서 5분 이내이면 역세권이라 인정할 수 있다.

그러고 보면 그 지역의 '대장주'라고 칭하는 아파트들이 괜히 역세권에 있는 것이 아니다. 실제로 우리 집은 매입한 뒤 시세가 2,000만 원 정도 올랐지만, 그때 안 보겠다고 했던 역 앞의 아파트는 4,000만 원 정도 상승했다.

② 집을 볼 줄 아는 사람과 함께 가자

우리는 신혼집을 온전히 나와 아내 단 둘이서만 보고 결정했다. 집뿐만 아니라 결혼 준비를 할 때 의사결정을 대부분 둘이서 다 했다. 그런데 집을 볼 때는 몰랐는데 살다 보니 거실 창문이 딱 맞게 닫히지 않는다는 것을 알았다. 거실 뿐만 아니라 베란다 새시도 아귀가 딱 맞게 닫히지 않는다. 자주 열었다 닫았다 하는 문들만 그런 걸로 봐서는 새시 안의 바퀴가 일부 가라앉은 것 같다고 짐작만 할 뿐이다. 아내도 오래된 새시는 이럴 수 있다고 대수롭지 않게 여긴다.

집을 살 때는 이 부분을 못 봤다. 이것을 알고 난 뒤로는 집을 볼 때는 창문도 꼭 열었다 닫았다 해 본다. 둘이서 처음 집을 보다보니 이렇게 놓친 부분이 있다. 어머니나 장모님이 함께 보셨더라면 혹시 조금은 더 잘 봐주시지 않았을까 하는 생각이 든다.

③ 세금 문제를 미리 생각하자

내 집 마련을 하고 나서 내가 집주인이라는 사실이 가장 크게 와 닿는 순간은 바로 재산세 고지서가 나올 때다. 부동산은 취득할 때 취득세를 내고, 보유하고 있음으로서 매년 재산세를 낸다. 내 명의로 된 집은 낙찰받은 본가와 신혼집 두 채인데 두 집이 위치한 지역이 다른 관계로 재산세가 각각 다른 구에서 날아온다. 이것은 재산세가 지자체가 걷어가는 지방세이기 때문이다.

나는 세금 내는 것을 아까워하지 않는다. 국가라는 틀 안에서 살아가기 위해서는 당연한 것이라고 생각한다. 이런 관점을 기본으로 깔고 있지만, 그래도 나가는 돈은 아쉽다. 합법적으로 세금을 절감할 수 있는 방법이 있는데 마다할 사람은 없을 것이다.

부모님의 집을 낙찰받은 다음 해 연말정산을 하면서 주택담보대출의 이자는 소득공제가 된다는 것을 알았다. 이 집의 소유권이전등기를 완료한 것이 10월이었기에 취득한 그 해에는 얼마 공제를 받지 못했다. 그러면 다음해에는 혜택을 누렸는가? 이것도 누리지 못했다. 그 이유는 내가 신혼집을 구매하여 2주택자가 되었기 때문이다. 주택담보대출이자 상환 소득공제는 1주택자에게만 주어지는 혜택이다. 아쉽게도 연중 기간 산정 고려, 이런 것이 없다. 즉 연말기준으로 2주택자이면 연중에 1주택이었던 기간을 고려해 주지 않는다. 신혼집을 구매할 때는 몰랐는데 다음 해 연말정산을 하면서 이 사실을 알았고 공제를 못 받게 된 것이 매우 아쉬웠다. 어쩔 수 없는 일이었지만, 지나고 보니 본가를 아예 낙찰받지 않고 신혼집이 내 생애 첫 집이 되도록 구매를 했다면 최대한의 혜택을 누릴 수 있었을 것이다.

아쉬운 것은 여기서 끝나지 않는다. 최근에 부모님은 거주하고 계시는 집, 즉 내가 낙찰받은 그 집을 매도할까 고려하고 계신다. 집을 팔면 양도소득세를 내야 하는데 주택의 경우는 매입한지 1년이 되지 않아서 매도하면 매도차익의 40%를 양도소득세로 내야 한다. 나는 이 집을 소유한지 2년이 넘었으므로 만약 매도를 하게 되면 40%의 중과세가 아니라 일반세율로 최소 6%에서 최고 38%까지를 적용받게 된다. 1가구1주택자의 경우는 양도소득세가 전액 비과세된다.

그런데 2주택자도 양도소득세 비과세 적용을 받을 방법이 있다. '일시적 1가구2주택'이라 하여 결혼이나 분가 등의 사정이 있어 일시적으로 2주택이 된 경우 요건을 충족하면 1가구1주택으로 보아 비과세 혜택을 받을 수 있다. 그 요건은 아래와 같다.

① 첫 주택 구매 후 1년이 지나서 두 번째 주택을 구매할 것
② 첫 주택을 2년 이상 보유할 것
③ 두 번째 주택을 구입하고 3년 이내에 첫 주택을 매도할 것

이 요건이 충족된다면 집이 두 채라도 1주택자로 인정받아 첫 주택을 매도할 때 양도소득세 비과세 혜택을 받을 수 있다. 문제는 내가 그 요건을 충족시키지 못한다는 점이다. 부모님과 사는 집을 낙찰받고 1년이 안 되어 신혼집을 사 버렸기 때문에 1번 조건을 충족하지 못한다. 신혼집을 살 당시에는 본가를 매도할 생각이 없었고, 무엇보다 이런 절세 방안을 몰랐다. 결혼을 하고 절세에 관심을 가지면서 이것을 알았을 때 안타까운 마음이 들었다. 만약 내가 이 사실을 알고 있었다면 그렇게 빨리 충동구매를 하지는 않았겠지?

사람 앞일이야 어떻게 될지 모르지만, 혜택을 받을 가능성이 있다면 미리 조건을 맞춰두는 것이 나중에 도움이 될 것이다. 그 밖에도 1주택자가 갖는 혜택은 무척 많으므로 생애 첫 집을 구입할 때에는 이 점을 미리 알아보는 것도 좋다.

종자돈을 모으려면 '이유 없는 지출'부터 없애라

작년 말 동료직원에게 약속 하나를 받았다. 핸드폰 할부금 선납하기. 30분가량 설득 끝에 동료직원은 약속대로 할부잔액을 다 냈다. 그게 무슨 대수냐고 할수도 있지만 핸드폰 할부 이율이 얼마인지 알면 생각이 달라질 것이다. 작년의 경우 할부 이자는 5.9%였다. 시중은행의 정기예금 금리가 1%대인 상황에서 결코 작은 것이 아니다.

나는 작년에 내 핸드폰을 살 때도 기곗값을 일시불로 계산했다. 기곗값이 큰 금액이 아니기에 매월 부담하는 이자는 얼마 되지 않는다. 하지만 금액이 중요한 것이 아니다. 내가 부담할 필요가 없는 돈은 부담하지 않을 것, 이것이 더 중요하다. 핸드폰 기계 원금은 충분히 낼 수 있는 돈이니 내 버리고 군이 5.9%의 이자를 추가로 내는 상황을 없애는 것이다. 동료직원에게는 이런 내용을 이야기해 준 것이고 그 동료도 기곗값을 기꺼이 감당할 능력은 되었으므로 쓸데없이 매월 나가는 지출을 끝내자는 것이다. 남의 일에 웬 참견이냐고 할 수 있겠지만, 안 나가도 될 돈이 버젓이 나가는 상황이란 것을 알려주고 싶었다.

주변 사람들은 내가 돈을 잘 모은다고 생각하는데 솔직히 내가 보기에도 그런 편이다. 그 비결 중 하나는 위 사례와 같은 원칙으로 생활하는 것이다. 사람들은 돈 모으는 게 어렵다고 하지만, 단언하건대 집에 일이 있거나 문제가 있지 않는 한 불리기보다는 돈 모으기가 절대적으로 쉽다.

"종자돈을 열심히 모아 결혼할 때 보태서 내 상황에 맞는 집을 구매하자!"

내가 이 글을 통해서 결국 말하려는 것이다. 집을 가짐으로써 얻게 되는 장점은 생략을 하더라도, 모은 돈이 클수록 신혼집을 준비할 때 선택지가 더 다양해진다는 당연한 사실을 잊고 사는 사람들이 많다. 가진 돈 전부에 대출을 활용해서 마음에 드는 좋은 집을 마련할 수도 있고, 일부러 작은 집을 선택하여 가진 돈 중 일부만 활용하고 나머지는 투자를 위한 종자돈으로 쓸 수도 있다.

● 〉〉 '살고 있는 집'의 가치는 돈보다 크다

좋아하는 책 중 하나가 허영만 만화가의 『부자사전』이다. 내가 좋아하는 만화이면서 부자가 되는 내용도 들어 있다. 내용 중에 부동산, 특히 실거주용 집 마련에 대한 이야기가 나온다.

"부자들은 살고 있는 집을 재산으로 치지 않는다. 집은 마지막까지 가족들을 지키기 위한 공동의 방어벽이니까 건드리면 안 된다."

왜 '내 집'을 가져야 하는지를 매우 잘 나타내 준다. 나 또한 적극 동감이다. 살아가는 데에 집이 필요하니까 집을 사라는 것이다.

그리고 집을 사고 나면 사는 동안은 집값에 크게 연연하지 말자. 집값 올랐다고 살고 있는 집을 팔고 이사를 갈 것인가? 집값이 떨어졌다고 살고 있는 집 크기도 줄어드는가? 집값이 올라가도 내려가도 우리가 그 집에 살고 있다는 사실은 변함이 없고, 그 집에서 살아가는 데에도 문제없다. 가정의 탄생이라고도 할 수 있는 결혼을 할 때 내 집으로 시작하라는 것은 그런 의미다. 결혼은 내 집 마련의 가장 좋은 기회니까 말이다.

종자돈을 빠르게 모으는 4가지 기술

① 지출을 기록하자

인터넷 가계부를 사용한지 9년이 됐고, 얼마 전 100번째 가계부를 정리했다. 결혼하면서 가계부를 몇 개월 안 썼다가 작년 말부터 다시 작성하고 있다. 가계부를 쓰면 내 지출이 파악되고, 이게 쌓이다 보니 일종의 일기 역할도 하게 된다.

내가 말하고 싶은 것은 '기록하라'는 것이다. 굳이 가계부라는 형태를 지키지 않아도 된다. 편하게 자신이 작성하고 싶은 대로 기록하면 되는 것이다. 나 또한 초기 몇 년간은 지출이 발생할 때마다 작은 금액까지 꼼꼼히 적으려고 했다. 하지만 몇 년 쓰다 보니 그게 중요한 것이 아니라는 것을 알았다. 지금은 한 달에 한두 번 정도 몰아서 쓴다. 신용카드를 쓰기 때문에 다음 달이 되면 나오는 명세서를 통해 지출을 기록한다. 가계부는 쓰는 것이 목적이 아니다. 가계부를 통해 '내 돈의 흐름을 알고자 하는 것'이 목적이다. 즉 수입과 지출을 기록하는 가장 큰 이유는 자금흐름을 예측하기 위함이다. 수입과 지출을 파악하면 돈을 어떻게 관리해야 할지 그 시작이 수월하게 된다.

간혹 저축을 하고 싶다며 돈 관리를 어떻게 해야 되냐고 묻는 이들이 있다. 그럴 때면 나는 우선 최소 3개월은 지출을 기록해 보라고 한다. 자신의 지출 상황이 파악되지 않은 상태에서 세우는 계획은 실천도 어렵고 저축하는 기쁨도 맛보기 힘들다. 기록을 통해 자신의 지출 습관이 파악되면 거기에 맞게 저축 계획을 세우면 된다. 그러면 힘들이지 않고 남는 돈을 모을 수 있다.

1년 이상 기록하다 보면 연간 필요한 금액도 알게 된다. 매월 정기적인 지출뿐만 아니라 비정기로 나갈 돈도 파악하게 되어 비상금에 대한 필요성도 알게 된다. 이를 통해 저축에 지장을 주지 않는 방법을 터득하게 된다. 이렇게 무리가 가지 않는 선에서 저축을 하고 돈을 찾는 기쁨을 맛보면 조금 더 욕심이 생긴다. 이미 성공을 했고 돈 모으는 기쁨을 알았으니 지출 다이어트에 대한 동기부여가 더 강해진다.

② 통장을 나누자

예전에 『4개의 통장』이라는 책을 읽고 감명을 받아 그때부터 통장 쪼개기를 실천하고 있다. 돈이 들어오는 통장, 돈이 나가는 통장, 모아두는 통장 등으로 구분해서 생활하는 것이다. 돈을 한 곳에 묶는 것보다 이름표를 붙이는 것이 돈 관리에 더 효과적이다. 예산편성을 생각하면 쉽다. 지금 자체에는 아무런 표시가 없지만 목적에 맞춰 돈을 나누다 보면 특정 통장에 있는 돈은 꼭 그 목적으로 써야 할 것 같은 마음이 생긴다.

내 경우를 보자. 월급날 돈이 들어오면 보험, 연금, 예·적금이 나가는 통장에 돈을 보내고 나머지 금액은 '지출통장'으로 보낸다. 지출통장은 신용카드 결제대금, 펀드 자동이체, 일정분의 여유금을 넣어두는 통장이다. 나머지는 '비상금 통장'으로 보낸다. 이러면 끝이다. 나는 욕심 때문에 통장을 좀 더 분리했지만 '월급 + 고정지출(보험, 연금, 예적금, 펀드 등)' 통장, '변동지출(신용카드, 생활비 등) + 약간의 여유금' 통장, 이렇게 묶어 두 개의 통장으로도 가능하다.

참고로 내가 사용하는 통장들은 보통예금보다 이자를 더 주면서 수시입출금이 되는 상품이다. 나는 현금을 거의 가지고 다니지 않고 다 통장에 넣는다. 아주 적은 돈이지만 이자가 붙기 때문이다. 나에게 잠자는 돈은 없다.

통장을 나누라고 하면 그걸 또 언제 나눠 담느냐며 귀찮아하는 사람들이 많다. 하지만 월급을 받을 때 혹은 신용카드 대금을 지출할 때 등 한 달에 한두 번만 정리를 해 주면 되는 일이다. 요즘은 스마트뱅킹이 매우 잘 되어 있기에 손에 들고 있는 전화기를 이용하면 된다. 다양한 앱을 통해 여러 가지 콘텐츠는 즐기면서 귀찮다고 통장 관리를 못 한다는 말을 할 수는 없다. 그건 귀찮은 게 아니고 하기 싫은 거다.

③ 저축을 나누자

내가 저축하던 방식을 공유하고자 한다. 이른바 '통장 풍차 돌리기'라는 방법이다. 여기에는 다시 적금풍차와 예금풍차가 있는데 나는 후자를 선호한다.

예금풍차란 매월 예금을 새로 가입하는 것이다. 이번 달 여유자금으로 1년짜리 예금에 가입하고, 다음 달에는 그동안 모은 여유자금으로 또 예금에 가입한다. 하나의 예금이 만기가 될 때는 원금+이자+추가납입을 통해 1년 전보다 더 큰 금액을 예금을 가입한다. 그렇게 1년 단위로 저축을 하는 방식이다. 1년이 지나면 열두 개의 통장이 생기기에 나는 '12개의 통장'이라 이름을 붙이고 관리를 했다. 예금풍차의 장점은 저축 금액을 자유롭게 정할 수 있다는 것이다. 예를 들어 50만 원짜리 적금에 가입하면 무조건 매월 50만 원을 저축해야 한다. 하지만 예금은 매월 새로 가입하는 것이기 때문에 자금 사정에 따라 금액을 조절할 수 있다. 금액에 상관없이 '매월 저축한다'라는 목표를 이어갈 수 있다.

효과적인 돈 관리를 위해 통장을 나눴듯이 저축도 나눠서 하는 방법을 추천한다. 매월 50만 원을 저축하기로 했으면 50만 원짜리 예금 하나로 가입하는 것이 아니라 25만 원짜리 두 개로 가입하는 것이다.

나는 저축을 시작하기 전에 비상금 먼저 모으고 시작하라고 한다. 앞날은 예측할 수 없으니 무슨 일이 생겼을 때 비상금이 있어야 힘들게 모은 저축을 해지하지 않을 수 있기 때문이다. 저축 나누기도 해지 위험을 낮추는 것이다. 내가 필요한 돈이 300만 원인데 600만 원짜리 통장을 깬다면 저축 실패가 된다. 이런 일이 자꾸 생기면 저축할 의욕이 사라진다. 하지만 앞에서 말한 것처럼 저축통장이 두 개면 하나만 해약하면 되고, 나머지 하나로 저축을 이어갈 수 있다.

④ 카드를 나누자

돈을 목적에 맞게 나눠서 관리하듯이 카드 또한 그렇게 사용하고 있다. 내가 사용하는 카드 외에 아내와 함께 쓰는 '생활비 카드'가 별도로 있다. 이렇게 나누니 개인적 지출, 우리 가정이 필요한 생활비 등을 구분하여 파악하기에 유용하다. 나는 현금을 거의 쓰지 않고 대부분의 지출을 신용카드로 해결한다. 나중에 명세서를 통해 지출을 파악하기도 쉬우니 현금처럼 그때그때 가계부에 기입을 하지 않아도 된다.

한 카드만 쓰지 않고 주로 두 가지 카드를 사용한다. 주력카드를 필요한 전월실적만큼만 쓰고 그 이상의 금액부터는 다른 카드를 사용한다. 두 번째 카드는 전월실적과 상관없이 혜택을 주는 카드를 사용한다. 지출 통제에 엄격한 편이지만, 주력 카드가 전월실적을 채울 때까지는 매우 관대하다. 물론 관대하다고는 하나 각종 자동이체를 걸어놨고, 필요한 전월실적이 아주 높은 편은 아니기에 맘껏 쓰는 비용은 그리 크지 않다. 카드를 나누어 사용하는 것은 혜택을 누리기 위해서다. 혜택을 받기 위한 전월실적을 충족했다면 더 이상 그 카드를 쓸 이유가 없다.

혼히 신용카드보다는 체크카드를 사용하라고 많이 권한다. 하지만 나는 결국 돈을 쉽게 쓰게 해 주는 것은 체크카드도 신용카드와 크게 다르지 않다고 생각한다. 체크카드는 주어진 금액 내에서 사용하지만 그 금액은 이체를 통해 손쉽게 늘릴 수 있다. 그럴 바에는 지출 통제가 확실히 가능하도록 차라리 현금으로 생활하는 편이 낫다.

03

싱글이여, 남편감보다 내 집을 먼저 마련하라

by 돈읽녀

글쓴이 **돈읽녀**는

부동산 및 재테크 책을 전문으로 만드는 프리랜서 출판편집자. 책을 만들기 위해 얼떨결에 부동산 투자를 공부하게 된 이후 반지하 보증금을 빼서 마련한 1,500만 원을 들고 부동산 경매 시장에 뛰어들었다. 집을 뛰쳐나온 지 10년, 투자를 시작한 지 4년 만에 자신의 명의로 된 집에 이사하고 여유작작한 싱글 라이프를 만끽하는 중. 현재는 투자하는 편집자이자 글쓰기 강사로서 새로운 삶에 도전하고 있다.

블로그 : 돈 읽어주는 여자 blog.naver.com/recycle1310
페이스북 : 돈 읽어주는 여자 www.facebook.com/itcontents

경매 투자 &
흙수저 독신녀의
고군분투 내 집 마련기

어릴 적에는 서른 살이 엄청 많은 나이인 줄 알았고, 30대가 되면 내가 엄청 멋진 여자로 살고 있을 줄 알았다. 늘씬하고 당당한 자태로 전 세계를 누비는, 냉철한 일처리로 한 치의 실수도 용납하지 않는, 그러나 사랑하는 남편과 아이에게만큼은 상냥한 그런 여자 말이다.

그러나 서른여섯 살 현실 속의 나는 좀 많이 다르다. 전 세계를 누비기는커녕 파자마 차림으로 방구석에 틀어박혀 원고와 씨름하다가 그나마 강아지 덕분에 하루 한 번 산책을 나가는 노처녀 프리랜서. 하도 컴퓨터 앞에 앉아만 있었더니 골반이 비뚤어져서 날씨가 궂으면 허리와 무릎이 쑤시는, 월초에는 지난 달 외주비와 관리비를 지불하느라 손이 떨리고 월말에는 카드값을 막느라 손이 떨리는, 피곤한 하루를 컵라면과 캔맥주로 마무리하는, 그래 놓고 잠자리에 누우면 '내일부터 다이어트'를 되뇌는, 여러 모로 구질구질한 싱글 라이프.

그렇지만 정작 나는 이런 삶이 크게 나쁘지 않다. 신경 써야 할 식구도, 눈치 봐야 할 회사도 없이 내 한 몸만 건사하면 되는 자유로운 인생. 한 달 벌어 한 달 먹고 살기 빠듯하지만 가끔 친구랑 맥주 한잔 할 정도의 여유는 있으니 됐다. 다만 그 잔잔한 인생에 돌을 던지는 딱 한 가지가 있으니, 주말에 엄마네 집에 들러 밥 먹을 때마다 듣게 되는 잔소리다.

"너는 젊은 애가 아줌마처럼 왜 그러고 사냐? 살도 좀 빼고, 머리도 하고, 옷도 신경 쓰고 그래야지. 그러니까 여태 시집도 못 가고 강아지나 끼고 저러고 살지, 쯧쯧…."

엄마의 잔소리는 항상 '기-승-전-시집'이다. 예전에는 "못 간 게 아니라 안 간 것"이라고 대꾸도 해 봤지만, 이제는 그것도 귀찮아서 한 귀로 흘리며 꾸역꾸역 밥이나 먹는다. 그렇지만 가끔 한 마디씩 쿡 박힐 때가 있다.

"시집 안 갈 거면 돈이나 많이 벌든가."

크흑… 이건 도저히 부정할 수가 없다. 남편 같은 건 없어도 잘 살겠는데, 말년에 늙고 병든 몸뚱이 하나 건사할 능력도 안 되면 그건 정말 큰일 아닌가. 그래도 요즘은 밥 알갱이를 꾹꾹 삼키며 나름 이렇게 대꾸한다.

"왜 이래, 나 집 있는 여자야. 말년에 양로원 안 가도 된다고."

그러면 잠깐의 침묵 후에 "어이구, 자랑이다~"를 시작으로 또 다른 잔소리가 날아오지만, 뭐 괜찮다. 사실이잖아? 누가 뭐래도 나는 '집 있는 여자'니까. 늙어 죽을 때까지 쫓겨나지 않고 살 수 있는 '내 집'이 있으니까. 구질구질한 삶이지만 나름 만족하며 사는 것은 어쩌면 그런 안도감 덕분일지도 모르겠다.

·》》 싱글족에게 내 집 마련이 더욱 중요한 이유

요즘은 노처녀라는 말 대신 '비혼족'이라는 말을 쓴다. 아직 결혼을 못 했다는 뜻의 미혼(未婚)이 아니라, 내 의지에 따라 하지 않았다는 뜻의 비혼(非婚)이다. 내 경우는 딱히 의지에 따랐다기보다는 해도 그만 안 해도 그만이라고 생각하다가 이렇게 됐지만, 솔직히 앞으로 결혼할 가능성보다는 하지 않을 가능성이 커 보인다. 나이가 들수록 점점 '지금 결혼해서 애 낳으면 대체 언제 키우나'라는 생각이 강해지니 말이다.

하지만 우리 비혼족들도 노후가 걱정되기는 마찬가지다. 아니, 비혼족이라서 더욱 걱정된다는 게 옳다. 우리는 늙어서 일을 못하게 됐을 때 돈 벌어다 줄 자식도 없고, 아플 때 구급차를 불러 줄 배우자도 없잖은가. 결혼과 멀어질수록 그에 비례해서 혼자서도 잘 살 수 있을까라는 불안감도 커져 간다.

가장 큰 고민은 역시 집. 나이 들어서 고단한 몸뚱이 뉘일 방 한 칸이 가장 문제다. 얹혀 살 자식도 없으니 결국 양로원 신세일 텐데, 처량한 건 둘째 치고 돈이 너무 많이 든다. 이러다가 설마 쪽방촌에서 박스나 주워 팔다가 고독사하는 건 아니겠지… 별 걱정을 다 한다고? 비혼족들에게는 아주 현실적인 고민이다. 그런 의미에서 보면 내 집 마련은 오히려 비혼족에게 더욱 절실하다.

게다가 당신이 여성이라면 또 다른 문제도 느낄 것이다. 세상은 혼자 사는 여성들에게 별로 친절하지 않다. 똑같이 집에 문제가 생겨도 세입자가 혼자 사는 여성이면 이상하게 집주인들 목소리가 커진다. 집주인이 아줌마든 아저씨든 마찬가지다. 보일러가 고장 나면 당연히 집주인이 고쳐주는 것이 맞는데도 상당수 집주인들은 "젊은 아가씨라 몰라서 그러는데"를 운운하며 세입자에게 수리비를 전가하려 든다.

만약 내가 임차인의 권리를 들먹일라 치면 "젊은 아가씨가 성질 하고는"이 나오면서 그래도 반은 부담하는 게 도리 아니냐는 식이다. 비슷한 일을 몇 번 겪고 난 후 나는 뭔가 고칠 일이 생기면 친한 남자 사람 친구에게 옆에 좀 있어달라고 부탁한다. 그것만으로도 확실히 협상이 쉬워진다.

한 번은 주인집 아저씨가 내 방의 비상열쇠를 하나 더 갖고 있다는 사실을 알고 기함을 토한 적도 있다. 물론 그 아저씨에게 나쁜 의도가 있었다고는 생각지 않지만, 세상이 워낙 흉흉하니 하는 말이다. 내 집이라고 백 프로 안전하겠느냐만 아무래도 세 들어 사는 집보다는 낫지 않은가.

비혼족들이 내 집을 마련해야 하는 이유가 또 있다. 혼자 살다 보면 가장 부담 되는 게 바로 주거비인데, 똑같은 집에서 전세나 월세로 사는 것보다는 내 집에 살 때 주거비가 훨씬 적게 든다. 나의 경우만 봐도 그렇다. 나는 지금 살고 있는 이 빌라를 경매로 1억1,000만 원에 낙찰받았다. 그중 8,700만 원은 경락잔금대출을 받았는데, 대출 금리는 1년에 3% 정도이므로 한 달에 나가는 이자는 약 22만 원이다.

반면에 이 집에 이사 오기 전까지 나는 월세를 35만 원씩 냈다. 그 집은 방이 하나였고, 지금은 세 개다. 원룸에 살면서 35만 원을 내는 것과 방 세 개짜리 집에 살면서 22만 원을 내는 것. 어느 쪽이 현금흐름상 이익일까?

게다가 어쨌든 이 집은 '내 집' 아닌가! 월세는 남의 주머니에 넣어 주면 없어지지만, 대출 원리금은 이 집을 내 재산으로 만드는 데에 쓰인다. 부동산 가격은 인플레이션(물가상승)에 따라 꾸준히 오른다. 그러니 장기적으로 봤을 때 원리금을 갚을 능력만 된다면 대출을 받아서라도 내 집을 빨리 마련하는 것이 유리하다는 결론이 나온다. 여러 전문가들이 "재테크의 시작은 내 집 마련"이라고 이야기하는 것도 모두 이 때문이다.

그러나 가장 좋은 점은 역시 마음의 안정이다. 내 집이 생긴 후 나는 대인배가 되었다. 우습게 들릴지 모르겠지만, 뭔가 속상한 일이 생길 때 '괜찮아, 나는 집 있는 여자잖아'라고 생각하면 이상하게도 마음이 한결 가벼워진다. 돈 몇 푼 때문에 '갑질'을 당해도, 월급이 통장을 스쳐지나가도, 심지어 연애가 잘 안 돼도 그렇다. 내 집이란 참 신기한 존재다.

• 〉〉 스물여섯 살, 집을 뛰쳐나오다

나는 책을 만드는 편집자이고, 출판업계의 연봉 수준이 매우 낮다는 건 이미 잘 알려진 사실이다. 딱히 돈을 잘 버는 직업도 아니면서 서른여섯 살의 결혼도 안 한 여자가 내 집을 마련했다고 하면 사람들은 내가 '금수저'인 줄 안다. 하지만 집안사정 어려운 걸로 치면 나도 어디 가서 뒤지지 않는 사람이다.

그리고 솔직히, 나도 내가 이렇게 될 줄 몰랐다. 4년 전의 나는 부동산의 부 자도 모르는 정도가 아니라 아예 부동산 투자를 싫어했으니까. 그도 그럴 것이 나는 한때 신문기자의 꿈을 품고 대학신문 편집장까지 했던 사람이다. 대학신문 기자는 절반쯤은 이른바 좌파다. 마르크스의 『자본론』을 읽으며 나름 자본주의의 모순을 토론했던 사람이란 말이다. 그에 따르면 투자, 특히 부동산 투자는 시장을 심각하게 왜곡하는 짓이다. 그러나 마르크스가 뭐라 했든 현실 속의 나에겐 집이 필요했다. 아니, 절박했다는 게 맞다.

어느 집이나 아픈 과거사 한두 개씩은 있지만 우리 집은 상황이 좀 더 복잡했다. 대학을 졸업할 때까지도 온 식구가 단칸방에 복닥거리면서 살았던 터라 등록금은커녕 용돈 한 푼도 지원받을 수 없었다. 오히려 내가 번 아르바이트비를 생활비로 보태는 상황이었다. 학업을 계속하려면 악착같이 장학금을 받고, 학자금 대출을 받고, 아르바이트를 하고, 그래도 안 되면 돈 모일 때까지 휴학을 했다. 남들은 4년 만에 하는 대학 졸업이 6년 걸렸다.

그래도 어찌어찌 대학을 졸업하고 나니 숨통이 트이더라. 이제 등록금은 안 모아도 되니 푼돈이나마 적금을 들 수 있었던 것이다. 그렇게 1년쯤 지나자 모인 돈은 200만 원. 남들 보기엔 변변찮지만 나는 만기가 두 달 남았을 때부터 마음이 설레서 잠을 못 잤다. 이 돈으로 뭘 하면 좋을까? 처음에는 학원에 등록할까 생각했다. 그때 나는 언론사 취업을 준비하고 있었다. 언론사 취업은 이른바 '언론고시'라 불릴 정도로 공부가 많이 필요하기 때문에 학원도 다니고 스터디그룹도 하면서 공부에만 집중해도 쉽지 않다. 하지만 당장 밥을 굶지 않으려면 아르바이트를 해야 했기 때문에 나는 제대로 된 학원에 다녀본 적이 없다. 만약 그때 그 돈으로 토익 학원에라도 등록했다면 지금쯤 폼 나는 경제신문 기자가 되어 있을지도 모르겠다. 하지만 막상 학원에 등록하자니 돈이 너무 아까웠다. 합격이 백 프로 보장된 것도 아닌데 이 돈을 써버려도 될까? 이게 어떻게 모은 돈인데….

차라리 쌍꺼풀 수술을 할까? 하지만 역시나 아깝다. 솔직히 이 몸뚱이는 지금 쌍꺼풀이 문제가 아니잖아. 그럼 그냥 통장에 모아두고 훗날을 기약할까? 아, 그건 정말 아니다. 그러다가 혹시나 또 집안일 때문에 홀라당 날아가 버리면 어떡하나.

결국 나의 선택은 독립이었다. 적금만기를 한 달 앞두고 나는 집에 상의 한 마디 없이 혼자서 보증금 200만 원에 월세 20만 원짜리 단칸방을 계약하고 왔다. 사실 합리적인 선택은 아니었다. 그동안 해 왔던 대로 단칸방에서 식구들과 복작대는 걸 참고 살면 한 달에 20만 원씩 월세 낼 일도 없고, 1년만 더 모으면 다시 200만 원이 생길 테니까. 그러나 그때의 나에게는 내년에 200만 원이 더 생기는 것보다 당장 내일부터 편하게 잠들 수 있는 방 한 칸이 더 절실했다.

젊어서 고생은 사서도 한다고, 종자돈을 만들 때까지는 일단 참고 아껴야 한단다. 맞는 말이다. 하지만 아끼는 것과 현재를 완전히 포기하는 것은 다르다. 최소한의 행복까지 포기한 채 지쳐버리면 미래는 영원히 오지 않을 테니까. 그래, 어차피 내 인생은 내 책임이다. 대신 좀 더 아끼고, 좀 더 열심히 벌자.

이사 날짜 일주일 전 가족들에게 사실을 통보하고, 엄마에게 머리끄덩이를 한 번 잡히고 나서 결국 나는 독립에 성공했다. 지금으로부터 꼭 10년 전, 내 나이 스물여섯 살 때였다.

내 첫 번째 보금자리는 독립문역 근처의 쪽방에 가까운 단칸방이었다. 지붕끼리 맞닿을 듯 좁은 골목길을 지나서 언덕을 올라가다가, 숨이 좀 차다 싶을 때쯤이면 마당이 잘 꾸며진 이층집이 나온다. 그 집 모퉁이를 돌면 나오는 작은 철문 안에 단칸방 세 개가 웅크리고 있었다. 내가 살던 집, 아니 방은 그 중에서도 구멍 뚫린 녹슨 철계단을 통통통 올라가는 2층이었다. 현관문이자 방문인 철문을 열면 곧바로 세 평쯤 되는 방이다. 이불을 깔고 누우면 머리는 책상에 닿고 발은 세탁기에 닿았다. 결코 쾌적한 곳은 아니었지만 그래도 좋았다.

1년 후 나는 정식으로 출판편집자가 되었다. 그동안 출판사에서 아르바이트를 해왔는데, 막상 해 보니 꽤나 재미있었던 것이다. 게다가 존경하던 편집장님이 "너는 출판에 소질이 있다"고 격려해 주신 것에 혹해서 결국 4년 만에 언론사 시험을 접었다. 알바생에서 정규직으로 신분이 바뀌면서 월급도 120만 원에서 200만 원으로 올랐다. 감개무량이다. 먹고 살기도 빠듯했던 차에 한 달에 80만 원씩이나 여윳돈이 생기다니!

그 돈 중에서 30만 원은 적금을 들고, 나머지 50만 원으로는 산더미 같은 학자금대출부터 조금씩 갚아가기로 했다. 빚은 조금씩 줄어들고, 통장잔고는 조금씩 늘어났다. 이 나이에 나처럼 경제관념이 투철하기도 어려울 거란 생각에 스스로 대견했다.

하지만 지금 생각해보면 나는 참 순진했다. 학자금대출은 거치기간이 10년이라서 어차피 매월 이자만 약 10만 원씩 내다가 거치

대출 거치기간

대출을 받은 후 원금을 갚지 않고 이자만 내도 대출이 유지되는 기간. 대출 상품마다 거치기간이 다른데, 최근에는 정부 정책에 따라 거치기간이 점점 줄어들고 있는 추세다.

기간이 끝난 후부터 갚기 시작해도 된다. 만약 늘어난 80만 원의 현금흐름을 대출상환에 쓰지 않고 그대로 저축했다면 어땠을까? 1년에 960만 원, 3년이면 약 3,000만 원이 모였을 것이다. 그 돈을 종자돈 삼아 재테크를 했다면 10년 후에는 학자금대출의 몇 배나 되는 몇 억 원을 만들었을지도 모를 일이다.

레버리지(leverage)

본래 뜻은 '지렛대'이지만, 투자나 경영에서는 타인의 자본(대출, 차입금 등)을 끌어들여 나의 자본을 늘리는 데에 이용하는 것을 뜻한다. 예를 들어 총자산 1억 원 중 레버리지 비율이 80%라고 한다면 대출 등 타인자본이 8,000만 원, 나의 순자본이 2,000만 원이라는 뜻이다.

어떻게 3,000만 원으로 10년 만에 몇 억 원을 만드느냐고? 투자를 조금만 공부해 본 사람이라면 이것이 거짓말이 아님을 안다. 나만 해도 2014년에 1,500만 원으로 투자를 시작해서 4년이 지난 지금 순자산(전체 자산에서 대출이나 전세금 등 레버리지를 뺀 금액)은 약 8,000만 원 정도다. 투자에 게을러서 일 년에 한두 건씩만 겨우 해온 나도 1,500만 원으로 4년 만에 8,000만 원을 벌었는데, 성실한 투자자라면 3,000만 원으로 10년에 몇 억 원을 못 벌 리가 없다.

그러나 재테크와 레버리지에 무지했던 스물일곱 살의 나는 그런 생각을 전혀 하지 못했다. 지금 생각해보면 그게 얼마나 큰 손해인가. 만약 그때의 나를 만날 수 있다면 이렇게 조언하고 싶다.

"재테크에서는 대출을 빨리 갚는 것보다 중요한 건 현금흐름을 만들어서 굴리고 키우는 일이다."

·〉 세입자에게 더욱 필요한 부동산 공부

쪽방 같은 단칸방에서 4년째, 사람 마음이 간사한 게 여유가 생기니까 집을 옮기고 싶어졌다. 이 집은 딱 봐도 비전문가가 대충 지은 건물이라, 겨울이 되면 두꺼운 커튼과 전기장판 없이는 살 수 없었다. 바람을 정면으로 맞는 위치이면서 창문은 한 겹이었고, 그나마 문틈 사이가 벌어져 있어서 찬바람이 숭숭 들어왔다. 방문이자 현관문이었던 철문에는 아침마다 하얗게 얼음꽃이 피었다.

여름에는 아무리 날씨가 푹푹 쪄도 문을 열어놓을 수가 없었다. 길거리에서 바로 집 안이 훤히 들여다보이는데다가, 아랫층에 사는 눈빛이 묘한 아저씨도 왠지 마음에 걸렸다. 아무 짓도 안 했던 아저씨에게는 죄송하지만 혼자 사는 여자에게는 문을 열어놓고 생활하는 것 자체가 엄청난 모험이다. 짐 놓을 공간이 없는 단칸방이라 4년 동안 늘어난 살림살이도 처치곤란이었다.

어느 때부터인지 자기 전에 '피터팬의 좋은 방 구하기(cafe.naver.com/kig)'라는 부동산 직거래 카페를 뒤지는 게 습관이 됐다. 그때 내가 총동원할 수 있는 돈은 최대 1,200만 원 정도. 월세보증금으로는 참 애매한 금액이다. 보증금이 3,000만 원 이상으로 높은 대신 월세가 싸거나, 500만 원 이하로 적은 대신 월세가 비싼 집은 많았지만 1,200만 원은 이도 저도 아니었던 것이다. 그렇게 마땅한 집을 찾지 못하고 어영부영 지내던 차에 이사를 강행하게 된 사건이 일어났다.

어느 날부터 천장 쪽에서 고양이 울음소리가 들리기 시작했다. 처음에는 대수롭지 않게 넘겼지만 다음날도 소리가 계속되자 불안해졌다. 지붕 위를 살펴보려고 부실한 철계단 난간에 올라서서 목을 쭉 빼봤지만 고양이는 보이지 않고, 오히려 울음소리마저 끊겨버린다. 주인아주머니에게 전화를 했더니 "지붕에 고양이가 있나보지 뭐" 하고는 와 볼 생각도 안 한다. 혼자 마음 졸이며 부실한 난간만 오르락내리락 하기를 사흘 째, 드디어 울음소리가 그쳤다. 예감이 매우 좋지 않았지만 당장 할 수 있는 게 없으니 일단 출근을 하기로 한다.

그날 밤 집에 돌아와서 불을 켰을 때의 그 충격과 공포는 아직도 잊을 수가 없다. 창문에 잔뜩 붙어 있는 저 까만 것들은 틀림없는 파리요, 바닥에 잔뜩 떨어져 있는 저 하얀 것들은 틀림없는 구더기다. 놀라서 비명도 안 나온다. 달려가 살충제를 사들고 와서, 정신 나간 여자마냥 바닥과 창문이 미끌미끌해질 때까지 뿌려댔다. 고양이가 천장 어딘가의 틈새로 들어왔다가 빠져나가지 못한 것이 분명하다. 내 방 천장에서 사흘 밤낮을 울어대다가 결국 죽었고, 거기에 꼬인 파리와 구더기들이 천장 틈을 비집고 나와 내 방으로 잔뜩 떨어진 것이다. 벌레 사체들을 쓸어 담고 미끌거리는 바닥을 비눗물로 박박 닦아낼 때는 정말 울고 싶었다.

파리와 구더기 떼의 습격은 며칠간 계속됐다. 나는 아침이면 옷과 살림살이를 신문지로 덮어놓고 출근했다가 저녁이 되면 돌아와서 약을 뿌리고 사체를 치웠다. 그리고는 도저히 그 방에서 잘 자신이 없어서 옷가지를 챙겨들고 찜질방으로 향했다.

낡은 집이니까 가끔 벌레가 출몰할 수도 있다. 그렇지만 이건 좀 너무 하지 않는가. 주인아주머니는 그래서 자기더러 뭐 어쩌라는 거냐는 식이다. 물론 그녀의 잘못은 아니지만, 적어도 한 번 와 보기는 할 줄 알았다. 그녀는 바로 옆, 마당이 잘 꾸며진 이층집에 산다. 그 집 천장에서도 고양이 울음소리가 들리고 구더기가 떨어질까. 월세는 싸지만 이 아줌마에게는 한 푼도 보태주고 싶지 않다. 그래, 이건 이사를 나가라는 하늘의 계시다.

며칠 후 나는 다른 집을 계약하고 한 달 후에 이사를 나가겠노라고 말했다. 그녀가 한 달 사이에 어떻게 다른 세입자를 들이느냐며 하도 투덜대기에 내가 직접 직거래 카페에서 다음 세입자를 구해 주었다.

그런데 이 아줌마 정말 못됐다. 그 집은 월세가 선불이었기 때문에 이사 나가는 날 남은 월세 15만 원 정도를 돌려받아야 했다. 그런데 남은 월세를 내줄 수 없다는 것이다. 벽에 허락도 없이 못을 박고 선반을 달아서란다. 길이 약 60cm의 그 선반은 워낙 짐 놓을 곳이 없어서 임시로 달았던 것인데, 새로 들어오는 사람이 그대로 쓰고 싶다고 해서 떼지 않았던 것이다. 그럼 선반을 떼겠다고 했더니 이미 못구멍이 뚫려서 소용이 없단다. 당황스럽다. 그러면 내가 들어오기 전부터 있었던 저 수많은 못과 구멍들은 다 뭐란 말이냐.

임대차계약서에는 집을 훼손하거나 변형했을 경우 이전 상태로 복원해 놓아야 한다는, 이른바 '원상복구 조항'이 있기는 하다. 하지만 고작 못 네 개 아닌가. 어차피 새로운 세입자가 들어오면서 새로 도배를 할 테니 그 전에 천 원짜리 메꾸미(정식 이름은 필러)로 메꾸면 감쪽같을 것을 말이다. 지금이라면 무슨 억지를 부리시느냐며 따지고 들었겠지만 그때의 나는 세상물정을 너무 몰랐다. 그 아줌마 말이 맞는 건 줄 알고 결국 15만 원을 고스란히 뜯겼다. 가난한 나는 엄청 마음이 아팠다. 그러고 보니 이 아줌마는 예전에 수도꼭지가 터졌을 때에도 수도꼭지 구입비용은 나더러 내라고 했지. 세놓은 집의 시설물은 주인이 하자보수를 해주는 것이 일반적인데 나는 정말 바보 같이 당하고 살았다.

억울하지만 어쩔 수 없다. 태어나서 한 번도 세입자가 집주인에게 요구할 수 있는 권리에 대해 배운 적이 없었으니까. 더욱이 나처럼 일찌감치 독립한 청년들은 부모님을 따라다니며 어깨 너머로 부동산을 배울 기회마저 없다. 물론 요즘은 인터넷에 임차인의 권리가 자세히 나와 있으니 참조할 수 있지만, 막상 나이 많은 분들이 이게 맞다고 목소리를 높이시면 긴가민가하면서도 따라가게 되는 게 현실. 결국 이렇게 당하면서 배울 수밖에 없다.

"솔직히, 주택임대차보호법이야말로 학교에서 필수과목으로 가르쳐야 하는 거 아냐?"

함께 부동산을 공부했던 사람이 했던 말이다. 적극 공감한다. 아마도 전국의 많은 청년들이 주택임대차보호법을 몰라서 나처럼 야금야금 손해를 보고 있을 것이다. 돈이 없는 사람일수록 자신의 권리를 정당하게 보호받을 수 있어야 하고, 세를 들더라도 편안하게 오랫동안 살 수 있어야 한다. 그거야말로 진짜 '서민주거안정' 아닌가.

·〉〉 두 번째 이사와 서른 살의 사춘기

그렇게 이사를 간 곳은 은평구의 어느 반지하였다. 방이 두 개인데 놀랍게도 전세 2,000만 원짜리였다. 빨리 이사를 하고 싶던 차에 이렇게 싼 집을 발견하니 도저히 놓칠 수가 없었다. 그날 저녁 약속을 취소하고 집을 보러 가서 당장 계약을 했다.

전세 2,000만 원짜리 방은 대체 어떠한가 하면 일단 햇빛이 거의 들지 않는다. 창문은 큰데 길 쪽이 아니라 옆집 벽을 향해서 나 있기 때문이다. 게다가 물도 잘 내려가지 않아서 화장실을 방보다 약 60cm쯤 높게 만들었는데 과장을 좀 보태면 화장실이 마치 다락방 같았다. 싱크대도 높게 설치되어 있어서 설거지를 하려면 발판에 올라서야 했다. 수돗물을 세게 틀 수도 없었고 하수도 안쪽에는 항상 물이 고여 있었다.

그렇지만 나에게는 이 모든 게 다 괜찮았다. 일단 방이 두 개니까 하나는 짐을 넣어둘 수 있었고, 찾아간 날이 한여름이었는데도 집이 서늘했다. 당연하다, 집이 워낙 구석지게 틀어박혀 있으니까. 원래 동굴 속은 보온·보냉 효과가 뛰어난 법. 그래서 우리 선조들도 움집을 파고 들어가서 살지 않았나. 이 집은 아마 겨울에도 따뜻할 것이란 생각이 들자 몇 년간 더위와 추위에 시달렸던 나는 오히려 반가웠다. 햇빛 안 드는 것? 괜찮아, 대신 창문 앞이 벽이니까 누가 들여다볼 일이 없잖아. 화장실이 높고 천장이 낮은 것? 괜찮아, 나는 키가 작으니까. 하수도 냄새? 괜찮아, 뚜껑 덮어놓지 뭐.

문제는 나에게 있는 돈이 1,200만 원뿐이라는 것이다. 그러나 뭐에 씌었는지 모자란 800만 원은 그냥 신용대출을 받기로 했다. 빚지는 걸 끔찍하게 싫어하는 내가 그런 생각을 하다니, 구더기 트라우마가 심하긴 심했나보다.

전세자금대출

금융기관이 세입자의 전세보증금 중 일정 부분을 대출해주는 것으로, 이때의 담보는 전세금 자체가 된다. 법적으로는 집주인의 '동의'가 필요하지 않지만, 현실에서는 전세가 만기되었을 때의 보증금을 직접 돌려받아야 하는 은행이 집주인의 동의를 요구한다. 민간 금융기관의 대출 외에도 LH(한국토지주택공사)에서 보증하는 대출이 있다.

그때의 내가 얼마나 바보 같았느냐면 심지어 전세자금대출이란 것이 있다는 사실 자체를 몰랐다. 당시 금리가 연 4%대였던 전세자금대출을 놔두고 8%대의 신용대출을 받았으니, 대출 금액이 얼마 되지 않아서 망정이지 하마터면 이자 내다가 허리가 휘다 못해 부러졌을 것이다. 이번에도 1년 후 신용대출을 다 갚아버렸고, 모르는 게 약이라고 역시 나는 경제관념이 투철하다며 스스로 기특해했다.

어쨌든 '동굴 같은 반지하'에서의 생활은 그렇게 나쁘지 않았다. 작은 방을 창고로 쓰니 공간이 넓고 좋다. 겨울에는 보일러를 조금만 틀어도 훈훈했고, 여름에는 선풍기만 있으면 딱히 덥지 않았다. 혹시나 하수도가 역류할까 불안했지만 다행히 그런 일은 없었고, 습기가 엄청났지만 제습기를 구입한 후에는 그럭저럭 괜찮았다. 가장 좋은 것은 당장 월세가 나가지 않는다는 것이었다. 신용대출을 갚고 난 후부터는 확실히 현금흐름에 숨통이 트였다. 여전히 학자금대출 원리금은 나가고 있었지만 때마침 회사를 옮기면서 연봉도 약간 올랐던 터라 충분히 부담할 수 있는 수준이었다.

그러나 문제는 다른 곳에 있었다. 바로 우울증. 햇빛을 적게 쬐면 우울증이 온다던데, 나의 동굴 같은 반지햇방은 지금이 몇 시인지 가늠하기 어려울 정도로 햇빛이 잘 들지 않았던 것이다.

그때 나는 스물아홉 살에서 서른 살로 넘어가는 중이었다. 여자 나이 서른 살은 안 그래도 시험에 드는 시기다. 그저 한 살 더 먹는 것뿐인데 이제 여자로서의 매력은 끝난 것 같은 상실감. 게다가 다크서클이 턱까지 늘어지도록 야근해 봐야 월급은 쥐꼬리만 하고, 그나마도 쌓여있는 빚을 갚느라 다 없어지는 인생. 어렸을 때 꿈꿨던 서른 살의 내 모습은 이게 아니었는데….

아등바등 살았는데 십 년 전이나 지금이나 왜 힘든 건 마찬가지일까. 이제 예쁠 나이도 다 지났는데, 늘어나는 뱃살과 잔주름은 어쩌나. 그렇다면 더 늙기 전에 결혼이라도 해서 '남들처럼 멀쩡하게'라도 살면 좋겠는데, 하필 그때 나는 오래 사귄 남자친구와 헤어진 상황이었다. 이래저래 인생이 우울했다.

그나마 불광천과 한강을 따라 자전거 출퇴근을 하며 아침저녁으로 잠깐씩 햇빛을 쬘 수 있어 다행이었다. 나는 특히 해가 뉘엿뉘엿 저물 무렵의 한강이 참 좋았다. 그래서 퇴근길에는 종종 한강 벤치에 자전거를 세워놓고 샌드위치와 커피 한 잔으로 저녁을 때우곤 했다. 그때 노을 지는 한강에서 샌드위치를 씹으며 했던 생각은 늘 같았다.

'계속 이렇게 살아도 괜찮을까.'

어차피 결혼은 못할 것 같으니, 늙어서 잘 살려면 한 달에 못해도 백만 원씩은 모아야 한다. 그런데 출판업계 월급이야 뻔하고, 그나마 대출을 갚다 보면 한 달에 백만 원씩 저축은 도저히 각이 안 나온다. 재테크라도 해야 하나. 하지만 종자 돈이 없잖은가. 그래도 한때는 자본주의의 모순을 공부하고 경제학 공부도 좀 했다는 알량한 자존심이 있었는데, 어느 순간부터 혼란스럽다. 자본주의의 모순이고 나발이고 어쨌든 나는 이렇게 가난하지 않은가. 대체 내 인생에서 뭐가 잘못된 걸까. 열심히 살아왔는데 이 모양이라는 사실보다, 앞으로도 계속 이럴 것 같다는 사실이 더욱 절망스러웠다. 그렇게 은평구의 어느 동굴 같은 반지하에서 서른 살 독신녀는 두 번째 사춘기를 보내고 있었다.

'반 강제'로 경매 공부를 시작하다

2012년 가을, 일하던 출판사에서 새로운 아이템을 맡게 되었다. 부동산 경매를 이용한 재테크 책이라고 했다. 경제 이론서, 주식 책, 펀드 책, 재무설계 책, 회계 책 등등 나름 경제 분야의 책을 두루두루 만들어 본 나였지만 뜬금없이 부동산 경매라니? 지금이야 경매 책이 좀 흔해졌지만 그때는 아니었다. 생소했고, 솔직히 좀 싫었다. 이거 없는 사람들 등쳐먹는 짓 아닌가?

가장 큰 문제는 내가 부동산을 전혀 모른다는 점이었다. 저자에게 원고를 피드백하고 콘셉트를 다듬어서 한 권의 책으로 뽑아내려면 편집자가 어느 정도 내용을 알아야 하는데, 이건 정말 모르겠다. 고민 끝에 나는 저자에게 솔직하게 말씀드렸다. 죄송하지만 제가 부동산 경매를 하나도 몰라서 피드백 해드리기가 어렵다고. 그러자 친절한 저자님은 이런 제안을 하셨다.

"그러면 제 수업 한 번 들어 보실래요?"

별로 내키지는 않았지만, 저자가 말씀하시는데 거절할 수도 없는 일 아닌가. 나의 경매 공부는 그렇게 순전히 비즈니스 차원에서 '본의 아니게' 시작되었다. 그런데 그것이 내 인생을 이렇게 바꿔놓을 줄은 꿈에도 몰랐다.

처음 강의를 들었을 때에는 어차피 투자 '따위' 할 생각이 없었기 때문에 순수하게 책 내용을 이해할 정도까지만 공부하려고 했다. 그런데 하다 보니 생각이 조금씩 달라졌다. 일단 투자의 원리를 알고 나니 뭔가 새롭게 느껴지기 시작했던 것이다. 현실에서는 돈이 저렇게 움직이는구나, 저런 식으로 자산을 빠르게 불릴 수 있구나. 어쩌면 돈 한 푼 없는 나도 조금은 나아질 수도 있겠구나….

부동산 시장은 주식이나 펀드에 비해 국가가 적극적으로 개입하고 있고, 대부분의 정보가 공개되어 있으며, 가격 변동폭도 상대적으로 적다. 특히 경매는 법원의 주도 하에 관리되는 분야다. 나처럼 게으르고 무지한 초보 투자자에게는 오히려 안전할 수 있겠다는 생각이 들었다. 평생 일할 수 없다면 다른 무언가가 필요한데, 그것이 부동산 투자일지도 모른다.

그때 강의를 해 주신 저자는 바로 다다아카데미의 수장이신 북극성주 오은석 님이셨고, 그때 작업했던 아이템이 바로 『월급쟁이를 위한 부동산 경매』라는 책이었다. 이 책은 2013년에 출간되어 쟁쟁한 경제경영서들을 누르고 베스트셀러 2위에 오르는 기염을 토했다.

무피투자
실투자금이 들지 않는 투자를 의미하는 부동산 용어. 정확한 어원은 알려져 있지 않지만 비용(fee)이 들지 않는(無)는 뜻으로 추측된다. 대출이나 임차보증금 등의 레버리지를 최대한 활용하여 투자금을 최소화한다.

출간을 준비하던 2012년 말은 이른바 '무피투자'의 황금기였다. 몇 년째 집값이 바닥을 기고 있었고, 언론에서는 연일 "이제 부동산은 오르지 않는다"라는 대세하락론이 인기를 끌었다. 하지만 경매 투자자들은 오히려 재미를 쏠쏠하게 보고 있었다. 대중의 관심이 적으니 입찰 경쟁률도 낮았고, 감정가 1억 원짜리 주택이 7,000만 원에 낙찰되는 일이 흔했다. 당장 팔아도 3,000만 원이 남는 것이다.

게다가 그때는 낙찰가의 90%까지 경락잔금대출을 받을 수 있었다. 7,000만 원 중에 6,000만 원을 대출받고 나머지 1,000만 원은 월세를 놓아 받은 보증금으로 회수한다. 그리고 대출이자는 다달이 들어오는 월세로 갚는다. 이것이 바로 경매를 이용한 무피투자의 기본 구조다. 어디 그뿐인가. 몇 년이 지난 후에 이 주택들을 시세대로 팔면 몇 천만 원의 수익을 남길 수도 있다.

그리고 이듬해, 그러니까 책이 출간된 2013년은 부동산 투자의 역사적인 해였다. 오랫동안 침체된 부동산 시장을 살리고자 정부는 파격적 세제혜택을 내놓았다. 1가구1주택자의 주택을 매입하면 5년 동안 양도소득세를 면제해 준 것이다. 예를 들어 주택을 낙찰받고 3개월 뒤에 팔아서 1,000만 원의 양도차익을 얻었다고 하자. 원래대로라면 보유기간이 1년 미만이기 때문에 양도차익의 40%인 400만 원을 양도소득세로 내야 한다. 그런데 만약 면제 조건을 충족하는 집이라면? 양도소득세는 0원으로, 400만 원을 고스란히 벌게 되는 것이다. 그런 집이 열 채라면 4,000만 원, 스무 채라면 8,000만 원이다. 그것이 얼마나 대단한 혜택인지 알았던 선배들은 이미 눈에 불을 켜고 1주택자의 물건을 찾아다니고 있었다.

양도소득세

부동산 등의 재산을 양도, 즉 팔아서 얻은 소득에 대해 매기는 세금. 우리나라는 벌어들인 돈의 금액이 커질수록 세율도 늘어나는 누진세율 제도를 채택하고 있는데, 최저 6%에서 최고 40%까지이다. 단 보유기간이 1년 미만일 경우에는 금액에 상관없이 40%를 적용한다.

투자자들이 나서기 시작하자 시장이 조금씩 움직였고, 부동산이 팔리기 시작하는 걸 본 다른 투자자들도 가세했다. 그러자 이번에는 이른바 '갭투자' 시장이 시작되었다. 그때

갭투자

이른바 '전세를 끼고' 집을 사는 방법으로, 전세보증금과 매매가의 차이, 즉 갭(gap)만큼만 내 돈으로 부담하면 집을 살 수 있다. 전세대란이 심각한 시기에는 갭도 줄어들기 때문에 적은 돈으로 많은 아파트를 보유할 수 있고, 전세보증금을 레버리지로 활용하므로 대출을 받지 않아도 된다. 단 향후 매매가가 상승하지 않거나 전세가가 오히려 떨어지는 '역전세' 현상이 나타날 경우 위험할 수 있다.

는 전세가가 하늘 높은 줄 모르고 치솟던 때라서 매매가 3억 원짜리 아파트에 전세 2억9,000만 원을 끼면 내 돈 1,000만 원으로 아파트 한 채를 사는 것이 가능했다.

2012년 하반기부터 2013년 상반기까지는 경매 무피투자와 갭투자가 동시에 가능했던 최고의 투자 타이밍이었다. 그때 아주 적은 금액으로 수도권에 집을 산 사람들은 1년 후 최소 몇 천만 원, 많게는 몇 억 원씩 돈을 벌었다. 바로 그 시점에 나는 부동산 책을 만들고 본격적으로 투자를 공부했던 것이다.

·〉〉〉 종자돈 마련을 위해 다시 월세로

이렇게 말하면 독자 여러분은 '아, 이 사람 그때 엄청나게 벌었겠네'라고 생각할 것이다. 시기를 정확히 탔고, 좋은 멘토까지 있었으니 말이다. 그러나 나는 그 좋았던 2012년에서 2013년 사이에 단 한 건의 투자도 하지 못했다. 이유는 딱 하나, 돈이 없었기 때문이다.

돈이 좀 모인다 싶으면 학자금대출을 갚아버렸던 나는 종자돈은커녕 당장 입찰보증금 낼 돈조차 없었다. 대체 왜 안 갚아도 될 빚부터 갚느라 그 많은 돈을 써버렸을까. 그제야 뼈저리게 후회가 됐다. 동료들도 내 걱정을 많이 했다. 강의를 들은 지 두어 달 된 사람들도 척척 잘만 낙찰받는데 나는 일 년이 넘도록 입찰도 한 번 안 하고 있으니 말이다. 그럴 때마다 "저는 투자보다 그냥 이렇게 놀고먹는 게 더 신나요"라고 답

> **입찰보증금**
>
> 경매에 입찰하기 위해서는 입찰가를 적은 입찰표와 함께 일정 금액의 돈을 함께 제출하는데 이 돈을 입찰보증금이라고 한다. 금액은 정해진 최저매각가격(최저가)의 10% 또는 20%이며, 낙찰될 경우에는 법원이 보관하고 패찰될 경우에는 현장에서 돌려준다.

했지만, 내 속이라고 과연 편했을까.

그 좋은 시절을 다 보내고 2014년 드디어 결심을 했다. 그래, 이사를 가자! 다시 월세로! 지금 사는 동굴 같은 반지하의 전세가 2,000만 원이니까 보증금 500만 원짜리 월세로 옮기면 1,500만 원이 남을 것이다. 여전히 적은 돈이지만 그래도 입찰은 한 번 해 볼 수 있겠지.

그렇게 서른 두 살 되던 해 나는 다시 이사를 강행했다. 이번에는 옥탑방이다. 투자금을 늘리려면 보증금을 최대한 줄여야 했기에 어쩔 수 없이 선택한 곳이었지만 나름 괜찮았다. 방과 부엌이 넓고 깔끔했으며 화분을 키우시는 주인 할머니 말고는 아무도 올라오지 않았다. 무엇보다 반지하에서는 느낄 수 없었던 눈부신

햇빛! 그 햇빛 때문이었는지 아니면 내가 꿈에 부풀어 있어서 그랬는지 이 집에서는 왠지 모든 일이 다 잘 풀릴 것 같았다.

그동안 안 나가던 월세가 다달이 나가게 되니 현금흐름에 타격이 좀 생겼지만, 괜찮다. 이제 학자금대출 원금은 안 갚을 거니까. 생각 같아서는 은행으로 달려가서 지금까지 미리 갚았던 대출금을 물러달라고 하고 싶었지만, 누구를 원망할 수도 없는 일이니 앞으로 잘될 것만 생각하기로 했다. 자, 이제 나에게도 1,500만 원의 투자금이 생겼다! 남들에게는 쥐꼬리만 한 소액, 하지만 나에게는 무척소중한 돈! 이제 조금씩 키워 나갈 일만 남았다.

·〉〉〉 1,500만 원으로 뛰어든 경매 시장

나의 투자 목표는 간단했다. 첫째, 들어가는 실투자금은 세금 및 부대비용 포함 500만 원 이하이거나 완전한 무피투자여야 했다. 가지고 있는 돈이 적기 때문에 다음 투자도 생각해야 하기 때문이다. 둘째, 수도권을 벗어나서는 안 된다. 당시 나는 주5일 중에 4일은 야근을 할 정도로 일이 많았고 운전도 할 줄 몰랐으므로 지방 물건은 도저히 관리할 수 없을 것 같았다. 이런 조건에 가장 잘 들어맞는 곳은 인천이었다. 인천은 수도권 중에서도 집값이 상대적으로 저렴해서 처음 경매를 배우는 분들이 투자하기에 좋다고 알려져 있다. 그나마 아파트에 투자하기에는 돈이 모자라므로 일단은 빌라 낙찰에 도전하기로 했다.

배운 대로 경매정보 사이트에 로그인해서 인천 지역의 물건을 열심히 검색했다. 원래대로라면 교통, 호재, 학군 등 입지조건을 따져 보고, 지역을 먼저 고른 후 그 안에서 나온 경매 물건을 분석하는 것이 순서다. 한 지역의 부동산 시장이 전체적으로 좋지 않다면 아무리 좋은 물건이라도 혼자서만 가격이 오르기는 어렵기 때문이다. 그러나 나의 경우는 이것저것 다 떠나서 일단 1,500만 원으로 낙찰이 가능한가 여부가 가장 우선이었다. 그 기준에 맞는 물건부터 추려낸 후에 입지와 권리를 분석하는 식이었다.

무피투자를 하겠다면 1,500만 원이 아니라 0원으로 낙찰 가능한 물건을 찾아야 하는 것 아닌가? 무피투자를 그야말로 '돈 한 푼 안 들이는 투자'로 생각한다면 이상하게 들릴 수도 있겠다. 그러나 무피투자라는 것은 결과적으로 그렇다는 것이지 처음부터 한 푼도 없이 가능하다는 뜻은 아니다. 나중에 회수되는 것일 뿐 처음에는 어느 정도 내 돈이 있어야 한다.

>
> ### 감정가와 최저가
> 경매에 나온 부동산은 법원이 의뢰한 감정평가사에 의해 절차에 따라 가치를 평가받는데, 이렇게 매겨진 금액이 '감정가'다. 또한 입찰할 때에는 얼마 이상의 금액이어야 한다는 것이 정해져 있는데 이것이 '최저가(최저매각가격)'다. 신건(경매에 갓 나온 물건)의 경우는 최저가가 감정가의 100%이지만, 아무도 입찰하지 않아서 유찰(다음 회차로 넘어감)되면 지역에 따라 최저가가 20% 내지 30%씩 낮아진다.

일단 입찰보증금을 내야 한다. 경매에는 최저입찰가격(최저가)이라는 것이 정해져 있는데 입찰할 때에는 최저가의 10%를 입찰보증금으로 함께 내야 한다. 이 돈은 패찰되면 현장에서 돌려받고, 낙찰되면 법원이 보관한다. 낙찰금액 중 입찰보증금을 뺀 나머지 잔금은 법원이 정해준 잔금납부기일 이전에 납부해야 하는데, 경락잔금대출을 받아서 납부

하는 경우가 대부분이다. 그러나 경락잔금대출로 잔금을 모두 충당할 수 없으면 역시나 내 돈이 들어가야 한다.

예를 들어 최저가 8,000만 원인 집을 1억 원에 낙찰받았다고 하자. 최저가가 8,000만 원이므로 입찰할 때에는 10%인 800만 원을 납부했을 것이다. 그런데 경락잔금대출은 낙찰가 1억 원의 80% 수준인 8,000만 원만 나온다고 하자. 총 1억 원 중에서 입찰보증금으로 800만 원을 이미 냈고, 경락잔금대출로 8,000만 원을 낸다면 나머지 1,200만 원은 어떻게 해야 할까? 당연히, 낙찰자가 무슨 수

를 써서든 마련해야 한다. 그래서 처음에는 반드시 내 돈이 필요한 것이다.

뿐만 아니라 잔금을 치를 때에는 취득세 1.1%를 함께 납부해야 하고, 등기를 대행해 주는 법무사에게도 법무비를 줘야 한다. 낙찰받은 것이 아파트라면 경매가 진행되면서 밀린 관리비 중 공용부분도 내야 한다. 여기서 끝이 아니다. 낙찰받은 집에 세입자를 들이려면 도배·장판을 비롯해서 어느 정도 수리를 해야 하는데, 만약 집이 너무 낡아서 보일러 교체, 화장실 수리, 싱크대 교체 등을 하게 될 경우 돈이 꽤 들어갈 것이다. 세입자를 들일 때 부동산 중개사에게 줘

공용관리비

아파트의 관리비는 공용관리비와 일반관리비로 나뉜다. 공용관리비는 단지 전체의 유지비용, 엘리베이터 등의 전기요금, 관리소 직원 인건비 등이며 일반관리비는 각 세대별로 사용한 가스요금이나 전기요금 등이다. 경매가 진행되면서 관리비를 납부하지 않은 물건을 낙찰받았을 경우 낙찰자가 공용관리비를 납부해야 하지만 일반관리비는 납부하지 않아도 된다.

야 할 중개수료도 있다. 많은 경매책들이 이런 부대비용에 대해서는 흐지부지 넘어가버리곤 하는데, 이 비용을 미리 생각해두지 않으면 낭패를 보기 십상이다.

이렇게 투입된 내 돈은 나중에 세입자를 들일 때 회수하게 된다. 예컨대 보증금 2,000만 원에 월세 30만 원으로 세를 받는다면 나에게 2,000만 원이 다시 돌아오는 것이다. 그래서 '결과적으로 무피투자'라고 하는 것이다. 하지만 회수하기 전까지는 반드시 현금이 필요하다.

당시 내가 가진 돈은 1,500만 원. 그중에서 취득세와 각종 부대비용을 위해 300만 원을 남겨두면 순수하게 입찰에만 이용할 수 있는 금액은 1,200만 원이다. 당시 경락잔금대출은 기본적으로 낙찰가의 80%까지 가능했으므로 거꾸로 환산하면 내가 입찰할 수 있는 최고 금액은 6,000만 원 정도가 고작이다. 아무리 인천의 빌라가 싸다지만 이 돈으로는 반지하밖에 낙찰받지 못할 것 같았다.

다행히도 당시 새마을금고에서는 낙찰가의 90%까지 대출을 해주고 있었다. 이것은 엄청난 차이다. 대출이 80%일 때에는 입찰 가능한 금액이 6,000만 원 정

도이지만, 90%일 때에는 1억 원도 가능하니 말이다. 이것이 바로 레버리지의 힘이다.

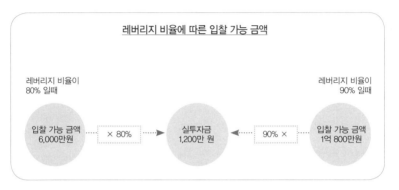

레버리지 비율에 따른 입찰 가능 금액

레버리지 비율이
80% 일때

입찰 가능 금액
6,000만원   × 80% ➜   실투자금
1,200만 원   ◀ 90% ×   입찰 가능 금액
1억 800만원

레버리지 비율이
90% 일때

·⟩⟩ 적당한 지역을 찾고, 물건을 검색하자

결과적으로 나는 1억 원 언저리의 가격으로 낙찰을 받아서 보증금 1,000만 원에 월세 40만 원 또는 보증금 2,000만 원에 월세 30만 원으로 세를 놓아야 한다. 그것이 가능한 지역을 찾다가 눈을 돌린 곳은 인천 중에서도 서구였다. 공항철도가 뚫리고 택지가 조성되면서 신축빌라가 대량으로 지어졌는데, 빌라촌이지만 깔끔하고 거리 조성이 잘 되어 있는 곳이다. 다만 아직은 교통이 좀 불편하고, 편의시설도 이제 막 생겨나는 중이라는 게 단점이었다. 주로 신혼부부나 젊은 세대들이 월세로 사는 경우가 많다.

인천 서구의 물건을 검색하다가 지은 지 3년 된 방 두 개짜리 빌라 하나가 눈에 들어왔다. 감정가는 1억2,000만 원이었지만 한 번 유찰되어 최저가는 8,400만 원이었다. 초등학교와 어린이집이 가깝고 바로 근처에 버스정류장이 있으며, 근처에 아파트단지가 가까워서 편의시설도 어느 정도 있는 곳이다. 이 동네 안에서는 입지가 가장 좋았다.

이번에는 권리분석을 해야 할 차례인데, 별로 복잡하지는 않았다. 등기부등본에 올라가 있는 권리는 은행이 걸어놓은 근저당뿐이었는데, 집주인(채무자)이 원리금을 제대로 갚지 않자 은행(채권자이자 근저당권자)이 이 집을 경매로 넘긴 것이었다.

세입자가 살고 있었지만 이사를 들어온 전입 날짜가 은행의 근저당 설정일보다 늦기 때문에 대항력은 없었다. 대항력이 있다는 것은 기존의 임대차계약서 상 계약기간이 끝날 때까지 세입자가 그 집에서 살 수 있고, 나갈 때에는 새로운 집주인에게 보증금을 내놓으라고 요구할 수 있다는 뜻이다. 세입자가 대항력을 갖추려면 말소기준권리(이 경우에는 은행의 근저당) 날짜보다 먼저 전입하고

근저당권

채권자(빌려준 사람)가 채무자(빌린 사람)에게 돈을 빌려줄 때 그 담보인 부동산에 설정해두는 권리로, 채무자가 돈을 제대로 갚지 않으면 부동산을 경매에 넘길 수 있다. 즉 근저당권이 걸려있다는 것은 그 부동산을 담보로 한 대출이 있다는 뜻이다.

말소기준권리

부동산의 등기부등본에는 여러 가지 권리가 올라가 있을 수 있는데, 경매가 진행될 경우 종류에 따라 소멸되는 것들(근저당권, 가압류, 담보가등기 등)과 소멸되지 않는 것들(유치권, 지분권 등)이 있다. 소멸되는 것들 중 날짜상 가장 앞선 권리가 말소기준권리가 된다. 이 권리를 기준으로 늦은 것들은 모두 말소된다는 의미다.

입주를 해야 한다. 그러나 이 세입자는 대항력이 없으므로 보증금을 요구할 수 없다.

다만 이 세입자의 보증금은 2,000만 원으로 최우선변제금 보호 범위 내에 들어 있다. 최우선변제금이란 임차인의 보증금이 일정 금액 이하로 소액일 경우 낙찰금액에서 가장 먼저 배당을 받을 수 있도록 보호해주는 제도를 말한다. 임차인이 최우선변제를 받기 위해서는 경매 들어가기 전에 전입과 입주 조건을 갖추어야 한다.

사실 낙찰자 입장에서는 이러한 경우가 오히려 좋다. 명도, 즉 점유자를 내보내

는 일이 수월하기 때문이다. 임차인이 최우선변제금을 배당받으려면 낙찰자에게 명도확인서와 인감증명서를 받아서 법원에 제출해야 한다. 당연히 명도에 협조할 수밖에 없다. 반면에 보증금을 날리게 된 임차인이나 전 소유자가 살고 있을 경우에는 명도가 쉽지 않다. 못 나간다고 버티거나 이사비를 요구할 때도 있다. 참고로, 이사비는 법적으로 줘야 할 이유가 없는 돈이지만 원활한 명도를 하려면 얼마 정도 주는 것도 요령이다. 그러나 요구하는 액수가 터무니없거나 협상이 잘 이루어지지 않으면 법원의 힘을 빌려 강제집행을 해야 할 수도 있다. 강제집행은 나가는 사람뿐 아니라 내보내는 사람에게도 별로 유쾌한 일이 아닐 것이다.

어쨌든 이 집은 명도가 그다지 어려울 것 같지 않다. 더욱 맘에 든다. 이제 직접 눈으로 확인해 볼 차례다.

· 〉〉 두근두근 현장 조사

입찰을 일주일 앞둔 토요일 오전, 해당 물건 앞에 도착했다. 이미 내 집이라고 여겨서 그랬는지 집이 참 예뻐 보인다. 자, 이제 집 내부를 보고 수리할 곳이 있는지 확인을 해야겠는데, 도저히 초인종을 누를 용기가 나지 않는다. 뭐라고 말해야 할까? 경매 때문에 왔다고 솔직히 말할까? 분명히 싫어할 텐데…. 혹시나 문을 열어줘도 문제다. 대체 무엇을 물어봐야 하지? 십여 분이 넘도록 괜히 우편함도 열어보고, 전기계량기도 들여다보고, 해당 층수의 창문을 올려다보면서 집 주위만 뱅뱅 돌았다.

드디어 마음의 준비를 마쳤다. 입으로는 '안녕하세요, 주말에 실례가 많습니다만…'을 중얼중얼 연습하면서, 크게 심호흡을 하고 초인종을 눌렀다. 그런데 벨소리가 꺼질 때까지 대답이 없다. 다시 한 번 눌러도 마찬가지. 그러자 슬며시 미소가 지어진다. 아이고, 이걸 어쩌나, 집에 사람이 없네! 나는 분명히 집 내부를 보려고 했지만 사람이 없으니 '어쩔 수 없이' 못 보겠는 걸?

안도(?)의 숨을 내쉬며 돌아서는데 마침 젊은 남자분이 주차를 마치고 현관 쪽으로 다가온다. 그런데 이유는 모르지만, 왠지 저 사람이 점유자일 것 같다는 느낌이 강하게 들었다. 나도 모르게 홀린 듯 말을 걸고 말았다.

"저… 실례지만 몇 호 사시나요?"

"○○○호인데요. 왜 그러시죠?"

예감이 맞았다는 걸 안 순간, 연습했던 문장들이 머릿속에서 얽히면서 말문이 막혀 버렸다. 가까스로 꺼낸 말.

"집 좀 보여주실래요?"

황당해하는 그분의 눈빛을 보며 머릿속으로 이놈의 혓바닥을 깨물어버릴까 생각했다. 그분은 "경매 때문에 오셨어요? 제가 그래야 할 의무는 없는 거 아닌가요?"라고 차갑게 답하더니 문을 열고 들어가버린다. 당황한 내가 뒤통수에 대고 "저, 저기, 그러면 혹시 사는 데 불편한 점은 없으신 거죠!"라고 소리치자 그분은 "예에~"라는 영혼 없는 대답을 남기고 사라지셨다. 민망하고 한심해서 공중 하이킥을 날리고 싶은 마음을 억누르며 발길을 돌렸다. 어쨌든 겉으로 봤을 땐 채광도 좋고 누수나 결로는 없어 보인다고 스스로를 위로하면서.

나는 제대로 하지 못했지만, 배운 대로라면 경매 임장에서는 우선 집안 내부 상태를 확인해서 낙찰받았을 때 수리비가 얼마나 들어갈지 예상해야 한다. 도배·장판은 물론 싱크대, 보일러, 화장실 상태 등도 중요하지만 특히 중요한 것은 누수(물이 새는 현상)다. 우리 집 누수로 아랫집이 피해를 보면 그 피해까지 우리가 물어줘야 할 수도 있다. 만약 외부에서 물이 새어 들어오면 정말 골치 아프다. 그래서 해당 물건의 내부를 보지 못했을 경우는 최소한 아랫집을 방문해서 혹시 윗집에서 물이 새지 않는지 물어보기라도 해야 한다. 결로(습기가 차는 것) 역시 중요하다. 벽에 습기가 차면 곰팡이가 생기는데, 외벽이 얇고 단열이 잘 안 되는 게 원인이라면 단열공사가 필요할 수도 있다.

경매 임장에서 확인해야 할 또 다른 것은 점유자의 성향이다. 낙찰을 받고 나서 명도를 할 때 어떤 사람과 협상하게 될지 미리 가늠하기 위한 것이다. 다행히 이번 경우에는 점유자가 냉정하긴 해도 최우선변제금을 받아가기 때문에 명도가 크게 어렵지는 않을 것 같았다.

그리고 경매뿐 아니라 모든 부동산을 임장할 때에 반드시 확인해야 할 것이 있다. 중개사무소 여러 곳을 들러서 시세와 분위기를 파악하는 것이다. 요즘은 온라인으로 이 지역의 매매·전세·월세의 시세를 편하게 알 수 있지만 그 시세가 정확한지 반드시 현지 중개사에게 확인을 해야 한다. 또한 이 지역의 최근 분위기는 어떠한지, 호재가 있다면 실제 진행상황은 어떠한지, 투자자들은 많이 찾아오는지 등을 물어보면서 분위기를 파악하는 것도 중요하다. 이런 과정을 통해서 미리 마음이 맞는 중개사를 찾아놓는다면 낙찰을 받고 난 후에 세를 놓거나 매매를 할 때 훨씬 편할 것이다.

결과적으로 나는 이 물건을 약 1억600만 원에 낙찰받았다. 내 생애 첫 번째 집이다. 다행히 집 내부는 수리할 곳 없이 도배·장판만 하면 되는 깔끔한 상태였다.

·〉〉 대출을 우습게보면 큰 코 다친다

그럴듯하게 설명하긴 했지만, 솔직히 나의 첫 투자는 실패에 가깝다. 지금 생각해보면 이곳은 매매가가 오르기 힘든 지역이다. 새로 생긴 택지지구이다 보니 빈 땅에 한 달에 한 채씩 신축빌라가 들어서고 있었기 때문이다. 게다가 그때는 아직 집 보는 눈이 별로 없었던 때라, 깔끔하고 넓은 것만 생각했지 구조가 좋지 않다는 생각은 미처 못 했다. 크기로만 따지면 방 세 개짜리였지만 실제로는 거실과 다용도실이 크고 방은 두 개뿐이었다. 현재 이 집은 3년이 지난 지금까지 매매 시세가 거의 오르지 않은 채 월세만 받고 있다.

문제는 낙찰도 비싸게 받았다는 점이다. 인근 물건 낙찰가는 물론 전월세 시세를 꼼꼼히 비교해가며 나름 신중하게 낙찰가를 산정했는데, 막상 뚜껑을 열어보니 2등과 300만 원이나 차이가 났다. 그때는 이상하다는 생각보다 첫 낙찰이라 신난다는 생각뿐이었는데, 나중에 보니 다른 사람들의 입찰가가 낮았던 이유가 있었다. 바로 대출 때문이었다.

나는 새마을금고에서 경락잔금대출을 낙찰가의 90%까지 받을 수 있다는 사실을 철석같이 믿고 입찰했다. 그런데 내가 낙찰받은 바로 그 주부터 새마을금고 한도가 다른 은행과 마찬가지인 80%로 떨어졌고, 동시에 그동안 적용하지 않았던 방공제까지 적용하기 시작했다. 이 사실을 미리 알았던 투자자들은 욕심 부리지 않고 입찰가를 낮추었는데 나는 혼자서 높은 가격을 써놓고 좋아했던 것이다. 억울하다고 하소연할 수도 없었다. 사실은 나도 이미 선배들이 그에 대해 이야기한 것을 들은 적이 있다. 다만 생초보이다보니 이것이 얼마나 중요한 정보인지 모르고 한 귀로 흘려버렸을 뿐이다.

방공제

금융기관이 담보대출을 해 줄 때 대출 가능 금액에서 방의 개수에 따라 일정 금액을 차감하는 것. 이는 최우선변제금 때문이다. 세입자를 들인 상태에서 이 집이 경매로 넘어갈 경우에는 낙찰금액 중 최우선변제금이 먼저 지급되므로 은행의 배당금은 그만큼 줄어든다. 이러한 리스크를 줄이고자 아예 처음부터 금액을 줄여서 대출해주는 것이다.

그 때문에 심장이 철렁 내려앉는 경험을 해야 했다. 대출한도가 줄어들면서 원래 계획했던 것보다 현금 1,000만 원 정도가 더 필요해진 것이다. 입찰보증금 내기도 빠듯한 마당에 1,000만 원이라니! 몇날 며칠을 고민하고 주위에 조언도 구해 봤지만 결론은 하나, 추가대출뿐이었다. 으아… 경락잔금대출만 해도 부담인데 신용대출까지 받아야 하다니…. 게다가 담보대출에 비해 신용대출은 금리도 높지 않은가.

그러나 어쨌든 해결은 해야 했기에 용기를 짜내기로 했다. 그래, 지금의 나는 과거와는 다르다! 월급은 쥐꼬리만 하지만 그래도 정규직인데 설마 1,000만 원을 못 빌리겠냐! 다짐은 그렇게 했지만 막상 은행 대출담당자 앞에 앉으니 심장이 쫄깃쫄깃하다. 결국 잔금납부기일을 일주일 앞두고 신용대출까지 끌어다가 무사히 잔금을 치렀다. 그 이후로는 입찰하기 전에 반드시 대출부터 정확하게 알아보는 것을 원칙으로 삼고 있다.

· 〉〉 남의 월세로 내 월세 내는 '주거비 제로(0)'의 생활

예상대로 명도는 별도의 이사비 없이 원만하게 이루어졌다. 깨끗이 청소하고 도배·장판까지 완료하니, 비록 대출 때문에 속은 좀 썩었어도 이 집이 그렇게 사랑스러울 수가 없다. 한 달 후 이 집에는 보증금 2,000만 원에 월세 35만 원으로 세입자를 들일 수 있었다.

이 집의 낙찰가는 1억600만 원이고 취득세 및 부대비용으로 약 200만 원이 들어갔다. 그중 8,400만 원은 경락잔금대출로, 1,000만 원은 신용대출로, 그리고 나머지 1,400만 원은 내가 가지고 있던 돈으로 해결했다. 그런데 세입자를 들이고 나니 보증금 2,000만 원이 다시 내 통장으로 들어왔다. 신용대출 덕분이긴 하지만 결과적으로 낙찰받기 전보다 당장 600만 원의 현금이 더 생긴 것이다.

내가 이자로 낸 돈은 신용대출을 포함해서 매월 24만 원 정도였다. 매달 들어오는 월세가 35만 원씩이었으므로 이자를 내고 나니 월 11만 원씩 남았다. 신기하다. 집을 샀는데 내 수중에 현금 600만 원이 늘어났을 뿐 아니라 매월 11만 원씩 적립되다니. 투자라는 게 이런 거구나.

투자 성과 정리

매입가		1억600만 원	매도가(예상)	1억1,000만 원
매입부대비용		200만 원	매도부대비용(예상)	200만 원
레버리지	경락잔금대출	8,400만 원	월 이자(신용대출 포함)	약 24만 원
	신용대출	1,000만 원		
	월세보증금	2,000만 원	월세	35만 원
실투자금		-600만 원(플러스피)	월 순이익	약 11만 원

지난 3년 동안 나는 이런 식으로 소액투자를 반복했고 현재는 주택 일곱 채를 보유한 다주택자가 되었다. 그중 세 채는 경매로, 나머지는 일반매매로 매입했다. 물론 소액투자이다 보니 모두가 작고 싼 집들이라 합쳐도 자산규모가 그렇게 크지는 않고, 보유한 주택 수도 4년차 투자자라고 말하기엔 좀 민망하다. 1년에 열 채, 스무 채씩 사고파는 열정적 투자자들과 달리 나는 1년에 한두 건도 버거운 게으른 투자자이기 때문이다. 하지만 티끌 모아 태산이라고 고작 1,500만 원밖에 없었던 3년 전을 생각하면 이게 어딘가.

처음 시작할 때의 목표 역시 거창하지 않았다. 내가 살던 옥탑방은 월세와 각종 공과금을 합한 주거비가 한 달에 약 45만 원 정도 나왔는데, 일차 목표는 그 주거비를 메울 만큼의 월세를 받아보자는 것이었다. 결과적으로 그 목표는 빌라 세 채에서 나오는 월세로 달성했고, 기간은 채 2년이 걸리지 않았다. 남의 월세

받아서 내 월세를 내는 '주거비용 제로(0)'의 생활. 처음에는 별 것 아니라고 생각했는데 막상 한 달에 45만 원씩 현금의 여유가 생기자 이게 은근히 쏠쏠했다. 꼬박꼬박 월세를 내주시는 세입자들에게는 살짝 미안하지만 자동으로 돈이 들어오는 재미는 도저히 끊을 수가 없다.

참고로, 이 글을 쓰고 있는 2017년 말 현재는 이 같은 소액 경매 투자를 하기가 다소 어려워졌다. 정부의 규제가 강화되면서 다주택자의 경우 주택담보대출의 한도가 30% 수준으로 낮아졌고, 기존 대출이 있는 상태에서 신규대출을 받기도 어려워졌기 때문이다. 그러나 무주택자 서민의 경우는 이러한 규제에서 다소 비껴 있고, 투기과열지구가 아니라면 규제가 적용되지 않는 곳도 있다. 따라서 아직 집이 없거나 이제 막 투자를 시작하려는 사람이라면 소액 경매 투자는 여전히 고려해 볼 만한 전략이라고 생각한다.

투기과열지구

주택 투기가 우려되어 특별히 규제가 적용되는 지역. 주택가격 상승률, 청약경쟁률, 주택보급률 등을 고려하여 국토교통부장관 또는 지자체장이 지정한다.

·〉〉〉 드디어 '진짜 내 집'에 살게 되다

2015년 봄에 낙찰받은 빌라가 있다. 위치도 연식도 그저 그랬지만 2년 동안 순수익만 매달 25만 원씩 안겨준 효자다. 이 집에 살고 있는 세입자와의 임대차 계약 만료를 6개월 앞두고 일찌감치 부동산 중개사무소에 팔아달라고 내놓았다. 하지만 역시 빌라는 아파트에 비해 사려는 사람을 찾기가 쉽지 않다. 임차인이 이사 나갈 때가 다 되어 가는데도 사겠다는 사람이 나서지 않는다.

슬슬 선택의 순간이 다가왔다. 일단 다른 세입자를 들인 후에 세를 끼고 팔 것인가, 아니면 살 사람이 나올 때까지 집을 비워둘 것인가. 세를 끼고 팔자니 제값을 받기가 쉽지 않을 것 같고, 집을 비워 두자니 몇 개월이 될지도 모르는데 그 사이에 생돈으로 나갈 대출이자가 아깝다. 어떻게 결정하느냐에 따라 당장 한 달 현금흐름이 50만 원씩 줄어들 수도 있으므로 꽤 고민이 됐다. 아, 골치 아프다. 확 그냥 내가 들어가서 살아버릴까.

그런데 막상 내뱉고 보니 안 될 것도 없겠다 싶었다. 현재 살고 있는 옥탑방의 월세는 35만 원, 그런데 이 집의 한 달 대출이자는 22만 원. 내가 들어가서 살면 한 달에 13만 원씩 절약되네? 때마침 나는 회사를 그만두고 재택근무를 시작한 참이었다. 출퇴근을 하지 않는 대신 생활공간과 작업공간이 분리되지 않아 불편했다. 한 칸짜리 옥탑방에서는 아침에 눈뜨고 침대에서 내려오면 출근, 이빨 닦고 침대에 누우면 퇴근이다. 그래, 이럴 바엔 넓은 집으로 가서 작업공간을 따로 만들자. 돈도 절약되고, 업무효율도 높아질 것이다.

이런저런 이유로 인해 2017년 봄, 나는 네 번째 이사를 했다. 세입자에게 내 줄 보증금 2,000만 원을 마련하느라 한동안 허리띠를 졸라매고 살아야 했지만, 이번에는 드디어 내 명의로 된 '진짜 내 집'으로 이사를 한 것이다. 200만 원을 들고 집을 뛰쳐나온 지 10년, 그리고 1,500만 원을 들고 부동산 투자를 시작한지 3년 만이다.

이사 들어오던 첫날, 큰맘 먹고 내 취향대로 싹 뜯어고친 인테리어에 아직 새 집 냄새도 덜 빠진, 아직 가구가 들어오지 않아서 휑한 방 한가운데 강아지를 끌어안은 채 드러누웠다. 왠지 묘하게 서글프면서도 행복했다. 믿기지 않는다. 비록 낡았지만 내 이름으로 된 내 집이 있고, 거기에 지금 내가 이렇게 누워 있다니.

몇 개월이 지난 지금 이 집에는 나 외에도 두 명의 여성들이 함께 살고 있다. 이 집은 거실이 매우 넓고 방이 세 개, 화장실이 두 개다. 혼자 쓰기엔 지나치게 넓어서 남는 방에 셰어하우스 형태로 월세를 놓은 것이다. 여기에서 나오는 월세는 보증금 없이 총 55만 원. 대출 원리금을 충당하기에 충분하다.

혼자 살 때와 비교했을 때 불편한 점도 없지 않다. 그렇지만 다행히 남을 배려하고 정리정돈을 잘 하는 좋은 친구들이 들어와 준 덕분에 공동생활도 은근 재미있다. 세 여자가 모두 퇴근한 저녁이면 얼굴에 마스크팩을 붙인 채 직장상사와 남자친구 흉을 보고, 다이어트 정보를 공유하며 수다 떠는 재미가 쏠쏠하다.

·〉〉 서른여섯, 아직은 실패해도 괜찮은 나이

여기까지가 서른여섯 살의 흙수저 싱글녀인 내가 '집 있는 여자'가 된 과정이다. 솔직히 내 성과가 책을 쓸 만큼 대단한 것은 아니라서 부끄럽지만, 내 사례를 통해 희망을 찾게 될 사람이 한두 명 정도는 있지 않을까 싶어 용기를 내 본다.

4년 전의 나는 참 많이 힘들었다. 당장 돈이 없어서가 아니라, 앞으로 별로 나아질 게 없을 것 같다는 절망감 때문이었다. 다행히 이제는 좀 살 만하다고 느끼지만, 그건 돈 덕분은 아니다. 그 정도로 많이 벌지는 못했으니 말이다.

다만 그때와 달라진 것은 지금은 미래가 바뀔 수 있다고 믿게 됐다는 점이다. 부동산 투자를 배움으로써 인생의 많은 부분이 바뀌는 걸 경험하지 않았나. 단순히 집이 생긴 것뿐 아니라 돈이 어떻게 움직이는지 관심을 갖게 됐고, 월급이 아니라도 돈을 벌 수 있다는 걸 알게 됐다. 따지고 보면 회사를 나와 창업을 한 것도 그와 무관하지 않다.

투자를 통해 얻은 가장 큰 성과는 삶에 대한 자신감이다. 서른여섯 살의 싱글.

나는 아직 젊고, 딸린 식구도 없다. 나에게는 투자라는 또 하나의 직업이 있고, 4년 만에 여기까지 왔다. 그러니 다른 쪽에서 일이 좀 안 풀려도 좌절할 필요가 없다. 그래서 나는 좀 더 용기를 갖기로 했다. 아직은 좀 더 실패해도 괜찮은 나이니까 말이다.

부동산 경매 절차 훑어보기

　　경매는 부동산을 싸게 살 수 있는 하나의 방법일 뿐 그 자체로 돈을 벌게 해 주는 것은 아니다. 내가 사용할 수 있는 투자금은 얼마인지, 투자의 목적이 월세 수익인지 매도차익인지, 장기투자인지 단기투자인지에 따라 경매의 활용법이 달라진다. 따라서 경매 공부보다 먼저 해야 할 것은 투자의 목적을 고민하는 것이다.

　　여기서는 독자들의 이해를 돕기 위해 경매의 절차를 간단히 짚어보려 한다. 짧은 지면에서 경매를 모두 설명할 수도 없고, 경매 투자에 정답이 있는 것도 아니므로 여기에서는 간단하게 맥락만 파악하시기 바란다. 더 수준 높은 이야기들은 시중에 나와 있는 좋은 경매 책들과 강의들을 참고하는 게 좋다.

① 지역 분석

　　경매 뿐 아니라 모든 부동산 투자에서는 물건보다 지역을 골라내는 것이 먼저다. 아무리 좋은 물건이라도 그 지역 전체가 불황인데 혼자만 가격이 오르지는 않기 때문이다. 지역을 고를 때는 기본적으로 향후 몇 년간 주택 분양 물량을 봐야 하고 그 외에도 일자리와의 접근성이 얼마나 좋은지, 교통이 편리한지, 개발호재가 있는지, 학군은 어떠한지 등등 다양한 요소를 살펴야 한다. 지역을 분석하는 방법은 이 책에 나온 다른 저자들의 글과 시중에 나와 있는 다양한 책들을 참고하기 바란다.

② 물건 검색

　　지역을 선정했다면 그 지역에 나와 있는 경매 물건을 검색할 차례다. 대법원이 운영하는 법원경매정보 사이트(www.courtauction.go.kr)를 이용하면 무료로 지역별·날짜별로 진행되는 경매

물건을 살펴볼 수 있다. 하지만 다양한 검색기능을 활용하고 싶다면 탱크옥션(www.tankauction. co.kr), 굿옥션(www.goodauction.com), 지지옥션(www.ggi.co.kr), 스피드옥션(www.speedauction.co.kr) 등 유료 경매 정보 사이트를 이용하는 것이 좋다. 지역별 검색, 날짜별 검색, 물건 종류별 검색, 지도 검색 등 다양한 방법으로 물건을 찾아볼 수 있다.

③ 권리 분석

경매에서의 권리란 쉽게 말해 낙찰된 금액 중에서 '돈을 받아갈 권리'를 말한다. 권리분석은 경매 물건에 얽혀 있는 다양한 권리들 중에서 소멸(낙찰과 함께 사라짐)되는 것들과 인수(사라지지 않고 낙찰자가 넘겨받게 됨)되는 것들을 구분하는 것이다. 소멸되는 권리는 낙찰자가 상관할 필요 없지만, 인수되는 권리는 낙찰자가 부담해야 한다.

소멸될 수 있는 권리에는 근저당권, 압류, 가압류, 소유권이전청구권가등기(담보가등기), 경매 신청한 전세권, 배당요구된 전세권, 경매개시결정등기 등이 있다. 이중에서 설정 날짜가 가장 빠른 것이 '말소기준권리'가 되는데 이름 그대로 이 권리를 기준으로 해서 그보다 늦은 것들은 낙찰과 함께 말소(소멸)된다. 반면에 말소기준권리보다 앞서는 것들이나 유치권, 법정지상권, 당해세, 임금채권 등은 낙찰되어도 말소되지 않는다.

또 하나 중요한 것은 임차인의 대항력이다. 대항력이란 집의 주인이 바뀌어도 임차인이 거주기간과 보증금을 보호받을 권리를 말하는데, 해당 부동산에 주민등록(전입)과 인도(거주)를 마친 다음날부터 효력이 발생한다. 이 날짜가 말소기준권리보다 빠르면 대항력이 있다고 보고, 늦으면 다른 권리들과 순위를 다투어 배당을 받아야 한다. 다만 보증금이 법률에서 정한 금액보다 적은 소액임차인의 경우는 순위가 늦더라도 서민 보호 차원에서 다른 권리들을 제치고 가장 먼저 배당받을 수 있다. 이를 최우선변제라고 한다.

경매 정보 사이트에서는 등기부등본에 등기되어 있는 이러한 권리들을 날짜순으로 정리해서 보여주므로 크게 어렵지 않다. 그러나 가끔 오류가 생기기도 하므로 반드시 실제 등기부등본과 대조해 볼 것을 권한다. 권리분석은 매우 복잡하고 경우의 수가 다양하기 때문에 시중에 나와 있는 강의나 책을 통해서 제대로 공부해 보길 바란다.

④ 임장

요즘은 인터넷으로 대부분의 정보를 찾아낼 수 있지만 여전히 현장에 직접 가봐야 알 수 있는 것들도 존재한다. 물건의 수리 상태, 지역의 분위기, 주민들의 동선, 점유자의 성향 등이 그것이다. 임장은 이런 것들을 확인하기 위해 반드시 필요하다. 다만 사전에 최대한 정보를 모은 후, 실제 임장에서는 그 정보를 확인한다는 생각으로 가는 것이 좋다. 그렇지 않고 일단 가보자는 안일한 생각을 품으면 현장에서 무엇을 물어봐야 할지 감을 잡기도 어렵고 정말 중요한 것을 놓칠 수도 있다. 미리 체크리스트를 만들어가는 것도 요령이다.

⑤ 입찰가 산정

지금까지 수집한 모든 정보를 종합해서 얼마를 써낼지를 결정한다. 내가 동원할 수 있는 투자금의 액수와 레버리지 사용 비율, 물건의 현재 시세 및 얼마의 기간 후에 얼마의 가격으로 팔 것인지, 명도 및 수리에 얼마를 사용할 것인지 등을 종합해서 입찰할 금액을 정한다. 낙찰을 받는 것은 어렵지 않다. 가격을 높게 써내면 되기 때문이다. 하지만 높은 가격으로 낙찰받으면 그만큼 투자금도 많이 필요하고 나중에 수익을 내기도 어렵다. 따라서 낙찰이 가능하면서도 내가 원하는 수익률을 낼 수 있는 최적의 균형점을 찾아야 한다.

⑥ 입찰 및 낙찰

입찰은 정해진 입찰기일에 경매법정에서 진행된다. 입찰을 하려면 본인의 신분증과 도장(막도장 가능), 입찰보증금이 필요하다. 본인이 아닌 대리인이 입찰을 하는 경우라면 위임장, 입찰자의 인감도장과 인감증명서, 대리인의 신분증, 대리인의 도장(막도장 가능), 입찰보증금이 필요하다. 이때 입찰보증금은 한 장짜리 수표로 미리 준비하는 것이 가져가기도 좋고 현장에서 일일이 세어보지 않아도 되어서 좋다. 간혹 해당 물건이 변경 또는 취하되어 헛걸음을 하는 경우도 생기므로 법원으로 출발하기 전에 담당 경매계에 전화를 해서 확인하는 것이 좋다.

법원마다 다르지만 입찰은 대부분 오전 10시부터 오전 11시까지 이루어진다. 법정에 비치된 입찰표를 작성하고 도장을 찍은 후 입찰봉투에 보증금과 함께 넣어 시간 안에 제출하면 입찰이 완료된다. 이때 입찰가 및 보증금을 틀리지 않도록 조심하고, 혹시 틀렸다면 수정하지 말고 입찰표를 다시 받아서 새로 작성한다. 초보자는 인터넷에서 입찰표 양식을 다운받아서 미리 작성해 가기를 추천한다. 실수를 줄일 수도 있고, 충동적으로 입찰가를 높이는 것도 막을 수 있다.

입찰 시간이 끝나면 법원 직원들이 입찰표를 분류한 후 개찰을 시작한다. 순서에 따라 한 사건씩 개찰이 이루어지는데, 가장 높은 가격을 써낸 사람이 해당 사건의 낙찰자가 된다. 낙찰자에게는 보증금 영수증을 주고, 패찰자들에게는 입찰보증금을 돌려준다. 이 모든 과정은 대략 오후 1시 이전에 끝난다.

⑦ 잔금납부 및 소유권 이전

낙찰 후 약 일주일간 이의제기가 없으면 법원은 최종적으로 매각허가를 결정하고 약 한 달 후로 잔금납부일을 정한다. 낙찰자는 잔금납부일 전까지 본인이 적어낸 입찰가에서 입찰보증금을 뺀 나머지 금액을 납부해야 한다.

이때 낙찰자는 금융기관에서 경락잔금대출을 받을 수 있는데, 금융기관마다 금리와 조건이 조금씩 다르므로 부지런히 상품을 비교해 봐야 한다. 대출의 실행 날짜는 잔금납부일까지 미뤄도 상관없지만 자서(대출신청을 위해 서류를 작성하고 서명하는 것)는 1~2주 정도 넉넉하게 시간을 두고 해야 만일의 사태에 대비할 수 있다.

잔금을 납부하는 순간부터 소유권은 낙찰자에게 넘어오지만, 등기가 이루어지고 등기필증이 나오기까지는 다소 시간이 걸린다. 참고로 잔금을 납부할 때 '부동산 인도명령 신청'을 함께 제출하는 것이 좋다. 인도명령 신청이 받아들여져야 만약의 사태에 강제집행을 할 수 있기 때문이다. 세부적인 과정은 법무사에게 맡기면 되므로 걱정할 필요 없다.

⑧ 명도

점유자와 이사 날짜 또는 이사비에 대한 협의가 잘 이루어지지 않으면 법원의 도움을 받아 강제집행을 할 수 있다. 그러나 강제집행은 어디까지나 최후의 방법이다. 점유자가 임차인인데 최우선변제금을 받아야 하는 입장이라면 낙찰자에게 명도확인서를 받아야 하므로 비교적 협상이 수월할 것이다. 하지만 점유자가 전 소유자이거나 보증금을 모두 날리는 임차인이라면 명도가 어려울 수도 있다. 만약 거액의 이사비를 요구한다면 이사비는 법적으로 줘야 할 근거가 없는 돈임을 분명히 밝히되, 어느 정도는 지불함으로써 명도를 원활히 하는 것도 요령이다.

투자자 스타일에 따라 명도를 할 때 제3자를 내세우거나 처음부터 강제집행을 해버리는 등 방법이 다양하다. 그러나 공통적으로 필요한 것은 처음부터 낙찰자의 주장을 내세우기보다 점유자의 입장을 많이 들어주라는 것이다. 그 과정에서 점유자의 기분이 풀어질 수 있고 원하는 게 무엇인지 정확히 파악할 수 있다. 한 가지 수익할 섬은 병도확인서와 인감승명서는 반드시 명도가 완료된 후에 내어주라는 것이다. 명도확인서는 낙찰자의 가장 큰 무기다.

⑨ 수익 실현

명도가 완료되었다면 이제 새로운 임차인을 들일 수도 있고, 곧바로 매매할 수도 있다. 임대나 매매를 원활히 하기 위해서는 적당히 수리가 필요하다. 그러나 당장은 수리비가 조금 나가는 것 같아도 나중에 돌아보면 무시 못하는 경우가 많으므로 수리에 과한 욕심을 들이는 것은 좋지 않다.

임대나 매매는 부동산 중개사의 영향을 크게 받는다. 그래서 투자자들 중에는 법적으로 규정된 중개수수료 외에 좀 더 넉넉하게 비용을 지불함으로써 중개사의 환심을 사기도 한다. 마음 맞는 중개사를 미리 찾아서 관계를 다져둔다면 여러모로 유익할 것이다.

04

투자 3년차, 내가 회사를 떠날 수 있었던 이유

by 드리머

글쓴이 드리머는

야근과 과로로 점철된 회사생활을 떠나 아이를 돌보며 '전업주부'의 삶을 즐기고 있는 젊은 아빠이자 전업투자자. 아내를 따라 부동산 투자에 관심을 갖기 시작했지만 지금은 오히려 직장인인 아내를 대신하여 주도적으로 가족의 미래를 위한 투자를 이끌고 있다. 수요-공급을 비롯한 각종 부동산 데이터를 다루고 분석하는 것에 뛰어나며 꼼꼼한 분석과 자신만의 투자 기준으로 오래 가는 투자를 하고자 노력중이다.

블로그 : 드리머, 자유를 꿈꾸다 blog.naver.com/coldreaver

분양권 투자 &
살고만 있어도 자산이 늘어나는 부동산 이야기

평일 오전 9시 반, 아이를 어린이집에 등원시킨다. 집에 돌아와 느긋하게 커피 한 잔 마시고 하루 일정을 체크한다. 오늘은 진행 중인 프로젝트와 관련하여 집 근처 커피숍에서 사람을 만나 회의를 하기로 했다. 이후 점심을 먹고, 종종 연락하며 지내는 부동산 중개사무소에 들러 최근 지역 동향을 조사해 볼 예정이다. 오후 4시 아이가 하원하면 해가 지기 전까지는 근처 공원에서 놀아줄 생각이다. 요 근래 아빠와 노는 것에 재미가 들렸는지 툭 하면 공원에 가자고 하는데 지난 며칠간은 바빠서 제대로 놀아 주질 못했다. 그래, 오늘은 작정하고 놀아 보자.

불과 3년 전만 해도 상상하지 못했다. 내가 이런 삶을 살게 될 줄은.

3년 전 나는 지극히 평범한 월급쟁이로 살아가고 있었다. 새벽같이 일어나 출근 준비를 하고, 출근해서 하루 종일 회사 업무를 보고, 퇴근 후 집에 돌아와서 잠시 가족들과 시간을 보내다가 잠자리에 들고, 다음날이 되면 어김없이 출근을 하는 월급쟁이의 삶. 다람쥐 쳇바퀴 돌리듯 매일 비슷한 일상이 반복되는 단조로운 삶이었지만, 요즘 같은 취업난에 월급 꼬박꼬박 잘 나오는 직장이라도 있으니 얼마나 다행인가. 때때로 말도 안 되는 일정으로, 말도 안 되는 업무량이 주어질 때는 '확 때려치울까?'라는 생각이 머릿속을 가득 메우다가도 언제 그랬냐는 듯 금세 사라졌다. 직장에서 나오는 이 얼마간의 월급으로 우리 가족이 먹고 산다. 그것이 현실이었다.

〉〉 한때는 직장인으로 성공하고 싶었다

한때는 회사에서 인정받는 인재가 되는 것이 목표일 때도 있었다. '일단 회사에 기여하고 인정받는 직원이 되자. 그러면 뭔가 달라지겠지'라는 막연한 생각으로 평일, 주말 할 것 없이 열과 성을 다해 일했다. 그 결과 우수사원에 선정되어 포상도 받았고 남들보다 진급도 빨리 할 수 있었다. 열심히 일한 보상을 받은 것 같아 뿌듯했다. '그래, 직장 생활을 하려면 이 정도는 해야지'라는 어쭙잖은 자부심도 생겼다.

하지만 한 달이 지나고 반년이, 한 해가 지나도 내 삶은 크게 달라지지 않았다. 여전히 정신없이 바쁘고 단조로운, 다람쥐 쳇바퀴 같은 삶. 일부 변한 것이 있긴 했다. "김 대리는 일을 열심히 잘 한다"라는 인정을 받았고, 그 인정만큼 업무량과 야근이 늘었다. 그렇게 직장생활이 바빠질수록 가정은 항상 직장의 뒤편에 놓일 수밖에 없었다.

비슷한 시기, 아내는 이제 막 태어난 첫 애를 돌보느라 홀로 분투했다. 하루는 아내가 무척 피곤한 얼굴로 오늘은 일찍 퇴근할 수 있냐고 물었다. 한창 프로젝트 마감으로 바쁠 때라 일정을 장담할 수 없었기에 노력해 보겠다는 대답밖에 해줄 수 없었다. 가만 생각해 보니 아이가 눈을 뜨고 있는 모습을 본 지도 오래된 것 같다. 난 왜 이렇게 정신없이 바쁘기만 한 삶을 살고 있을까. 그런데 왜 내 삶은 나아지지가 않는 걸까.

이런 삶이 싫었다. 왜 가정보다 직장이 우선시 되어야만 하는가? 태어난 지 몇 개월도 안 된 내 아이도 제대로 보지 못하면서 살아가는 게 정상적인 삶인가? 이렇게 살아가는 것이 맞나? 의문이 사라지질 않았다. 하루는 이런 생각들이 도저히 지워지지 않아서 비슷한 상황의 직장 선배와 면담을 했다. 선배는 도대체 무슨 생각으로 이런 삶을 살아가고 있는지 너무 궁금했다. 돌아온 답은 간단했다.

"나도 싫다. 하지만 대안이 없잖아."

그랬다. 마땅한 대안이 없었다. 내가 원하는 삶은 결국 회사를 떠나야만 가능했다. 언제라도 회사를 떠날 수 있었지만, 지금처럼 매달 일정한 수입을 집에 가져다 줄 자신이 없었다. 그렇게 직장 선배를 비롯한 대부분의 월급쟁이들처럼 직장에 매여 있는, 직장 말고는 딱히 대안이 없는 삶을 살았다.

그랬던 나에게 부동산을 통한 재테크는 한 줄기 빛과 같은 것이었다. 경제적 자유와 시간적 자유, 직장생활만으로는 요원했던 두 가지의 자유를 모두 얻을 수 있는 방법이 거기에 있었다. 내가 직장에 목매지 않더라도 우리 가족을 먹여 살릴 수 있는 수단이 있다는 것 하나만으로도 공부해야 할 이유는 충분했다.

더군다나 부동산은 필수재 중 하나인 주거와 직결되어 있지 않은가. 당장 재테크가 목적이 아니더라도 어차피 살아가는 데 필요한 지식이니 공부해 둬서 나쁠 것은 전혀 없었다. 나는 그렇게 부동산 투자 세계에 빠져들었다.

· 〉〉 한다면 하는 아내 덕분에 2기 신도시로 향하다

처음에는 부동산에 대해 아무것도 몰랐다. 부동산뿐만 아니라 재테크 자체에 대해 아는 것이 거의 없었다. 그저 직장 열심히 다녀서 받은 월급 일부를 저축하면 최선인 줄 알았다. 그만큼 자본주의 사회에 대해, 돈에 대해 무지했다. 잘 몰랐으면 공부라도 했어야 하는데 직장생활이 피곤하다는 핑계로 그러지도 않았다. 월급만으로 살아가려면 앞날이 뻔한데 남편이 이렇게 재테크에 깜깜이니 아내 입장에서는 못내 불안했나보다. 결국 아내가 먼저 우리 가족의 미래를 준비하기 시작했다.

2013년 말, 피곤했던 주말의 어느 날. 아내가 좋은 게 있다며 어딜 좀 같이 가자고 한다. 솔직한 생각으로는 집에서 쉬고 싶었다. 지난주 내내 야근하느라 몸도 마음도 피곤해서 아무것도 하기 싫었다. 왜, 이미 아무것도 안 하고 있지만 더 격렬하게 아무것도 하기 싫은 그런 날 있잖은가. 딱 그런 날이었다. 그리고 아내는 첫 아이를 임신한 만삭의 몸이었다. 그 몸으로 가긴 어딜 간단 말인가.

"오늘은 집에서 쉬죠. 당신 몸도 무거워서 힘들 텐데."

하지만 아내는 한다면 하는 사람이다. 무언가 하기로 했으면 해야 되는 성격이다. 잠깐의 실랑이가 있었지만 나의 저항은 오래 가지 못했고 아내를 따라 길을 나설 수밖에 없었다. 사실 이 여자가 역마살이 끼었나 싶을 정도로 돌아다니는 것을 좋아하는 아내 입장에서 생각해 보면 일주일 내내 집에서 누워만 있었으니 얼마나 지겨웠을까 싶기도 하다. 이왕 나온 거 군말 없이 아내가 가자는 곳으로 차를 몰았다. 그런데 가면 갈수록 이상하다. 이쪽 길에 뭐가 있지?

"근데 우리 어디 가요?"

"집 보러 가요."

응? 이게 갑자기 뭔 소린가? 웬 집? 무슨 집? 생각해보니 얼마 전부터 아내는 아이가 태어나면 지금 집은 너무 좁지 않겠냐는 둥, 큰 집으로 이사를 가고 싶다는 둥의 이야기를 한 것 같긴 하다. 그렇다고 이렇게 바로? 일단 지금 무슨 상황인 건지, 어디까지 생각을 하고 있는 건지, 나 몰래 무슨 사고라도 친 것은 아닌지 확인이 필요했다. 다시 한 번 말하지만, 아내는 한다면 하는 성격이다.

"나 몰래 집 샀어요?"

다행히(?) 아내는 무슨 말도 안 되는 소리를 하느냐는 표정을 짓는다.

"이제 처음 보러 가는 거예요. 새 아파트인데 미계약분이 나와 있다네."

다행이다. 아직 지르진 않은 모양이다. 요 며칠 뭔가 열심히 검색하고 찾아보는 것 같더니 바로 이거였다. 놀란 가슴을 뒤로 하고 차로 한 시간가량 거리를 달려서 도착한 곳은 김포에 위치한 2기 신도시였다.

그렇게 방문하게 된 신도시의 첫인상은 내게 무척이나 '일관성 있고 순수한 이미지'로 다가왔다. 무슨 말이냐면, 주변에 아무것도 없이 아파트들만 덩그러니 있었다는 얘기다. 물론 상가일 것으로 추정되는, 철골이 앙상한 건물들이 더러 보이긴 했다. 다만 제대로 된 상가의 모습을 갖추려면 꽤나 오랜 시간을 보내야 할 것 같았다.

아내의 목적지는 신도시 초입에 위치한 이름도 생소한 아파트였다. 아내 말로는 이 아파트가 브랜드는 조금 떨어지지만 위치가 참 좋단다. 얘기를 들어 보니 아파트 단지 인근에 지하철역이 생길 예정이고, 상가가 코앞에 위치해 있고, 초등학교를 품고 있다고 한다. 당시의 나는 아내가 말한 것들이 부동산의 가치에 얼마나 큰 비중을 차지하는지 전혀 알지 못했다. 그저 아파트 단지 안에 연못이 있다는 것 하나만으로도 충분히 감탄스러웠다.

단지 외부를 둘러보고 분양사무실에 들러 상담사의 안내를 받으며 몇몇 비어 있는 집들을 구경하게 되었다. 우리 부부 모두 새 아파트는 처음 구경하다 보니 모든 것이 다 좋아보였다. 너무 티를 냈을까, 같이 집을 보던 상담사가 그렇게 좋으면 계약하고 가라고 부추긴다.

아닌 게 아니라 정말 좋았다. 녹물이 나오는 20년 된 방 두 개, 화장실 하나 딸

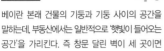

베이(bay)

베이란 본래 건물의 기둥과 기둥 사이의 공간을 말하는데, 부동산에서는 일반적으로 '햇빛이 들어오는 공간'을 가리킨다. 즉 창문 달린 벽이 세 곳이면 쓰리베이(3-bay), 네 곳이면 포베이(4-bay)라고 한다. 당연히 베이가 많을수록 선호도가 높다.

린 좁은 아파트에 살다가 이제 막 지어진 24평 포베이(4-bay) 평면 아파트를 눈으로 직접 보니 이게 바로 신세계였다. 하지만 계약은 일단 보류했다. 나에게는 너무 갑자스러운 일이었고 생각할 시간이 필요했다.

·〉〉 줄다리기 끝에 아내의 결정에 따르기로

우리는 원래 맞벌이 부부였다. 그런데 아내가 임신을 하면서 휴직을 하게 됐고 일시적 외벌이 상태가 됐다. 출산 후에도 아내는 아이를 돌봐야 하니 최소 1년, 어쩌면 그보다 더 오랜 기간 외벌이 상태가 지속될 것이다. 지금 나의 급여 수준으로는 우리 한 달 생활비를 쓰면 딱 맞아 떨어지는 정도밖에 안 된다. 그런데 여기에서 아파트를 사기 위해 대출을 받게 되면 그 즉시 가계부는 마이너스가 된다.

거기에 한 가지 고민이 더 있었다. 김포라는 지역을 잘은 모르지만 언론을 통해 들은 바가 있다. '미분양의 무덤'. 아무리 경제관념이 없어도 수요와 공급의 중요성은 안다. 미분양의 무덤이라는 소리까지 들리는 김포에 억 단위의 돈을 대출받아서 집을 사야 하는가? 그런 의문이 사라지질 않았다. 고민 끝에 내가 내린 결정은 반대였다.

내가 반대 의견을 낸 뒤로 아내와 나의 줄다리기가 시작됐다. 아내는 포기하지 않고 계속 설득하고 또 설득했다. 나는 반대하고 또 반대했다. 적절한 회유와 협박(?)을 서로 주거니 받거니 하며 팽팽한 줄다리기가 지속되던 어느 날 승부의 행방을 가르는 결정적 사건이 하나 터졌다. 살고 있던 집에 누수가 발생한 것이다.

아랫집에서는 천장 한 가운데 물이 흐른다며 난리가 났다. 정황상 우리 집이 원인이었기에 즉시 누수탐지 전문가를 불렀고 결국 화장실 바닥을 들어내는 대공사를 해야 했다. 글로 적으려니 간단하지만, 공사를 다 하고 다시 정리가 되기까지 우리는 체력적으로도 심리적으로도 무척 힘든 시간을 보냈다. 이 사건 이후로 새 집에 대한 아내의 갈망은 더욱 커졌고, 나의 마음도 새 집을 사야겠다는 쪽으로 많이 기울었다. 이제 곧 태어날 아이를 생각해서라도 이런 환경을 벗어나야 한다는 생각이 강하게 들었다.

결국 아내의 뜻에 따라 집을 사기로 결정했다. 당시 우리 경제 여건에서 무리라는 생각은 들었지만 그래도 새 아파트, 넓은 집의 유혹이 너무 강했다. 여기에 "집이라는 자산은 오르면 올랐지 떨어지진 않는다"라는 아내의 근거 없는(?) 믿음이 더해져서 결국 계약서에 사인을 했다. 2013년의 마지막 날이었다. 그리고 2014년 1월, 우리는 고대하던 새 집으로 이사를 했다. 비슷한 시기에 아내도 출산을 해서 우리는 3인 가족이 되었다.

아내는 이후로도 계속 부동산에 관심을 가졌다. 이제 갓 태어난 아이를 돌보는 것 외에 집에서 할 수 있는 게 없으니 부동산 쪽으로 취미를 붙인 것 같았다. 특히 거주지였던 김포의 부동산 동향에 관심이 많았다. 반면에 나는 새 집으로 이사도 왔겠다, 얼른 대출을 갚자는 생각으로 열심히 회사를 다녔다. 여전히 야근이 함께 하는 바쁘고 정신없는 하루하루였다.

이사 온지 반년쯤 지났을까. 횡했던 주변에 상가들이 제법 들어서고 '이 동네가 조금씩 살기 좋아지는구나'라는 생각이 들 무렵, 지금 사는 집의 시세가 2,000만 원이나 올랐다는 애기를 아내에게 듣게 되었다. 반년 만에 2,000만 원이라니? 그 돈이면 내 연봉의 절반 수준이다. 나는 2,000만 원을 벌기 위해 반년 동안 그 고생을 했는데 집의 가치는 가만히 앉아서 상승했다고 하니 왠지 헛웃음이 나왔다.

당시에는 잘 몰랐지만 돌이켜보니 우리가 아파트를 매수한 2013년 말은 수도권 대세상승의 초입이었다. 항상 넘쳐났던 신도시의 공급물량도 때마침 일시적 공백기가 찾아오면서 미분양이 급격히 줄어들고 있었다. 이 두 가지가 맞아떨어지니, 그간 공급과다로 억눌려 있었던 신도시 아파트의 시세가 이제 막 폭발적으로 올라가기 시작하는 상황이었던 것이다.

수도권 대세상승기

2013년 하반기부터 2017년 상반기까지 서울과 1·2기 신도시를 비롯한 수도권 지역의 집값이 가파르게 상승한 현상을 일컫는다. 2008년 글로벌 금융위기 이후 오랜 기간 억눌려 있던 부동산 시장이 2013년 초 박근혜정부의 '양도소득세 특별 비과세' 혜택 발표를 계기로 무섭게 상승했는데, 2017년 집권한 문재인정부는 이러한 상승세를 다스리고자 최근 각종 규제를 도입하는 중이다.

미분양이 남아 있는데도 시세가 상승할 수 있느냐고? 소위 말하는 악성 미분양(준공 후 미분양)이라면 모르겠지만, 일반 미분양은 아무런 문제가 되지 않았다. 그 뒤로 나는 미분양 아파트에 대한 생각을 바꾸게 되었다.

준공 후 미분양

아파트 분양은 실제 건축이 시작되기 전에 미리 진행되는데, 이때 발생한 미분양은 차츰 해소될 수 있다. 그러나 건축이 모두 마무리되는 준공 시점까지 미분양이 남아있으면 건설사에게 큰 부담이 되고, 이는 건설사의 부실로 이어질 수 있어 위험하다.

공급이 많아지면 필연적으로 미분양도 늘어난다. 그리고 대부분의 사람들은 미분양이 많다는 사실 하나만으로도 그 지역에 집 사는 것을 꺼린다. 무슨 악재가 있거나 문제가 있어서 미분양이 많이 생기는 것으로 오해하기 때문이다.

택지 조성

주택을 짓기 위한 토지를 조성하는 행위로, 주로 농지나 녹지였던 지역의 형질을 변경하여 대규모 아파트 단지 및 단독주택 용지로 조성하는 사업을 의미한다. 택지가 조성된다는 것은 아파트를 중심으로 한 신도시가 들어선다는 뜻이므로 주택의 공급이 일시적으로 많아질 수 있다.

그러나 실제로 대부분의 미분양은 주

택의 단기 공급량이 많아 수요가 못 따라 줘서 발생하는 경우가 대부분이다. 특히 신도시처럼 대규모 택지를 조성하면서 대규모 공급이 발생하는 경우 미분양은 항상 따라오게 된다. 신도시의 공급이 끝나갈수록, 인프라가 갖춰질수록 미분양은 점차 감소하게 된다.

실거주를 위한 내 집 마련이 목적이라면 이렇게 대규모 공급으로 인해 쌓였던 미분양이 점차 감소하는 양상을 보일 때 괜찮은 입지의 미분양 물건을 매수하는 것도 좋은 전략이라고 생각한다. 처음 몇 년 동안 부족한 인프라를 조금만 감내하면 도시가 완성되어 감에 따라 인프라가 갖춰질 것이고, 시세는 오르기 마련이다. 그에 따른 시세차익은 모두 나의 몫이 될 수 있다.

부동산에 조금씩 관심이 생긴 것도 그 즈음이었던 것 같다. 아내 말대로 '집은 사두면 오르는구나'라는 생각이 내 머릿속 한 편에 자리 잡게 되었다. 그래도 아직까지 부동산은 주거수단일 뿐이고, 중요한 것은 매달 월급을 주는 직장이었다. 집값이 아무리 올랐어도 그 돈이 내 수중에 들어오려면 당장 살고 있는 집을 팔아야 하는 것 아닌가. 그렇다면 그게 무슨 소용인가 싶었다.

나의 생각은 당장 대출이자를 갚아 나가야 하니 직장을 열심히 다녀서 빚을 줄여가야 한다는 쪽이었다. 그에 더하여 대출이자 때문에 수입이 마이너스가 되는 상황이니 생활비 지출을 줄여주면 좋겠다고 생각했다. 그런데 아내는 나와 생각이 달랐다. 저축만으로는 한계가 있고, 부동산 가치 상승을 월급으로 쫓아갈 수 없다고 생각했다. 그리고 부동산을 통한 재테크가 충분히 가능하다는 생각을 갖고 있었다.

어느 날 아내가 내 의견을 물어왔다. 지금 사는 지역의 시세도 이제 막 상승이 시작되는 것 같으니, 실거주와 투자를 겸해서 인근의 34평 아파트를 하나 더 사두자는 것이었다. 이번에는 전세를 끼고 사면 대출을 받지 않아도 된다고 했다.

당시의 나에게는 폭탄과도 같은 발언이었다. 안 그래도 대출이자로 수십만 원씩 추가 지출이 생겨서 힘든 마당에 무슨 말도 안 되는 소릴 하나 싶었다. 이번에는 그야말로 결사반대였다. 지금도 충분히 부담스러운 상황이니 그런 말도 안 되는 소리 계속 할 거면 부동산 얘기는 꺼내지도 말라고 했다. 아내도 이번에는 나의 반대가 완강하다는 것을 느꼈는지 더 이상 이야기를 꺼내지 않았다. 그렇게 몇 달의 시간이 흘렀다.

그해 가을, 아내가 다시 얘기를 꺼냈다. 우리 집의 시세가 더욱 올랐다고 한다. 내심 궁금했다. 얼마나 올랐기에? 아내의 대답은 충격적이었다. 4,000만 원. 내가 일 년 동안 회사에 몸 바쳐 충성해야 받을 수 있는 큰돈을 집이라는 녀석은 채 1년도 되기 전에 벌어들인 셈이다. 그런데 그게 끝이 아니었다. 뒤이은 아내의 말에 나는 꿀 먹은 벙어리가 될 수밖에 없었다.

"일전에 전세 끼고 사자고 했던 집은 그 뒤로 2,500만 원 올랐어요. 그게 아마⋯ 3개월 전이었나?"

그 뒤로 부동산에 대한 생각이 많이 바뀌었다. 여전히 부동산을 잘 모르는 생초보였지만 아내가 무언가 하자고 했을 때 더 이상 반대하지 않았다. 내가 뭘 도와주면 좋을지 물어볼 정도였다.

우리 부부가 비슷한 생각을 하게 된 뒤로 가장 먼저 한 일은 2,500만 원이나 상승한 그 집을 이제라도 전세 끼고 매수하는 것이었다. 아내는 그 집이 더 상승할 거라 생각했고, 나는 군말 없이 아내의 결정을 따랐다. 시간이 흘러가면서 아내의 생각대로 매매가는 계속 상승했다.

결과적으로 당시 아내의 주장에 따라 집을 사기로 결정한 것은 아주 잘한 선택이었다. 2억 4,000만 원에 매수한 김포의 아파트는 현재 3억 4,000만 원 수준에 거래가 되고 있다. 집을 사서 3년 동안 보유했을 뿐인데 우리는 앉아서 1억 원을 번 셈이 됐다. 지금도 가끔 아내와 당시 이야기를 하는데 그때마다 아내에게 해주는 말이 있다.

"그때 내 반대를 무릅쓰고 이 집을 산 당신의 선택은 정말 신의 한 수였어요."

물론 이렇게 얘기하면 "그러게 그때 왜 그렇게 반대했느냐"며 한 소리 듣기도 하는데, 유구무언(有口無言)이다. 아내의 선택이 옳았기 때문이다. 만약 내 반대로 그 집을 포기했다가 지금 이렇게 시세가 변했다는 것을 알게 된다면… 아, 상상만 해도 피곤하다.

·〉〉〉 본격적으로 부동산 투자를 공부하다

그 즈음 해서 아내에게만 의지할 것이 아니라 나 스스로도 부동산에 대한 공부가 필요하다는 생각이 들었다. 하지만 여전히 회사생활이 정신없이 바빴기 때문에 제대로 된 공부는 할 수가 없었다.

일단은 뭐라도 시작해보자는 마음으로 온라인에서 유명한 부동산 블로그와 카페를 찾아서 구독하고 글을 읽어 나갔다. 처음에는 무슨 말인지 알아듣기도 어려웠지만 계속해서 글을 읽어나가다 보니 조금씩 지식이 늘어나기 시작했다. 부동산 투자에도 다양한 방식이 있다는 것을 알게 됐다. 우리처럼 저평가된 미분양 물건을 사두고 오래 기다리는 투자뿐 아니라 경매, 갭투자, 재건축·재개발 투자, 분양권 투자 등 다양했다.

그중에서도 나는 분양권에 관심이 갔다. 처음 사 본 집이 분양권 투자 물건의 일종인 미분양 물건이다 보니 익숙한 느낌도 있었고,

> **분양권**
>
> 준공 이후 아파트에 입주할 수 있는 권리. 대부분의 아파트는 준공 후 매매가가 오르기 때문에 분양권을 사두었다가 준공된 후에 매도해서 차익을 얻는 경우가 많다. 특히 분양권은 주택의 수에 포함되지 않기 때문에 다주택자들이 투자하기에 세금 부담이 적다.

무엇보다 중간에 사람들과 협상하는 과정이 없어서 초보자인 내가 접근하기에는 보다 수월하게 느껴졌기 때문이다.

분양권 투자는 어찌 보면 무척 단순하고 쉽다. 일단 주택청약종합저축통장을 만든다. 그리고 저축한다. 그러다가 본인이 원하는 아파트의 공고가 나오면, 해당 주택에 청약을 넣을 수 있는 조건(청약 가능 지역, 저축 금액 등)이 되는지 확인하고 일정에 맞춰 청약을 한다. 그리고 당첨이 되길 기도한다. 만약 당첨이 되었다면 적절한 프리미엄(P)을 받고 분양권을 매도한다. 이것이 전부다.

프리미엄(P)

분양권 또는 재건축·재개발이 예정된 주택을 매입할 때 얹어주는 웃돈. 실제 매입가와 분양가격(재건축·재개발의 경우는 감정가격)의 차액이다. 예를 들어 분양가격 3억 원의 아파트를 4억 원에 매입하면 프리미엄은 1억 원이다.

물론 분양권 투자 역시도 보증보험이니, 중도금대출이니 막상 알아야 할 것들을 따지고 들어가면 골치 아픈 내용들이 많다. 그런데도 분양권 투자가 쉽다고 한 이유는 다른 게 아니라 임차인을 관리하지 않아도 된다는 장점이 있기 때문이다. 부동산 투자를 하면서 가장 어려운 문제는 대부분 사람과의 얽힘이라는 것, 특히 임차인과의 문제라는 것을 생각해보면 임차인을 상대할 필요가 없는 분양권 투자는 분명히 수월한 부분이 있다.

그러나 장점이 있으면 단점도 있는 법이다. 내가 생각하는 분양권 투자의 가장 큰 단점은 실력보다 운이 더 크게 작용할 때가 많다는 점이다. 청약을 넣어 당첨이 되어야 가장 큰 수익을 낼 수 있는데, 당첨되기가 쉽지 않다.

그리고 기본적으로 들어가는 투자금액이 크다는 것도 단점으로 볼 수 있다. 1,000만 원 미만의 소액으로도 가능한 갭투자와 달리 분양권 투자는 최소 3,000만 원 이상의 목돈이 필요하기 때문이다.

얼마 안 되는 투자 경력 중에서도 2016년 상반기는 특히 잊을 수가 없다. 분양권 투자를 하면서 가장 행복한 그 순간! 청약 당첨이라는 행운이 드디어 나에게도 찾아온 것이다. 그것도 아주 전망 좋은 곳에.

분양하기 전부터 전국적으로 이슈가 된 단지였다. 워낙에 유명한 곳이었기에 경쟁률이 높을 것은 불 보듯 뻔했고 당첨 가능성은 매우 낮았다. 다만 조금이라도 가능성을 높여 보려고 남들이 선호하지 않는 타입에 소신지원을 했다. 분양 결과는 '역시나'였다. 자그마치 4만1,000여 개의 청약통장이 몰렸고 평균경쟁률은 무려 36대 1이었다.

대망의 당첨자 발표 날. 홈페이지에 당첨자 명단이 공지되었다는 소식을 듣고 부랴부랴 내 이름을 찾아보았다. 하지만 역시나 내 이름은 없었다. 사실 36대 1이라는 경쟁률을 본 순간부터 그리 큰 기대를 가지지도 않았지만 그래도 못내 아쉬웠다. 명단에는 없었지만 왠지 모르게 당첨자 조회라도 해 보고 싶은 생각이 들었다. 주택청약 서비스를 제공하는 사이트인 '아파트투유(www.apt2you.com)'에 접속해서 개인정보를 입력하고 당첨결과 페이지를 열었다. 그리고 결과 화면이 뜬 순간, 짜릿한 무언가 내 몸을 관통하는 느낌이 들었다.

'예비당첨 : 4번'

이게 꿈인가 생시인가! 당첨은 아니었지만, 예비당첨 4번이면 거의 당첨이라고 봐도 무방한 순번이다. 왜냐하면 당첨이 되더라도 동호수가 마음에 들지 않는다는 이유로 당첨

예비당첨

청약 신청을 받을 때 부적격, 당첨포기 등으로 미분양 세대가 많이 발생하는 것을 미연에 방지하기 위해 보통 분양 세대수의 20% 정도를 예비당첨으로 선정한다. 예비당첨자들은 당첨자들이 계약을 하지 않거나 부적격으로 당첨자격이 박탈될 경우 우선적으로 청약할 수 있는 권리를 갖게 된다.

을 포기하거나 당첨자가 부적격자라서 당첨이 취소되는 경우가 반드시 나오기 때문이다. 내가 청약을 넣은 곳처럼 100세대가 넘을 경우 당첨포기 또는 부적격자가 아무리 못해도 네 명은 넘게 나올 것이다. 예비당첨이 되면 시행사가 지정한 날 모델하우스에 모여서 남아 있는 동·호수를 순번에 따라 직접 뽑는다. 투명한 통 안에 동·호수가 적힌 종이를 넣어놓고 순번대로 예비당첨자 본인이 직접 뽑는 것이다. (이 방식은 사업장마다 다를 수 있다.) 남아 있는 동·호수가 모두 소진되면 그 즉시 예비당첨 추첨이 끝나기 때문에 무조건 앞 번호가 유리하며 뒷번호로 갈수록 뽑기 기회 자체가 생기지 않을 수도 있다.

예비당첨 추첨 당일, 4번이었던 나는 무난히 뽑기 순번에 들어갈 수 있었다. 해당 아파트는 주상복합으로 최고층이 49층이었는데 슬쩍 보니 소위 로열층이라 불리는 고층 세대들도 절반 이상은 되어 보였다. 게다가 40층 이상의 '로또' 세대도 몇 개가 눈에 띄었다. 인간의 욕심은 끝이 없다던가. 예비당첨이 된 것만으로도 무척 운이 좋았지만 막상 되고 나니 더 큰 것을 바라는 것은 어쩔 수 없는 인간의 본능인가보다.

'더도 덜도 말고 20층 이상만 뽑게 해 주세요, 제발….'

하지만 뽑기운이라고는 지지리도 없는 태생적 곰손이 어디 가랴. 예비당첨의 행운은 있었지만 동·호수의 행운까지 주어지진 않았다. 나는 전체 49층 중 7층에 해당하는 호수를 뽑았다. 동 위치도 일반적으로 선호하는 동이 아닌 앞 동에 모든 조망이 가리는 후면 동이었다.

그날을 추억할 때마다 떠오르는 사람이 한 명 있다. 내가 7층을 뽑고 좌절하고 있을 때 44층을 뽑으신 내 뒷번호 아주머니의 득의양양한 표정이란…. 44층의 당첨표를 쥐고 유유히 사라지면서 누군가에게 성공담을 자랑하고 싶었는지 "오늘 내가 쏠게, 소고기 먹자"라는 소리가 어렴풋이 들렸다. 그날 소고기 맛있게 드셨는지 모르겠다.

당시 당첨된 분양권은 지금도 보유 중이다. 분양권 상태로 팔지 않고 입주할 시점에 임대를 주거나 우리가 직접 실거주를 하면서 장기적으로 보유할 계획이다. 그만큼 좋은 입지에 앞으로의 호재도 많은 곳이다. 최근 들리는 소식에 의하면 프리미엄이 1억5,000만 원을 넘었다는데, 입주가 시작되는 2020년에는 지금과는 또 다른 프리미엄이 형성되어 있을 것으로 기대하고 있다.

·〉〉〉 비인기 타입을 공략하라

청약을 할 때 대부분의 사람들은 본인이 선호하는 평형대와 평면에 청약을 넣는다. 그런데 일반적인 기준으로 보면 내 눈에 좋은 것이 남의 눈에도 좋게 보일 수밖에 없다. 결국 좋은 평면, 선호하는 평형대는 경쟁률이 높게 나오는 것이 당연하다. 이러한 심리는 평균경쟁률이 높을 것으로 예상되는 곳이더라도 크게 달라지지 않는다. 그럴 때는 당첨 자체에 의의를 두고 남들이 선호하지 않는 타입(type)에 청약을 넣는 것도 방법이다.

모델하우스에서 내부를 둘러볼 수 있도록 꾸며 놓은 타입들은 해당 아파트의 주력 타입이다. 그런 곳들은 대개 청약 경쟁률이 높다. 모델하우스에 없는 타입 중 세대수가 가장 많은 곳에 청약을 넣어라. 상대적으로 경쟁률이 낮기 때문에 그나마 확률이 높다.

이런 전략이 의외로 나중에 좋은 결과를 가져오기도 한다. 분양권 상태에서는 실물을 볼 수 없기 때문에 평면도와 단지배치도만 가지고 가치를 판단하게 되지만, 건물이 올라가고 사람들이 직접 눈으로 볼 수 있는 사전점검일이 지나면 의외로 청약 당시에 인기가 없었던 타입이 인기몰이를 하는 경우가 종종 생긴다.

그리고 무엇보다 아파트의 시세는 타입에 상관없이 단지 전체가 같이 움직인다. A타입은 경쟁률이 높고 B타입은 경쟁률이 낮았다고 해서, A타입의 프리미엄이 1억 원인데 B타입이 5,000만 원밖에 안 되는 경우는 거의 없다는 얘기다. 그러니 입지가 좋고 미래 가치가 우수하다고 생각되는 분양 단지라면 내 개인적 선호도를 잠시 내려놓고 당첨 자체에 의의를 두는 것도 좋은 선택이 될 수 있다.

·>>> 프리미엄보다 평당가격을 따져라

2015년 상반기에는 처음으로 프리미엄(P)이라는 것을 주고 분양권을 매수했는데, 매수를 결정하기까지 많은 고민이 필요했다. 매도자에게 프리미엄까지 얹어준다는 것이 왠지 안 내도 될 생돈이 나가는 것 같아 아까운 생각이 들어서였다. 그러나 결과적으로 프리미엄을 주고서라도 매수한 것은 잘한 결정이었다. 매수 당시 2,500만 원의 프리미엄을 줬던 그 분양권은 2017년 현재 8,500만 원 수준의 프리미엄이 형성되어 있고, 입주 시기에 근접할수록 추가 상승이 있을 것으로 기대되기 때문이다.

하지만 초심자가 이러한 방식으로 수익을 내기는 쉽지 않다. 방법이 어려운 것이 아니라 결단을 내리지 못하기 때문이다. 대부분의 사람들은 프리미엄이 얼마라는 얘기를 듣고 나면 매수를 포기하는 경우가 많다. 프리미엄은 애초 분양가에는 없는 항목이기 때문에 왠지 주지 않아도 될 돈을 주는 것만 같은, 내가 손해보는 것 같은 마음이 들기 때문이다.

그러나 실제 분양권 투자에서는 프리미엄을 어느 정도 지불하더라도 차후 시간이 흘렀을 때 그보다 훨씬 더 가치가 크게 상승하는 경우가 비일비재하다. 그래서 당장 프리미엄이 얼마가 붙었느냐보다 중요한 것은 프리미엄을 포함한 평당가격이 주변의 시세와 비교했을 때 어느 정도냐는 것이다.

분양가와 프리미엄을 더한 평당가격으로 시세를 계산해서 주변과 비교해보면 때때로 주변의 오래된 아파트와 시세가 비슷하거나 오히려 낮게 책정된 분양권들이 보이기도 한다. 특히 새로운 택지지구가 조성되는 지역이나 분양가상한제가 적용되는 곳에서 초기 분양하는 단지들을 눈여겨보도록 하자. 숨겨진 보물을 발견하게 될지도 모른다.

평당가격

한 평당 가격. 여기에서는 실제 매매가(분양가+프리미엄)를 공급면적으로 나눈 값을 의미한다.

분양가상한제

주택의 분양가격을 정할 때 얼마 이상을 넘기지 못하도록 규제하는 제도. 투기 과열 조짐이 보이는 지역에 적용한다. 이때 분양가격은 택지비용과 건축비용에 건설사의 적정이윤을 보태서 산정하도록 하고 있다.

·⟩⟩ 애매한 저층보다는 차라리 1층이 낫다

2016년 하반기에는 경기도 내 택지지구 분양권을 하나 더 계약했다. 인근에 구도심이 있고 바로 옆에 택지지구가 새롭게 조성되어 분양을 하고 있었는데, 기존 구도심에 거주하던 사람들의 심리에는 택지지구 내 새 아파트들이 비싸다는 인식이 있었다. 그 결과 해당 아파트는 1·2순위 청약 미달, 예비당첨자 추첨도 미달, '내집 마련 신청'에서도 미달, 결국 선착순 분양으로 이어졌다.

하지만 외부인의 시각으로 바라본 해당 택지지구 새 아파트의 가격은 전혀 비싸 보이지 않았다. 새 아파트라는 상품성뿐만 아

내 집 마련 신청

미분양된 세대를 일반인에게 분양하는 것으로 속칭 '내마'로 불린다. 청약이 개시되기 전에 모델하우스를 방문해서 미리 신청서를 작성해놓은 사람들에게 추첨 기회를 주는데, 청약통장이 필요 없다. 그 때문에 투기 수단으로 악용된다며 정부는 2017년 8월부터 건설사들이 '내 집 마련 신청'을 받지 말도록 지침을 내렸다.

니라 이 지역 자체에 계획되어 있는 호재들은 실현가능성이 높았다. 오히려 이 아파트의 현재가치는 저평가되어 있다고 볼 수도 있었다.

선착순 분양에 들어가면 먼저 계약금을 넣고 계약서에 사인하는 사람이 임자이기 때문에, 급하게 모델하우스에 방문해서 남아 있는 세대부터 확인했다. 중층이상의 잔여세대는 없고 4층 이하의 저층 위주로 남아 있는 상태였다.

나는 과감히 1층을 선택했다. 여기에는 두 가지 이유가 있다. 첫째는 애매한 3~4층 보다는 호불호가 분명하게 갈리는 1층이 낫다는 판단에서였다. 사생활 침해 문제 때문에 1층을 기피하는 사람도 많지만, 어린 아이들이 있는 가정에서는 오히려 아래층 눈치를 보지 않아도 되는 1층을 선호하기도 한다.

둘째는 무엇보다 절대 가격이 쌌기 때문이다. 당시 내가 계약한 1층과 4층의 분양가 차이는 2,400만 원이었다. 기준층인 5~10층과는 거의 3,000만 원 가까이 차이가 났다. 이러한 가격 차이만큼 들어가는 투자금도 달라질 수밖에 없다. 보통 분양가의 10%를 계약금으로 지불하고 그것이 곧 투자금이 되므로 1층을 선택한 나는 투자금을 240만 원에서 300만 원 가까이 절약한 셈이었다.

지금까지의 경과만 보면 1층에 투자한 것은 꽤나 괜찮은 선택이었다. 2017년 하반기 현재 해당 아파트 1층의 프리미엄은 약 4,000만 원 수준에 형성되어 있는데, 2층에서 7층 사이의 프리미엄도 비슷한 수준으로 형성되어 있기 때문이다. 앞서 말했듯이 1층은 2~7층에 비해 분양가가 낮았기 때문에 투자금도 그만큼 적게 든다. 그런데 프리미엄은 비슷한 수준이니 투자자 입장에서는 투자금이 적게 들어가는 1층에 투자하는 것이 훨씬 수익률이 좋다.

그런데 사람마다 선호도가 다르다보니 개중에는 무조건 고층, 로열층만 선호하는 분들도 더러 있다. 그런 분들을 위해 한 가지 팁을 알려 드리겠다. 선착순 분양까지 간 곳에서도 로열층을 계약할 수 있는 경우가 간혹 있다. 분양팀(시행사일 수도 있고 분양대행사일 수도 있다)에서 회사보유분이라는 이름으로 로열층 물건을 따로 '빼놓는' 경우가 있기 때문이다. 다만 그런 물건들은 선착순 분양이 진행되더라도 잔여세대 물건으로 소개하지 않는다.

선착순 분양을 진행하는 모델하우스에 방문하게 된다면 상담직원에게 혹시 회사보유분 중에서 좋은 물건이 남아 있지는 않은지 넌지시 물어보자. 대부분은 없다고 하겠지만 간혹 의외로 좋은 층의 물건을 소개해 주는 경우도 있다. 그런 물건도 선착순 계약 물건들과 크게 다르지 않기 때문에 내가 첫 번째 정당 계약자가 된다. 물론 맨입(?)으로는 절대 소개받지 못할 테지만, 만에 하나 기회를 얻게 된다면 약간의 비용을 지불하더라도 로열층 물건을 계약하는 것이 좋다. 수요가 많기 때문에 환금성이 뛰어나고 그만큼 수익률도 좋기 때문이다.

•〉 매도 시점의 공급물량을 반드시 체크하라

지금까지 투자한 분양권은 대부분 괜찮은 결과를 얻었지만 딱 하나 아픈 기억이 있다. 2016년 2월 약간의 프리미엄을 주고 매수했다가 2년도 못 채우고 매도한 신도시의 분양권 이야기다.

24평형 단일평형으로 구성된 1,500세대 대단지이자 초품아(초등학교를 품은 아파트)였고, 대규모 상권이 인접해 있으며, 공사 중인 도시철도역 출입구에서 도보 10분 거리에 위치한 브랜드 아파트였다. 거기에 계약금이 5%밖에 되지 않았고, 나머지 중도금은 무이자로 대출받을 수 있었다. 상품성이나 입지 조건도 괜찮았고, 계약금도 5%밖에 안 되니 투자금도 적게 들어갈 것이고, 내 눈에는 투자를 안 해야 할 이유를 찾기가 더 힘든 그런 곳이었다. 단점은 신도시 외곽에 위치해 있다 보니 상대적으로 서울과의 물리적 거리가 멀다는 점이었는데 그래도 이 정도 조건이면 수요는 충분히 있겠다는 생각에 과감히 투자를 했다.

그런데 나는 결정적으로 중요한 요소를 놓치고 있었다. 해당 아파트 입주 직전, 인근 지역에 3,000세대가 넘는 대단지 아파트 공급이 예정되어 있었다. 그것이 내가 보유한 분양권 아파트의 입주 시점에 어떤 영향을 미치게 될지 전혀 몰랐던 것이다.

3,000세대가 넘는 대단지의 입주가 시작되었고 얼마 지나지 않아 그 영향이 나타나기 시작했다. 인근 지역의 전세가격이 하락하기 시작했고, 그나마 찔끔찔끔 오르던 매매가격도 전부 보합세로 돌아섰다. 전세가격이 떨어지니 임대를 놓기에도 곤란한 상황이 연출됐다. 과거에 예상했던 전세가격보다 현재 전세가격이 떨어지면서 훨씬 많은 금액이 필요할 것이 자명했기 때문이다.

결국 고민 끝에 분양권 상태로 매도하기로 결정을 내렸다. 하지만 매수자를 찾는 것도 쉽지 않았다. 입주 시기가 임박하면서 나와 같은 선택을 한 투자자들의 물건이 쏟아져 나왔기 때문이다. 그런 상황에서는 로열동, 로열층이 아닌 이상 매도가 쉽지 않다. 그러나 내가 보유한 분양권은 호불호가 갈리는 탑층이었다. 다행히 친한 부동산 소장님이 탑층을 찾고 있던 매수자를 찾아 주셨기에 매도가 가능했지, 아니었으면 손해를 보고 매도해야 할 수도 있었다.

이 경험이 있고서 나는 공급물량의 중요성을 절실히 깨달았다. 매수 시점의 공급량도 중요하지만 매도 시점의 공급량이 더욱 중요하다는 것을 알게 되었다. 기본적으로 1,500세대가 넘는 대단지 아파트의 입주가 시작되면 그 자체만으로도 시세는 출렁이게 된다. 주변에 공급이 많아 전세가격이 낮게 형성되는 경우 이런 출렁임은 더욱 커진다. 매매가와 전세가의 갭이 커지기 때문에 투자금이 많이 들어가는 것을 꺼리는 투자자들의 매물이 동시에 급매로 쏟아져 나오기 때문이다.

따라서 신도시 또는 택지지구처럼 공급이 많은 곳에 투자할 때는 반드시 매도

시점의 공급물량을 따져 봐야 한다. 최악의 경우 투자수익은커녕 수천만 원의 손해를 감수하고 매도해야 하거나 입주기간 동안에도 매도가 안 되어 중도금대출 연체이자를 물며 버텨야 하는 상황이 발생하기도 한다.

중도금대출
아파트를 분양받을 때에는 먼저 계약금을 내고, 차후 입주 전까지 여러 차례에 걸쳐 중도금을 내고, 입주할 때에 마지막 잔금을 낸다. 이때 건설사는 입주예정자가 은행으로부터 중도금을 좋은 조건에 대출받을 수 있도록 연결해 주는데 이것이 중도금대출이다.

애초에 그런 상황은 피해가는 것이 답이다. 입주 시점의 공급물량만 확인해도 이런 상황은 충분히 피해갈 수 있다. 공급물량은 부동산114(www.r114.com), 닥터아파트(www.drapt.com) 등 다양한 부동산 정보 사이트에서 확인할 수 있다.

공급물량 정보는 이런 사이트를 통해 수집한 후 본인이 직접 정리하는 것이 가장 좋다고 생각하지만, 그것이 어렵다면 인터넷에서 정보를 찾아도 된다. 최근에는 자신이 수집한 공급물량 정보를 친절하게 지역별로 정리해서 올려주는 분들도 많이 있다. 인터넷에 '아파트 공급물량' 또는 '입주물량' 등의 키워드로 검색을 해보자. 조금만 노력하면 자기가 원하는 지역의 향후 2~3년 치 공급물량을 손쉽게 파악할 수 있을 것이다.

이 한 번의 경험 이후로 나는 매수 여부를 판단할 때 반드시 매도 시점의 공급량을 따지게 되었다. 그리고 그것은 나의 투자 제1원칙으로 굳어졌다. 그 덕분인지 몰라도 투자 실패에 대한 불안감이 많이 줄었다.

·〉〉 퇴사, 그리고 전업투자자로의 변신

부동산 투자를 알게 된 후 내 삶의 많은 부분이 바뀌었다. 아직 경제적 자유를 이루었다고 말할 수는 없지만 그 길로 조금씩 나아가고 있고, 내가 하고 싶은 일을 할 수 있을 만큼의 충분한 시간적 자유를 얻었다.

그리고 이제 더 이상 직장생활에 목매지 않는다. 돈을 버는 방법에는 직장생활 말고도 다양한 것들이 있다는 것을 알게 되었다. 또한 직장 외의 다른 수입원으로도 우리 가족이 먹고 사는 것에는 문제없게 할 수 있다는 자신감이 생겼다.

그래서 과감히 퇴사를 했다. 그리고 지금은 남자 전업주부가 되었다. 그러면서 전업투자자의 길을 걷고 있고, 별도의 사업을 준비 중에 있으며, 이렇게 책을 쓰는 일도 하고 있다. 동시에 여러 가지 일을 벌이다 보니 여전히 바쁘지만 그저 바쁘기만 했던 과거의 직장생활과 달리 하루하루가 흥분되고 신나는 일상을 보내고 있다.

가장 행복한 것은 내게 시간이 생기면서 아내와 아이와 함께하는 시간도 늘어났다는 점이다. 어린이집을 다니는 아이의 아침 등원은 나의 몫이 되었고, 오후 하원 시간에도 가능하면 내가 아이를 맞이한다. 때때로 아내의 점심시간에 맞춰 식사를 같이하면서 둘만의 시간을 보내기도 하고, 아이의 하원 이후 마음껏 아빠 노릇을 하는 것에도 아무런 부담이 없다.

불과 3년 전, 날마다 일에 치어서 아이 얼굴도 제대로 못 보던 일상들을 떠올리면 지금의 생활은 꿈만 같다. 돌이켜보면 그 과정이 쉽지만은 않았다. 우유부단하고 게으른 성격을 변화시키기 위해 무던히 노력했고, 직장생활을 병행하면서 어떻게든 공부할 시간을 만들어내기 위해 날마다 새벽 5시에 일어나는 것도 감내했다. 때로는 지쳐서 모든 걸 다 그만두고 싶을 때도 있었다. 그럴 때는 스스로 주문을 걸었다.

'나는 지금의 삶이 재미있고 즐겁다. 나는 머지않아 내가 꿈꾸는 삶을 반드시 살아갈 것이다.'

혼자서 감당이 안 될 때는 투자자 지인들을 만났다. 그들의 열정과 노력, 긍정적 에너지가 내게도 힘을 주었다. 그 누구보다 가장 큰 힘을 준 사람은 변화하기 위해 노력하는 남편을 믿고 응원해 준 아내였다.

그렇게 인고의 시간이 흘러갈수록 나는 조금씩 변해 갔다. 그러한 작은 변화들이 조금씩 쌓여서 지금의 나는 3년 전과 전혀 다른 삶을 살아가고 있다. 분명한 것은, 지금의 삶이 행복하다는 것이다.

얼마 되지도 않는 짧은 경험과 지식으로 부동산 투자에 대해 논하거나 무슨 대단한 노하우를 전수할 능력은 내게 없다. 고수의 눈으로 바라보면 너무 당연한 이야기, 이미 알고 있는 이야기를 늘어놓았을지도 모르겠다. 다만 누군가 3년 전의 나와 비슷한 고민을 하고 있다면 나의 이야기가 작게나마 동기부여가 되었으면 하는 바람이다. 또한 부동산 투자를 이제 막 시작하려는 분들에게 나의 경험담이 조금이라도 도움이 되었으면 좋겠다는 바람을 가져 본다.

꿀팁

말 많은 중도금대출, 얼마나 알고 계신가요

우리나라의 주택 공급은 선분양제라는 제도를 채택하고 있다. 선분양제란 단어가 가진 의미 그대로 주택이 완공되기 전에 먼저 분양을 하는 제도이다. 선분양제가 실시된 데에는 여러 이유가 있겠지만, 당시에는 건설사(시행사 및 시공사를 모두 포괄하는 의미)의 건설자금 확보 목적이 가장 컸을 것으로 추정된다. 돈이 있어야 주택을 지을 수 있으니까.

중도금대출과 중도금대출보증은 바로 이 선분양제로 인해 생겨나게 된 것들이다. 주택 건설에 필요한 모든 비용을 확보한 뒤 공사를 시작하는 것이 가능한 건설사도 있을 테지만, 대부분의 건설사들은 그것이 현실적으로 어렵다. 따라서 필연적으로 은행 대출을 받아서 비용을 충당해야 한다.

그런데 건설사 단독의 신용대출만으로 모든 비용을 충당하기에는 건설사와 은행 모두에게 부담이 된다. 그래서 그 부담을 다수의 소비자들에게 분산시킨다. 즉 건설사가 아니라 시행사와 청약 계약을 맺는 수분양자들이 대출의 당사자가 되는 것이다. 알고 보면 이것이야말로 중도금대출의 본질이다.

중도금대출은 건설사 공사비를 충당하기 위한 것

건설사가 필요로 하는 공사비를 대출받는데 왜 건설사가 직접 대출을 받지 않고 소비자인 우리가 은행과 중도금대출 계약을 하는 걸까? 이상하게 생각한 적 없는가? 이것이 가능한 이유는 건설사와 은행의 이해관계가 맞아떨어졌기 때문이다.

건설사는 공사비를 대출로 충당해야 한다. 하지만 단독으로 은행에 돈을 빌리는 것은 스스로에게도 부담이다. 만에 하나 만들어 놓은 주택이 잘 안 팔린다면? 그래서 나중에 원금이나 대출이자를 상환하는 데에 문제가 생긴다면? 아주 골치 아픈 상황이 될 수 있다. 은행이 그냥 보고만 있을 리가 없기 때문이다. 이러한 위험을 미연에 방지하기 위해 건설사는 소비자를 끌어들인다.

> 건설사 : 계약금 10%만 내면 당신도 집을 마련할 수 있어!
> 소비자 : (어디 보자… 분양가가 3억 원이니까 3,000만 원만 있으면 계약할 수 있는 거네?)

> 건설사 : 게다가 여기 분양받고 나면 나중에 시세차익 대박날 걸?
> 소비자 : (아, 땡긴다…)

> 건설사 : 근데… 이거 계약하려면 중간에 발생하는 공사비 일부를 당신이 부담해야 해. 그러니까 중도금을 내야 한다는 거지.
> 소비자 : 근데 중도금 낼 돈이 없는 걸.

> 건설사 : 돈이 없다고? 걱정하지 마! 은행에서 대출받을 수 있게 해 줄게.
> 소비자 : 그래? 그럼 콜! 계약하자! (이거 나중에 더 비싸게 팔리겠지? 흐흐흐…)

이렇게 건설사와 소비자(수분양자)는 공급계약을 맺는다. 건설사 입장에서는 아주 고마운 일이다. 건설사가 필요로 하는 공사비 중 선금 10%는 계약 체결 즉시 소비자가 내 주고, 중도금 60%는 소비자 명의로 은행 대출을 받아서 주겠다고 하니까 말이다. 나머지 잔금 30%도 입주하는 날 지불한다고 한다. 이제 건설사는 돈 걱정을 덜었다. 남은 것은 약속한 기한 내 공사를 마무리해서 수익을 챙기는 일뿐이다.

은행 입장에서도 안심이다. 건설사의 신용만 보고 모든 비용을 빌려주었다가 건설사에 문제가 생긴다면 그것만큼 골치 아픈 일도 없다. 하지만 대출 계약의 당사자가 소비자들이 된다면 건설사에 문제가 생기더라도 계약의 당사자인 소비자들에게 중도금 상환을 요구할 수 있게 된다. 관리해야 할 것은 많아졌지만 그만큼 리스크는 줄어든다.

리스크를 분산하기 위한 '중도금대출보증'

하지만 여전히 리스크는 남아 있다. 주택이 완성되기까지는 오랜 시간이 걸리고 그 사이 어떤 일이 벌어질지 아무도 모른다는 사실 때문이다. 만에 하나 건설사가 중간에 부도라도 나면 어떻게 될까? 건설사와 계약한 소비자는 "분양계약 무효"를 외칠 것이고 지금까지 건설사에 납부한 계약금과 중도금에 대한 상환을 요구하게 될 것이다.

그런데 돈이 없어서 부도가 난 건설사가 그 돈을 소비자에게 돌려줄 수 있을까? 결국 건설사는 파산을 함으로써 손을 들어버리고, 본격적으로 은행과 소비자 사이에 중도금대출 계약 문제가 발생하게 된다. 이 시점이 되면 은행은 빌려준 돈의 회수에 모든 신경을 집중할 것이다. 손해를 보면 안 되니까.

자금에 여유가 있는 소비자라면 어떻게든 해결이 될 테지만 문제는 계약금이 전 재산이었던 또는 계약금마저 빌려서 주택을 구매했던 소비자들도 분명히 존재한다는 점이다. 전 재산인 계약금을 건설사에 주었다. 그런데 중간에 건설사가 부도나고 계약금을 돌려받지 못한다. 은행은 중도금대출을 회수하려 드는데, 채무자는 갚을 돈이 없다.

은행은 중도금대출을 갚지 못한 소비자를 채무불이행자로 등록하고, 법원에 재산목록 제출명령을 신청하고, 재산 가압류 등 법적 절차를 진행할 가능성이 높다. 하지만 재산을 압류하고 모든 재산을 청산해도 빌려준 돈에 못 미친다면? 그럼 은행이 손해를 입게 된다. 이런 상황을 방지하기 위해 은행은 건설사에게 중도금 대출을 해주는 대신 한 가지 안전장치를 요구한다. 그것이 바로 '중도금대출보증(보험)'이다.

계약금도 대출보증이 가능하다

잘 알다시피 보증이란 나와의 계약 관계에서 손해가 발생했을 때 내가 아닌 다른 누군가에게 대신 배상할 것을 요구할 수 있는 권리이다. 주택 건설의 보증도 마찬가지다. 건설사가 보증기관에 보증을 신청하고, 보증을 받는 대상은 소비자들 개인이 된다. 건설사가 사업을 진행하지 못할 상황이 되어서 계약자인 소비자들에게 손해를 끼치게 되었을 때 소비자들은 보증기관에 그 손해에 대한 배상을 요구할 수 있다.

국내에는 이러한 보증을 해 주는 기관이 두 곳 있다. 한국주택금융공사(HF)와 주택도시보증공사(HUG)다. 물론 이러한 기관들도 위험부담을 안고 보증을 해 주는 것이므로 절대 공짜로 해 주지는 않는다. 그래서 중도금대출 자서를 할 때 수십만 원 내지 수백만 원의 보증료를 납부하게 되는 것이다.

1억 원짜리 아파트의 보증과 10억 원짜리 아파트 보증의 위험부담에는 당연히 차이가 있을 것이고, 그래서 비싼 주택일수록 보증료도 비싸다. 이 돈을 건설사가 부담할지 소비자가 부담할지는 계약마다 다르다.

다행인 것은 이 보증의 범위에 중도금뿐만 아니라 계약금도 포함이 된다는 점이다. 건설사에 문제가 생겼을 때 은행은 자신들이 대출해 준 중도금만 보전하면 되지만, 소비자 입장에서는 중도금 외에도 소중한 계약금이 같이 들어가 있다. 이 계약금도 보증을 통해 보전받을 수 있다.

다만 발코니 확장비가 보증 대상에서 제외된다는 점은 아쉽다. '공동주택 분양가격의 산정 등에 관한 규칙' 제4조에 발코니 확장은 분양 가격에 포함되지 아니하는 추가선택품목으로 규정하기 때문이다. 현실적으로 발코니 확장을 하지 않는 경우는 거의 없는데 이러한 조항은 아쉬울 따름이다.

분양이행과 환급이행

만약 사고가 터지면 보증을 담당하는 기관에서 이 문제를 처리하기 위한 절차에 들어가게 된다. 가장 먼저 보증의 대상인 소비자들은 보증기관으로부터 연락을 받는다. 그리고 분양이행 또는 환급이행 두 가지의 절차 중 하나를 선택하게 된다.

분양이행 : 제3의 건설사와 재계약 또는 보증사가 직접 주관하여 설계서대로 시공 후 분양 완료

환급이행 : 납부한 계약금 및 중도금 환급

내가 선택한다고 그 방식을 따를 수 있는 게 아니라, 보증 대상인 소비자의 3분의 2 이상이 환급이행을 선택하면 환급이행 절차가, 그게 아니라면 보증기관이 판단하여 이행 방식을 결정한다. 이러한 상황까지 갈 경우 상당히 힘든 시간이 되겠지만, 어찌되었던 소비자는 보증을 통

해 손실을 최소화할 수 있다.

이런 일은 거의 발생하지 않기 때문에 크게 걱정할 필요는 없다. 그래도 위기상황이 발생했을 때 상황이 어떻게 돌아가는지는 알고 있는 편이 좋다고 생각한다. 작은 돈도 아닌 수억 원 단위의 큰돈이 들어가는 일이니까 말이다.

05

신중하지만 꾸준하게, 경단녀가 돈 버는 방법

by 풍백

글쓴이 **풍백**은 ──────────────────

아이를 키우기 위해 근무하던 직장을 그만두고 외벌이 가정의 주부가 되면서 불확실한 미래를 준비하고자 부동산 투자에 뛰어들었다. 낮에는 아이를 돌보고 남편의 월급을 쪼개가며 열심히 살아가는 평범한 주부이면서, 밤에는 시계열표를 해석하고 인구이동 추이를 분석하는 투자자로 살고 있다. 꼼꼼하고 신중한 분석과 서두르지 않는 태도로 4년 만에 아파트 여덟 채의 주인이 되면서 투자금 800만 원을 순자산 4억 원 이상으로 불렸다. 욕심 부리지 않는 투자로 가족의 행복을 지켜가는 것이 인생 최고의 목표다.

블로그 : 풍백의 블로그 blog.naver.com/poongbaek24

아파트 분석 노하우 &
욕심내는 투자보다
오래 가는 투자가 이긴다

"자기야, 자기네 회사 팀장님은 몇 살이셔?"

"마흔다섯 살인가 그럴 걸?"

"우리 회사 본부장님은 마흔세 살인데…. 팀장 못 되고 나간 선배들은 뭐하고 살아?"

"글쎄? 회사 앞 치킨집 사장님들이 개발자 출신이라던데….."

"…"

갓 결혼한 서른 살의 어느 밤, 치킨을 별로 안 좋아하는 우리 부부는 한참 말이 없었다. 녹물이 나오는 오래된 17평짜리 복도식, 그것도 전통적으로 집값이 저렴한 인천의 2층 아파트와 잔고가 0인 통장이 결혼식을 막 끝낸 우리의 전 재산이었다. IT개발자인 남편의 말을 들어보니 앞으로 15년 더 근무하면 그나마 다행일 것 같았다. 내가 다니던 회사는 아이가 생기면 못 버티고 그만두는 분위기. 선배 중에는 일이 힘들어 유산·조산을 하는 경우도 꽤 있었다.

우리 부부는 마주앉아 일단 하고 싶은 일의 목록을 적었다. '아기 낳기, 20평대 아파트로 이사하기…'. 적다보니 우리는 그저 아기 낳고, 적당한 집에서 알콩

달콩 살다가, 애들 대학 보내고 시집장가도 보내면 늘그막에 둘이 맛집 여행이나 다니는 게 꿈이었다. 그렇지만 우리가 앞으로 15년 벌어서 과연 100살까지 저렇게 살 수 있을까? 불안감이 엄습했다. 평범하게 사는 게 이렇게 힘든 일이었다니!

돈은 한정적이고 하고 싶은 것은 많으니 일단 우선순위와 필요금액을 적어보기로 했다. 남편은 차를 포기했고 나는 자녀교육비를 포기했다. 우리 부부는 남은 항목 중에 '늙어서 굶지 않는 것'이 제일 중요하다고 판단했다.

·〉〉〉 불투명한 미래에 대한 고민, 경매 학원 등록

늙어서 굶지 않으려면 돈이 얼마나 필요할까? 계산해 보니 최소 4억 원은 있어야겠다는 결과가 나왔다. 집값으로 3억 원, 연금으로 1억 원은 있어야 그나마 내 집에서 발 뻗고 살면서 월 100만 원 정도의 수입을 얻을 수 있다. 개인연금에 국민연금까지 합친 금액이다.

떵떵거리고 살 정도는 아니라도, 먹고 싶은 건 먹고 살 정도가 되려면 얼마가 있어야 할지도 계산해 봤다. 월 200만 원은 더 있어야 할 것 같다. 200만 원을 얻기 위해서 만약 상가를 하나 사서 월세를 받는다면? 보통 상가의 월세수익률을 6%로 잡으니 역산하면 4억 원이 더 필요했다. 집 3억 원, 연금 1억 원, 상가 투자 4억 원… 총 8억 원이었다.

8억 원을 모으기 위해 60세까지라도 일하면 다행이련만 요즘 정년까지 다닐 수 있는 직장이 별로 없다. 우리는 45세까지 8억 원

상가 월세수익률

상가를 매입해서 임대를 놓았을 때, 들어간 투자금에 대비해 월세로 벌어들이는 수익이 얼마인지를 나타낸다. 계산식은 '(월세×12개월) / (총매입액 − 월세보증금) × 100'이다. 단, 대출을 포함해 계산하면 계산식은 '{(월세−월대출이자)×12개월} / (총매입액−월세보증금−대출금) × 100'이 된다. 정확한 기준은 없지만 대출을 고려하지 않았을 때 6% 이상이면 괜찮다고 본다.

마련이라는 목표를 달성하고, 그 이후 연금이 나오는 65세까지는 각자 좋아하는 일을 하면서 다소 얼마씩만 벌어보기로 했다. 대신 우리의 내성적인 성격에 안 맞는 사업을 하면서 그나마 모은 돈도 까먹는 짓은 하지 말자고 약속했다.

문제는 둘이 합쳐 월 400만 원의 소득으로는 아무리 계산해도 8억 원은커녕 4억 원도 힘들다는 사실이었다. 방법은 재테크로 돈을 불리는 것뿐이었다. 대학 시절 주식 동아리에서 활동했었고, 직장도 금융권이라 처음에는 주식 투자를 해볼까 생각했다. 하지만 2008년에 한창 인기를 끌다가 반토막이 났던 친디아펀드나 브릭스펀드로 크게 돈을 잃은 후라 왠지 모를 두려움이 있었다. 고민 끝에 재테크에 문외한인 남편 대신 그나마 20대 시절 부동산 강의를 기웃거렸던 경험이 있던 내가 본격적으로 경매 공부를 해보기로 했다.

무엇부터 해야 할지 몰라 일단 학원에 등록하기로 했다. 매일 이어지는 야근에 학원을

친디아펀드, 브릭스펀드

친디아(CHINDIA) 펀드는 중국(China)과 인도(India) 증시에 주로 투자하며, 브릭스(BRICS) 펀드는 브라질(B), 러시아(R), 인도(I), 중국(C), 남아공(S) 등 신흥경제국 펀드에 주로 투자한다. 2008년 높은 수익률로 직장인들에게 엄청난 인기를 끌었지만, 글로벌 금융위기 이후 손실률 50%를 기록하며 급락해 사회적 문제로 대두된 바 있다.

제대로 다닐 수 있을까 싶었지만, 마침 회사 옆 건물에 경매학원이 있다는 걸 알게 되어 기초반에 등록했다. 강의가 있는 날이면 야근 중에 "밥 먹고 온다"며 살짝 빠져나와 학원에 가곤 했다. 하지만 어느 날 학원에서 나오다가 식사 후 담배를 피던 과장님과 차장님들께 딱 걸리고 말았다. 아아… 그 날 이후 회식자리마다 나는 안주가 되었다.

"요즘도 부동산으로 돈 벌려는 사람이 있네?"

"꿈 깨~. 차라리 주식을 해. 내가 좋은 종목 하나 추천해 줘?"

그렇다. 그때는 수도권 부동산 시장의 하락기가 한참 진행 중이던 2011년이라 대부분 부동산 투자는 이제 끝물이라고 생각하던 시기였다. 아니, 하락기든 상승

기든 회사 사람들에게 딴 짓은 절대 들켜서는 안 되는 일이었다. 그때 열심히 '갈 귀 주셨던' 과장님, 차장님들! (영화 「러브레터」 버전으로) 잘 지내고 계십니까아~!

>>> 누구에게나 경매 공부는 필요하다

부동산 공부는 하고 싶은데 돈이 없거나 어디서부터 공부해야 할지 모르겠다면 나는 경매 공부를 해 보는 것이 좋다고 생각한다. 돈을 버는 것은 차후 문제고, 내 재산을 지키기 위해서다.

내가 처음 경매에 관심을 가졌던 것은 학창시절이다. 우리 집이 이사한 곳은 빌라의 가동이었는데 가동과 나동은 번지가 달랐다. 부모님께서는 그 사실을 모른 채 공사장 인부의 말만 듣고 나동 번지로 등기했다. 이후 부모님의 사업이 실패하면서 집이 경매로 넘어갔는데, 건물의 지번과 주민등록상의 지번이 달라 우리는 돈을 한 푼도 못 받고 쫓겨나듯 집을 비워줘야 했다. 법이 그렇게 되어 있다는 걸 미리 알았다면 등기할 때 좀 더 신중했을 것이다.

이런 아주 사소한 실수로 피 같은 돈을 날릴 수 있다는 것을 사람들은 의외로 잘 모른다. 요즘처럼 전세가와 매매가가 별로 차이나지 않는 경우만 해도 그렇다. 전셋집에 이사 오면 다들 주민센터에 가서 전입신고를 하고 확정일자를 받는다. 혹시 나중에 집이 경매에 넘어가더라도 계약서상의 계약날짜와 전입날짜, 그리고 확정일자가 갖춰져야 배당금을 받을 때 유리하기 때문이다.

하지만 이건 알고 있는지? 전세세입자의 권리는 전입신고를 한 다음날부터 효력을 발휘하지만 근저당, 즉 그 집에 걸려 있는 담보대출은 당일부터 바로 효력이 있다. 세입자의 전입신고와 은행의 근저당이 같은 날 실행된다면 우선권은 하루 차이로 은행에게 먼저 돌아간다는 뜻이다.

경매를 배울 때 이 부분은 거의 첫 페이지에 나온다. 이 부분을 처음 접했을 때 깜짝 놀랐다. 만약 집주인이 나쁜 마음을 먹는다면 세입자는 나중에 전세금을 날릴 수도 있기 때문이다. 전세잔금을 치르고 이사 들어오기로 한 날 대출이 실행되도록 집주인이 미리 준비해 놓는다고 치자. 세입자가 이사를 들어온 당일에 잔금을 치르면서 등기부등본을 뽑아보면 근저당이 나타나지 않을 것이다. 그러면 세입자는 안심하고 잔금을 치른 후 이사를 하고 곧바로 전입신고를 한다. 하지만 그 효력은 다음날 발휘된다.

그런데 같은 날, 세입자가 이사를 들어오고 난 그날 오후에 은행 담보대출이 실행되면 어떨까? 근저당은 바로 그날부터 효력이 발휘된다. 잔금 치르기 직전에 세입자가 등기부등본을 확인했다 해도 감쪽같이 속을 수 있는 것이다. 만약 집주인이 이자나 원금을 제대로 갚지 못하면 은행은 이 집을 경매로 넘길 것이다. 이때 1순위는 은행이고, 세입자는 하루 차이로 순위가 밀리기 때문에 전세금을 온전히 돌려받을 가능성이 거의 없다.

이런 사실을 배우고 난 뒤에는 나중에 전세로 들어가게 되면 계약할 때만 등기부등본을 떼어 보는 것이 아니라 들어가고 일주일 쯤 뒤에 한 번 더 떼어 봐야겠다고 생각했다. 혹시나 집주인이 나 모르는 사이에 대출을 받았는지 모를 일이니까. 또 다른 방법은 전세권을 따로 설정하는 것이다. 전세권은 은행 근저당과 마찬가지로 당일부터 효력이 발생하기 때문이다. 하지만 전세권 설정은 집주인의 동의가 필요한데, 집주인들이 잘 해 주려 하지 않는다.

또 있다. 요즘 길거리에 많이 붙어있는 '싼

전세권 설정

엄밀히 말해서 전세 계약 자체는 물건이 아닌 채권이라서 보호받지 못하고, 세입자로서 주택임대차보호법으로 보호받을 뿐이다. 그러나 보증금이 클 경우에는 주택임대차보호법상의 최우선변제로도 보호받을 수 없으므로 순위가 밀리면 보증금을 잃을 수 있다. 만약 전세 계약을 '전세권'의 형태로 등기하게 되면 담보물권적 성격의 보호받는 권리가 되기 때문에 최우선변제금과 상관없이 경매 배당순위를 다툴 수 있다.

전세'라는 전단지. 이렇게 말도 안 되게 싼 전세가 가능한 이유는 이미 경매 넘어간 집에 전세를 들어가기 때문이다. 이때 전세금은 최우선변제금 이내로 무척 싸다. 최우선변제금이란 보증금이 일정 금액 이하로 적은 소액임차인일 경우, 집이 경매에 넘어가더라도 순위에 상관없이 가장 먼저 돌려받을 수 있는 보증금을 말한다. 그래서 '싼 전세'를 놓는 사람들은 세입자를 끌어들일 때, 어차피 이 금액 이하로 전세를 들어갈 것이므로 이미 집이 경매에 넘어갔다 해도 전액을 돌려받을 수 있다고 설득하는 것이다. 소액임차인의 조건은 주택임대차보호법에 지역별·시기별로 명시되어 있다.

소액임차인 제도는 원래 어려운 세입자를 보호해 주기 위한 법이다. 하지만 이걸 노리고 가짜 임차인이 들어와 최우선변제금을 챙겨가는 일이 많아졌다. 문제는 이런 가짜 임차인들 때문에 원래 첫 번째로 돈을 받아가야 할 은행이 손해를 본다는 점이다. 은행 입장에서는 억울한 노릇이다.

그런 이유로 이미 경매로 집이 넘어간 걸 뻔히 알면서 들어오는 세입자에게는 배당을 해주면 안 된다며 은행들이 '배당배제신청'을 하는 경우가 많아졌다. 그래서 요즘은 이렇게 '싼 전세'에 입주했다가 보증금을 못 돌려받고 나가는 사례가 늘어나고 있다. 하지만 부동산 중개사들은 여전히 "이 정도 금액은 최우선변제로 보호를 받으니 괜찮다"라며 계약을 성사시키는 경우가 많은 것으로 알고 있다. 그러다가 보증금을 돌려받지 못하면 아무도 책임져 주지 않는다.

경매 수업시간에는 이런 사실들을 모두 알게 된다. 돈이 없을수록 내 돈을 지키기 위해서 부동산 공부를 해야 한다는 생각이 들었다. 『나는 돈이 없어도 경매를 한다』의 저자 이현정 님은 '경매를 배운다고 꼭 경매를 할 필요는 없다. 다만 경매를 아는 사람이 매매도 더 잘 한다'고 말씀하셨다. 경매 공부를 통해 기초적인 상식을 알아두면 평생 한 번은 하게 될 부동산 거래에 반드시 도움이 되리라 생각된다.

·〉〉〉 투자할 돈이 없다면 일단 공부부터 시작하자

아이가 없는 신혼 기간 동안 경매 학원을 다니며 월급을 저축하여 종자돈을 모으기로 했다. 당장 종자돈이 없는 나는 학원생들이 입찰이나 임장 다닐 때 따라다니기 시작했다. 실력이 쌓이면 신혼집을 담보로 대출을 받아 진짜 내 투자를 시작해 볼 요량이었다.

당시는 부동산 시장이 계속 하락기라 '사놓고 기다리면 오르겠지'라는 생각을 할 수 없었으므로 사는 순간 수익이 나야 했다. 그래서 조금이라도 부동산을 더 싸게 살 수 있는 경매가 인기였기에 강의장에 늦게 가면 서서 들어야 할 정도로 사람이 많았다. 주중에 출퇴근할 때에는 부동산 책과 기사를 읽었고, 어떤 지역을 알게 되면 주말에는 남편과 그 동네로 데이트를 갔다. 동네를 둘러보거나 집을 보고 근처 맛집을 검색해 저녁을 먹고 돌아왔다.

그렇게 1년 동안 기초반과 실전반을 모두 수강했지만 막상 실천에 옮기지는 못했다. 책이나 강의에서는 모두 성공담만 이야기하니 시작만 하면 금방 돈을 벌 것 같다. 하지만 나는 한 번 실수하면 신혼집마저 날릴 수 있다는 생각에 두려웠다.

그때 학원에 실전반까지 끝낸 수강생들을 대상으로 1인당 2,000만 원을 내고 가입할 수 있는 투자 모임이 생겼다. 원장님이 직접 관리하며 물건을 추천해 주므로 우리도 투자 경험을 쌓을 수 있다고 하셨다. 더 공부할 수 있는 방법은 이것밖에 없다는 생각이 들었다. 남편과 상의 후 신혼집을 담보로 2,000만 원을 대출받아 가입했다. 1억 원도 안 되는 집에 기존 대출도 있었던 터라 이 대출까지 받고 나니 대출 한도가 꽉 차 정말 배수진을 친 느낌이었다.

투자 모임 멤버들은 각자 조사한 추천 물건을 가져와서 브리핑하거나 회식을 하며 의지를 다졌다. 단합을 위해 1박2일 워크숍을 열기도 했고, 원장님을 따라 다 같이 등산을 가기도 했다. 그렇게 2,000만 원은 조금씩 녹고 있었고, 별다른 성과도 없이 시간만 지나고 있었다.

몇 개월 지나니 멤버들의 낙찰 후기가 카페 게시판에 몇 개 씩 올라왔다. 그걸 보면서 나만 뒤처지는 것 같아 더욱 조급해졌다. 하지만 나에게는 여전히 종자돈이 없었다. 혼자만 아직도 낙찰을 안 받고 있자 사정을 모르는 학원이나 팀원들에게 전화가 자주 왔다. "빨리 안 받으면 이 세계에서 도태된다, 자신이 없으면 컨설팅비 몇 백만 내면 알아서 해 주겠다" 같은 내용이었다.

컨설팅

부동산 투자에서 '컨설팅'이란 물건을 골라서 추천해 주고, 낙찰 또는 매입 과정을 대신 진행해 준 후 수수료를 받는 행위를 의미한다.

유치권

어떤 부동산과 관련해서 받아야 할 돈(채권)이 발생한 경우 그 사람은 이 부동산에 대해 유치권을 신청할 수 있다. 가장 흔한 경우는 공사대금을 받지 못한 공사업자가 부동산을 점유하고 유치권을 행사하는 것이다. 법원이 유치권을 인정할 경우는 낙찰자 또는 매수자에게 대금을 요구할 수 있다.

법정지상권

부동산은 토지와 건물로 구성되는데, 토지의 소유자와 건물의 소유자가 다른 경우 건물을 그 토지 위에 계속 두고 사용할 수 있는 권리를 법정지상권(법지권)이라 한다. 법지권이 성립하면 토지 소유자는 철거를 요구할 수 없는 대신 토지사용료를 받을 수 있고, 성립하지 않으면 철거를 요구할 수 있다.

하지만 몇 개월 뒤부터 걱정하는 사람이 모임 내에 한두 명씩 늘어나기 시작했다. 애써 낙찰받고 잔금을 내고 나면 그보다 더 싼 급매물이 나오곤 했기 때문이다. 원장님은 유치권, 법정지상권 등 특수물건 낙찰이 전문이셨지만, 당시에는 고수들이 모두 경매 시장으로만 모이고 있던 터라 그리 싸게 낙찰되지가 않았다. 경락잔금대출의 이자율도 지금의 두 배인 5~6% 정도로 높았다.

목동이나 강서 등 지역도 좋고 수리도 잘 되어 있는 아파트에도 보러 오는 사람 자체가 없었다. '집값은 앞으로 계속 떨어진다'는 대

중들의 믿음은 무서웠다. 더 이상 버티지 못하고 낙찰받은 집을 다시 헐값에 넘기는 사람들이 속속 생겼다.

결국 투자 모임은 좋지 못한 모습으로 해산되었다. 다행히 대출까지 받아서 냈던 돈의 절반 이상은 돌려받을 수 있었다. 다른 학원에서는 종종 원장이 잠적해 버리는 경우가 있다고 해서 나도 한 푼도 못 돌려받을 것을 각오했던 터였다. 모임 멤버 중 한두 명은 컨설팅을 받는 입장에서 컨설팅을 하는 입장으로 변신에 성공했지만 대부분은 투자계에서 홀연히 사라졌다.

· ⟩⟩ 시장은 예측할 수 없다, 다만 대응할 뿐

눈앞에서 몇 천만 원이 사라지는 공포를 계속 목격하고 나니 "하락기에는 경매를 하면 된다"고 쉽게 말하는 사람을 보면 화가 난다. 근래 2~3년 동안 한참 경기가 좋을 때 투자를 해서 운 좋게 성과를 냈을 뿐이면서 스스로 엄청난 고수인 양 말하는 사람들이 많다. 경매로 직접 돈을 벌기보다 컨설팅비를 받고 고가로 낙찰을 받아 주는 사람도 있다. 심지어 자신들이 고가낙찰을 받았다는 사실을 숨기기 위해 가짜로 2등 입찰자를 만들어 '내가 고가낙찰을 받은 건 아니구나' 하고 안심하게 만드는 고객만족 서비스(?)를 하기도 한다.

고가낙찰

적정 낙찰가보다 비싸게 낙찰받았다는 뜻. 흔히 감정가보다 높거나 비슷한 가격에 낙찰받을 경우 고가낙찰이라고 하지만, 감정가가 시세보다 낮은 경우도 있으므로 '비싸다'의 기준은 투자자마다 다르다.

요즘은 많은 사람들이 별 생각 없이 "단지 내에 초등학교가 있다, 지하철역 근처다, 개발호재가 있다" 등등 이런 저런 이유로 아파트를 산다. 집값은 과거에도 늘 우상향해왔고 앞으로도 오를 수밖에 없다고 말한다. 하지만 아무도 그 아파트를 사려 하지 않았던 3~4년 전에도 그 초등학교와 지하철역은 거기에 있었다. 지금 진행되는 개발호재의 상당수는 예전에 내가 처음 공부를 시작했던 때에 이미 발표가 되었던 것들이다. 그때는 재테크 카페에 부동산 투자 이야기를 하면 "집 사면 오르는 시기는 끝났다"며 사기꾼 같으니 통장 인증샷을 올리라는 댓글이 달렸다.

요즘에는 분위기가 완전히 바뀌어서 오히려 부동산 한 채 사지 않으면 이상한 사람이 되어 버린 듯하다. 전세가가 매매가의 90%까지 육박하는 전세대란이 한동안 지속되면서 전세를 끼고 사면 내 돈이 얼마 들지 않아도 아파트를 살 수 있게 되었다. 적은 돈으로 아파트를 여러 채 살 수 있으니 편리한 투자 방법이다. 사기만 하면 오르니 많은 사람들이 담보대출에 마이너스 통장, 신용대출까지 받아 가며 되도록 많이 매입했다.

하지만 만약 전세가가 받쳐주지 못한다면? 사람들은 전세가가 후퇴하는 '역전세' 현상은 그동안 IMF 사태 때 잠실에서 딱 한 번밖에 없다고 말한다. 하지만 매매가 대비 전세가의 비율이 90%가 넘는 최근의 상황은 우리도 처음이고 투자 고수들에게도 처음이다. 따라서 앞으로 어떻게 될지 백 프로 들어맞는 예측은 없다.

IMF 사태

IMF(International Monetary Fund, 국제통화기금)는 본래 회원국이 무역 또는 외환 문제로 어려움을 당할 때 구제금융을 빌려주는 국제기구이지만, 우리나라에서는 1997년 발생한 외환위기 사태를 가리키는 말로 널리 쓰인다. 동남아에서 먼저 발생한 외환위기 사태의 여파로 우리나라 기업들이 연쇄 도산했고, 불안감을 느낀 외국자본이 대거 빠져나가면서 심각한 외환 부족 사태가 발생했다. 이에 김영삼 정부는 IMF에 구제금융을 신청함으로써 국가부도 사태는 막았지만, 경제 전반에 걸친 강도 높은 구조조정이 실시되었고 우리나라는 그 과정에서 많은 부작용을 겪어야 했다.

시기에 따라 유효한 투자법이 다르고 근래는 전세투자(갭투자)가 수익을 얻기에 적절했다. 하지만 경매나 전세투자는 모두 부동산의 취득 방법의 하나일 뿐이고 부동산은 결국 경기에 영향을 받는다. 갑작스러운 경기 침체에 대비할 수 있는 방법은 대출을 무리하게 받지 않는 것이라는 생각이 들었다. 가장 좋은 건 여윳돈으로 장기투자를 하는 것이겠지만 나 같은 서민에게 여윳돈이란 없었다.

내가 생각하는 무리 없는 대출은, 대출을 이용하되 원리금 상환이 생활비에까지 지장을 주지 않아야 하고, 다 잘못되더라도 다시 일어설 수 있는 금액만큼만 받는 것이다. 우리 부부는 적정 대출을 8,000만 원, 마지노선은 1억5,000만 원 이내로 정했다. 원리금을 상환하느라 생활에 지장을 받지 않으면서 45살까지 목표 자산을 모을 수 있는 금액을 계산한 결과였다.

이런 결심의 결정적인 계기가 된 분들이 계셨다. 그중 두 분은 동네에 사는 윗연배의 주부다. 두 분 모두 지난 2006년 부동산이 한참 상승했던 때 부동산 투자를 하셨다. 한 분은 낡고 좁은 집으로 이사하면서 남은 돈으로 부천뉴타운의 빌라에 투자하셨다. 다른 한 분은 대출을 한껏 받아 인천의 대형아파트로 이사하셨다. 그때도 핵가족화가 가속화되고 있다는 뉴스는 계속 나왔지만, 당시는 다주택자 양도소득세 중과 제도로 인해 '똘똘한 놈 한 채'를 갖는 것이 유행이었기 때문이다.

> **다주택자 양도소득세 중과 제도**
>
> 다주택자가 집을 팔아 양도차익을 얻게 되면 그 차익의 최고 60%까지를 양도소득세로 내야 했던 제도. 2014년 폐지되었지만, 2018년부터 청약조정대상지역(서울 전역과 경기도 7개 시, 세종시, 부산 일부 등)을 대상으로 부분 부활될 예정이다.

두 분 모두 지금은 낡은 집에 살거나 이자를 많이 내느라 잠깐 힘들지만 곧 더 큰 수익으로 돌아올 테니 현명한 투자를 하고 있다고 믿었다. 하지만 2007년 터진 서브프라임모기지 사태로 부동산 급락이 시작되면서 고통은 장기화되었다. 그분들이 요즘 투자하는 사람들보다 아는 것이 적어서 그렇게 된 것은 아니다. 대화를 나눠보니 오히려 요즘 투자자들보다 지식이 많은 분들이셨다. 다만 계속되는 상승기에 익숙해지다 보니 세상엔 항상 예기치 못한 일이 생길 수 있다는 사실을 잊은 것뿐이었다. 그분들의 사례로 간접경험을 한 덕분에 나는 항상 불확실성에 대비해야 한다는 것을 명심하고자 노력한다.

·〉〉〉 남의 돈 벌기가 이렇게 힘들 줄이야

투자 모임이 해체되고, 나는 아이를 임신한 채 혼자 해보기로 했다. 당시 경매 투자는 주로 단기매매를 통해 시세차익을 얻기 위한 투자와 월세 받기를 목적으로 하는 투자로 나눠졌다. 우리 부부는 당장 월급을 받고 있었고, 지금은 종자돈을 더 키우는 게 우선이라는 생각에 월세보다는 단기매매에 도전하기로 했다.

타깃은 매매가격과 별 차이 없이 높게 낙찰되고 있던 아파트보다는 시세보다 싸게 낙찰받을 수 있는 빌라, 그중에서도 우리 종자돈에 맞는 낙찰가 1억 원 미만 (대출 포함)짜리로 정했다. 흔히 빌라는 월세를 받는 투자에 유리하다고들 하는데 나는 그 말을 믿기가 어려웠다. 내가 어렸을 때부터 살아온 인천 빌라촌을 떠올려 보면 월세를 제대로 내는 집은 거의 없었고 계속 이런저런 수리를 해야 했다.

지금처럼 상승기를 겪고 난 시점에서는 시세차익을 노린다고 하면 당연히 아파트를 사서 월세를 받으며 기다리다가 상승기가 오면 매도한다지만, 그때는 워낙 오랜 침체기를 겪던 중이라 상승기가 영영 안 오는 줄 알았다. 그런 면에서는 오히려 빌라를 시세보다 약간 싸게 낙찰받아 시세대로 파는 것이 나아 보였다. 단지별로 비교적 시세가 명확하게 나와 있는 아파트에 비해 빌라는 정해진 시세라는 것이 없었기 때문이다.

학창시절 살던 우리 집도 그런 경험이 있었다. 우리 집은 반지하 월셋방이었는데, 주인 할아버지는 이 동네에서 월세를 이렇게 꼬박꼬박 내는 것은 우리 집이 처음이라고 하셨다. 그러면서 아버지에게 "젊은 사람이 기특하니 그냥 이 집을 1,000만 원에 사라"고 권유하셨다. 그때 우리는 단돈 1,000만 원도 없어서 주인 할아버지가 보증을 서 주고 대출을 받아 이 집을 매입했다. 그런데 몇 년 후 이사를 가려는데 집이 영 팔리지 않았다. 우리가 조급해 하자 중개사무소 사장님은 "급하면 일단 내가 사 주마" 하셔서 1,900만 원에 팔고 이사할 수 있었다.

그리고 몇 달 뒤 우연히 아는 사람이 그 집을 샀다는 소식을 들었다. 무려 4,000만 원에 말이다. 빌라는 아파트처럼 명확한 시세가 없어 가능한 일이다. 실제로 한창 경매로 빌라를 낙찰받겠다고 돌아다닐 때 동네 부동산 소장님께서 빌라 '급매 작업'을 같이 하자고 권유하신 적도 있다. 급한 사정이 있는 빌라를 이른바 '후려쳐서' 싸게 매입한 뒤 정상 가격에 파는 것이다. 경매는 '500 떼기' 혹은 '1,000 떼기'라고 해서 세금이나 비용 등을 다 빼고 500만 원 내지 1,000만 원 정도 남기면 성공이었다. 거기에 비하면 급매 작업이 훨씬 수월하고 수익이 컸다. 하지만 내가 보기엔, 돈만 내면 소장님이 물건을 찾아주고 팔아주기를 기다리는 것은 흔히 말하는 컨설팅과 다를 바가 없어 보였다.

돈이 걸린 일에서는 사람을 온전히 믿을 수가 없기에 일단 경매에 집중하기로 했다. 그런데 1억 원 미만 빌라를 낙찰받아서 취득세, 수리비, 매도 중개수수료를 내고, 단기보유세율로 인한 양도소득세까지 빼고 나서 500만 원을 남기려면 시세보다 1,500만 원은 싸게 낙찰받아야 했다. 1년 미만으로 짧게 보유했다가 되팔 생각이었기 때문에 양도소득세는 넉넉하게 계산했다.

양도소득세 단기보유세율

집을 구입한 지 1년이 되지 않아 매도할 경우의 양도소득세율은 무조건 양도차익의 40%이다. 참고로, 일반 양도소득세율은 양도차익 금액이 클수록 최저 6%에서 최고 40%까지 적용된다.

게다가 시세 파악을 위해 중개사무소에 전화를 걸어보면 빌라는 산다고 할 때와 판다고 할 때의 가격이 달랐다. 비슷한 사양의 빌라인데도 살 생각이 있다고 하면 5,000만 원이라고 하더니, 팔겠다고 하면 4,000만 원에도 잘 안 팔린다는 소리를 듣기 일쑤였다. 그것까지 반영하면 시세보다 2,000만 원은 싸게 낙찰받아야 했다. 1억 원 미만의 빌라를 그렇게 낮은 가격에 입찰했으니 낙찰이 잘 되지 않았다. 경쟁률이 낮은 특수물건에 입찰하는 것도 방법이지만 그럴 실력은 못 되었다.

입찰 기회 자체가 많지 않은 것도 문제였다. 나는 직장에 다니는데다가 입덧도 유난히 길고 심했고, 계속되는 하혈로 유산방지주사를 맞고 누워 있기 일쑤였다. 임신성당뇨까지 생기자 회사 출근도 벅차 입찰기일에 맞춰 법원에 가기가 쉽지 않았다.

이런 일들을 겪고 나니 부동산 투자를 한다고 무조건 경제적·시간적 자유인이 되는 건 아니란 걸 깨달았다. 오히려 투자자는 자영업자에 가깝다는 생각이 들었다. 계속 물건을 검색하고, 조사하고, 수리하느라 돈도 시간도 많이 든다. 투자 고수들도 연 4,000만 원에서 5,000만 원 벌면 선방이라고 했다. 당시 내 초봉이 4,000만 원이었고 과장님이나 차장님 연봉이 7,000만 원에서 8,000만 원이었으니 그냥 본업을 계속 하는 게 더 나을 것 같기도 했다.

인터넷 절약 카페에 들어가 보면 재테크를 하지 않아도 본업에 충실하고 소비를 아끼는 것만으로 10억 원을 모으는 사람이 많다. 그리고 부동산 책에 자주 등장하는 30억 부자, 100억 부자들에 대한 이야기도 가려서 판단할 필요가 있다는 것을 깨달았다. 통장에 그 돈이 있는 줄 알았는데 실제로 만나 보니 자산에 대출을 포함해서 그렇게 나오는 것일 뿐 레버리지를 모두 제외한 순자산은 5억 원에서 10억 원 사이인 경우가 많다.

투자가 쉽지 않다는 것을 깨달았던 초기에는 '이럴 거면 왜 부동산 투자를 해야 할까?'라고 생각했다. 고민 끝에 그래도 재테크는 필요하다는 결론을 얻었다. 다만 본업과 병행해야 할 플랜 비(plan B)이며, 만약을 대비한 두 번째 직업으로서. 그래서 대박을 바라기보다 가족, 일, 건강, 취미, 재테크의 균형을 꾸준히 잡으며 살자고 다짐했다.

· 〉〉 2년간 눈독들이던 집을 드디어 내 손에

투자를 위해 빌라를 매입하겠다며 그렇게 많이도 기웃거렸지만, 정작 투자를 시작한 후 첫 번째로 매입한 집은 실거주를 위한 아파트였다. 좁고 낡은 신혼집에 살았기에 신혼 초부터 투자에 적합한 부동산 외에도 자연스럽게 이사 가고 싶은 집을 함께 보게 되었다. 처음에는 저축한 돈은 투자를 해야 하니 우리는 전세를 사는 게 좋지 않을까 생각했지만, 부동산 중개사와 함께 집을 보러 가는 그 1분 사이에 전세가 모두 나가버리곤 했다. 화장실 문짝이 떨어져 있던 집마저 눈앞에서 놓치자 '이게 전세대란이구나'를 실감할 수 있었다.

집값은 몇 년간 오르지 않고 금리는 낮다 보니 주인들은 있던 전세마저 월세로 돌려서 수익을 얻고 싶어 했다. 반대로 세입자들은 집을 사는 대신 전세로 들어가 살고 싶어 했다. 당연히 전세가는 천정부지로 올랐다. 집값이 조금씩이라도 올라줘야 전셋집 공급이 이루어져서 오히려 전세난 해결에 도움이 된다는 것을 깨달았다.

자연스럽게 우리가 실거주할 집은 전세뿐 아니라 매입하는 것도 고려하게 되었다. 만약 실거주집을 매입한다면 신혼집을 판 돈과 그동안 모은 종자돈, 대출까지 모두 포함해서 2억 원 이내로 하자고 결정했다. 관심 아파트를 몇 개 정해서 2년 간 꾸준히 중개사무소에 전화하며 시세를 체크했다.

2013년 4월, 결혼 2년 반 만에 아들을 품에 안았다. 그리고 같은 해 6월에는 4.4%였던 취득세를 1.1%로 인하했던 한시적 제도가 끝났다. 뉴스는 온통 '부동산 거래 절벽'이라는 기사로 도배되고 있었다. 안 그래도 부동산 시장은 침체기였는데 세금까지 올라간다고 하니 거래가 뚝 끊겨 버렸다는 것이다.

이때다 싶었다. 원하는 아파트의 시세가 2억2,000만 원 내지 2억3,000만 원이었는데 2억 원에 급매로 나온 것이다. 사정을 여쭤보니 분양 때부터 갖고 계셨던 주인이 사업 때문에 급히 현금이 필요하다고 했다.

지난 2년 동안 집값을 꾸준히 지켜본 결과는 사람들에게 집값에 대한 심리적 마지노선이 있더라는 것이다. 차라리 안 팔고 말지 그보다 낮게는 못 판다는 가격이 있다. 이 아파트의 경우는 그 마지노선이 2억 원인 듯싶었다. 이제 막 100일 된 아기를 둘러업고 나가 계약했다. 그 이후 2억 원 이하의 매물은 더 이상 나오지 않았다.

투자가 아니라 실거주집을 마련하는 과정이었지만 이를 통해 몇 가지 교훈을 얻었다. 첫 번째는 한 지역에 특정 평형의 물량이 적다면 불황에도 비교적 잘 팔린다는 것이다. 전에 살던 집이 안 팔릴까 걱정했는데 의외로 집을 보러 오는 사람이 많았고 굉장히 빠르게 팔렸다. 역세권에, 동네에서 유일하게 엘리베이터가 있는 소형아파트였기 때문이다. 지금 생각하면 왜 팔았을까 싶기도 하다. 그때의 교훈으로 나중에 물량이 쏟아져서 가격이 주춤한 동네의, 원래부터 개수가 적어 매물이 잘 나오지 않는 평형에 투자해서 수익을 얻기도 했다.

두 번째는 호재는 절반만 믿어야 한다는 것이다. 이사 갈 집을 결정한 것은 살

GTX

수도권광역급행철도. 기존 전철보다 세 배기량 빠른 속도로 운행함으로써 수도권 전역을 한 시간 이내로 연결한다. 당초 2016년 완공이 목표였으나 노선변경 문제로 아직 진행 중이다.

기 편한 곳이라는 확신 때문이기도 하지만 송도-청량리 간 GTX의 B노선이 이곳을 지난다는 호재 때문이기도 했다. 인천에서는 송도와 관련된 호재라면 꼭 진행이 될 거라고 생각했다. 실제로 인천시는 송도에 UN산하

기관인 녹색기후기금(GCF)이 입주하는 조건으로 GTX 조기착공을 약속했었다.

하지만 4년이 지난 아직까지 타당성 검사만 하고 있다.

돌아보면 몇 년 전 처음 경매를 공부할 때 어떤 지역의 호재라고 배웠던 것들이 현재까지도 답보 상태로 머물러 있는 것을 종종 본다. 요즘에도 자주 이야기가 나오는 창동 차량기지 이전, 신안산선 착공 등은 사실 5년에서 10년 전에도 호재라고 배웠다. 따라서 호재가 있다는 말에 솔깃하기보다는 시간이 오래 걸릴 수 있다는 점과 결국 무산될 수도 있다는 점을 생각해서 적당히 참고만 하면 될 것 같다.

그럼에도 그때 내 집을 마련한 것에 매우 만족한다. 내가 생각해도 저렴한 가격에 샀으니 앞으로 집값이 떨어져도 그보다는 더 떨어지지 않을 것이라는 확신이 있어 마음이 편했다. 오히려 이후 9,000만 원 정도의 시세 상승이 있었다. 게다가 복도식 17평짜리 아파트에 살다가 계단식 23평짜리로 집이 넓어지니 아이도 남편도 행복해 했다. 마음에 드는 집에 살면서 누리는 가족의 행복은 값으로 매길 수 없는 듯하다.

· 〉〉 "집 샀다가 부동산 폭락하면 어쩔래?"

내가 살 집은 전세가 좋을까, 자가가 좋을까? 결혼 7년차로서의 결론은 '무리하지 않는 선에서' 자가로 사는 게 낫다는 것이다. 전문가가 아닌 오로지 주부의 경험에서 내린 결론이다.

첫째, 인생의 중요한 선택을 할 때 다른 요소에 휘둘리지 않기 위해서다. 나는 결혼하면서 남편과 5년 뒤, 10년 뒤, 15년 뒤 미래에 대한 목표를 세웠다. 이럴 때 내 집이 있다는 것은 매우 중요하다. 임신과 출산, 아이 입학 등을 고려해서 저축액과 이사 갈 시기, 위치 등을 미리 고려해야 하는데 전세가는 내 마음대로 되는 게 아니다 보니 미리 결정할 수 있는 게 많지 않았다. 반면 내 명의의 집이 있으면 이사 시기나 위치, 저축액 등을 정하기가 훨씬 수월하다. 이사 갈 집값이 오른다면 어차피 내 집값도 오르고, 내 집값이 떨어진다면 어차피 이사 갈 집값도 떨어지기 때문이다.

전세로 살고 있는 동생의 경우는 전세가가 얼마나 더 오를지 모르니 모아놓은 저축액이나 종자돈을 마음대로 활용할 수가 없었다. 무조건 모아야 했고, 그러고도 혹시나 모자랄까 걱정했다. 친구 중 한 명은 힘들게 돈을 다 맞춰놓고도 정작 주인집 아들이 이사를 들어온다며 나가달라는 이야기를 들어야 했다.

둘째, 현금흐름 측면에서 유리하다. 우리는 9,000만 원을 대출받아서 집을 샀다. 대출금은 남편의 예상 퇴직 시기인 45세까지 15년 동안 상환하기로 계획해서 약 월 60만 원의 원리금이 나갔다.

반면 8,000만 원을 대출받아 전세를 사는 동생은 매월 이자만 20만 원을 냈다. 그런데 싼 이자율을 유지하기 위해서는 2년 뒤 대출 연장 시 20%인 1,600만 원을 상환해야 했기 때문에 월 70만 원을 따로 모았다. 뿐만 아니라 2년 뒤 전세 상승을 대비해 월 100만 원을 또 따로 모았다. 전세를 살기 위해서 거의 월 200만 원이 들어갔던 셈이다. 문제는 2년 뒤 전세가 5,000만 원이나 상승하면서 미리 모은 걸로도 모자라 대출을 더 받았다는 점이다. 게다가 20% 상환도 못 했기에 이자율도 상승했다.

올려준 전세금은 이사 나갈 때 돌려받으니까 결국 내 자산이라고? 전세금만큼 매매가도 오른다. 나중에 그 전세금으로 다른 집 전세를 구하거나 아예 매매를 해야겠다고 생각할 때 비로소 그 사실을 체감하게 된다. 올려준 전세금은 주인의 현금흐름을 늘려주는 것 외에 아무것도 아니다.

전세가 떨어지면? 장담하는데 다시 오를까 봐 여전히 그 돈은 못 쓴다. 집값이 곧 폭락할 거라서 집을 사지 않고 계속 전세로 살겠다는 친구가 있었다. 그 친구에게는 이렇게 조언했다.

"집값이 폭락하면 주인은 전세가를 낮춰서 세입자를 구해야 할 텐데, 그러면 자기 돈이 추가로 들어가니까 너의 전세금을 절대 곱게 내주지 않을 거야. 어쩌면 넌 전세금을 돌려받기 위해 소송까지 해야 할지 몰라. 소송을 한다 해도 결과적으로는 그 집을 경매로 넘겨서 낙찰대금으로 너의 전세금을 돌려받아야 하는데 집값이 폭락한 상황에서는 낙찰가도 높지 않을 테니, 결국 돈을 다 못 받을 각오를 해야 할 수도 있어."

실거주집을 사는 건 패션과 비슷한 느낌이다. 잡지에 나오는 유행하는 옷, 비싼 옷만 잔뜩 산다고 패피(패션피플)가 되는 건 아닐 것이다. 내 체형을 파악해서 어울리는 걸 사야 한다. 집도 상승기, 하락기 같은 유행(흐름)을 점치기 전에 나에게 맞는 집을 사는 것이 좋은 것 같다. 비싼 서울 집만 생각하며 '10년을 모아도 못 산다'며 속상해하기 전에 내가 가진 자산과 대출상환 능력을 먼저 파악해 예산을 세워 보는 건 어떨까 싶다.

·〉〉〉 800만 원으로 본격적 투자 시작

2013년 여름에 실거주집을 마련한 건 하락기가 깊어지다가 바닥을 다졌다는 느낌 때문이었다. 그러나 정작 투자용 주택을 마련하지 못한 아쉬움이 생겼다. 그때 2007년에 샀던 책을 다시 꺼내 보았다. 『부동산 투자의 정석』(김원철 저)이라는 책이었다.

책 중 한 챕터의 제목은 '4년 동안 3억7,000만 원 투자해서 평생 여유 있게 사는 방법'이다. 지은 지 10년 정도 된 역세권 소형아파트를 사고, 전세금이 상승할 때마다 올려 받은 전세금에 저축한 돈을 합쳐서 한 채씩 늘린다는 내용이었다. 이 방법의 핵심은 매매가가 아니라 전세가가 계속 오르는 아파트를 잘 고르는 것이다. 당장 팔아서 매매차익을 노리기보다는 적절히 갈아타면서 계속 올라가는 전세 상승분으로 노후 생활비를 마련한다는 것이었다.

처음 이 책을 읽었을 때는 '종자돈 3억7,000만 원이 어디 있냐'며 지나쳤었다. 당시에는 매매가와 전세가의 차이가 많이 나서 그 정도 금액은 있어야 집을 살 수 있었다. 하지만 2013년에는 매매가와 전세가의 차이가 거의 안 나는 시점이었으므로 지금이라면 가능할 수도 있겠다고 판단했다. 실거주집을 알아보며 전세난을 직접 경험해 보니 한동안 전세가 오를 것이라는 생각이 들었다.

6개월도 안 된 아이를 안고 매일 인터넷을 뒤지던 어느 날, 한 재테크 카페에서 매매가와 전세가가 거의 차이가 나지 않는 아파트 이름이 몇 개 적힌 짧은 글이 올라왔다. 그중 한 아파트가 눈에 들어왔다. 돈이 없어 남 임장 따라다니며 공부하던 시절 몇 번 둘러봤던, 아는 동네의 아는 아파트였다. 올라온 아파트는 소형이었는데 그 동네에는 소형아파트가 얼마 없다는 것을 알고 있었다. 인터넷으로 시세를 검색해 보니 매매가 1억6,500만 원에 전세가 1억5,500만 원이었다. 중개사무소에 전화를 걸어 이것이 실제 가격임을 확인한 후 집에 와 계시던 친정엄마와 바로 출동했다.

30분 만에 광명에 도착하여 중개사무소에 앉아있는데 신기한 일을 경험했다. 앉아있는 잠깐 사이 눈앞에서 전화가 여러 통 걸려오더니 집이 다 팔려버린 것이다. 소장님께서 지방 투자자들이 집을 보지도 않고 전화로 모두 샀다며, 이제 가장 싼 물건은 1억7,000만 원짜리 딱 하나 남아 있고 그 다음 물건은 1억8,600만 원이라고 하셨다. 1억7,000만 원짜리는 소유자가 1가구1주택자가 아니라서 양도소득세 비과세 혜택이 없는 집이라 투자자들이 안 산 거라고 했다. 2013년도 당시는 부동산 시장을 살리기 위해 정부가 1가구1주택자들의 물건을 매입할 경우 5년간 양도소득세를 전액 감면해주는 파격적 혜택을 주던 때였다.

내가 이 집을 마저 사버리는 순간 시세는 1억8,600만 원이 된다는 생각이 들었다. 단 하루 사이에 1억6,500만 원이었던 아파트 가격이 2,000만 원이나 상승하는 셈이다. 당장 집을 보러 가는데 옆 주공아파트에 곧 재건축 시공사를 선정한다는 현수막이 걸려있었다. 그 아파트를 재건축하느라 허물면 여기 살던 사람들이 바로 옆인 이 아파트로 이사 오리라는 생각이 들었다. 그날 바로 계약금을 입금하기로 했다. 잘 아는 곳이었기에 빠른 결정이 가능했다.

몇 달 뒤, 잔금을 치르고 전세를 재계약할 시점이 되자 이 아파트는 매매가 1억9,000만 원에 전세가 1억7,000만 원이 되었다. 내가 산 금액과 전세가가 같아진 것이다. 매매가와 전세가가 같아지자 세입자가 불안해 하셔서 500만 원을 깎은 1억6,500만 원에 전세 재계약을 했고, 기타 비용까지 총 800만 원이 들었다.

그 돈은 내가 아이를 직접 키우기로 결정하고 그만두게 된 회사의 퇴직금으로 마련했다. 남편에게 "내 퇴직금은 못 받은 셈 치고 묻어두자"고 말했는데 다행히 아이와 아파트 모두 무럭무럭 잘 자라줬다. 그 아파트는 지금 2억7,000만 원이 되었다.

·>>> 신중하지만 꾸준하게 … 4년 만에 8채 주인 되다

800만 원으로 시작한 첫 투자는 두 번째, 세 번째 투자 기회도 안겨 주었다. 1년 뒤에 첫 번째 집의 시세가 상승하면서 그만큼에 대해서만 추가대출을 받아 두 번째 물건을 매입했다. 다시 2년 뒤에는 첫 번째 집의 전세가가 오르면서 올려 받은 전세금으로 세 번째 물건을 매입했다. 그리고 다음 해에는 두 번째 물건 역시 전세가가 많이 오른 덕분에 올려 받은 전세 재계약금으로 그 다음 집을 사게 되었다. 이런 식으로 우리가 보유한 집은 금방 여덟 채로 불어났다.

금방이라고는 했지만 1년에 매입한 집은 한두 건 정도이고, 사실은 매일 살림하고 아기 키우는 것이 일상이었다. 아이가 잠들면 매일 하던 대로 신문과 책을 읽거나 부동산 관련 데이터들을 살펴본다. 부동산 투자를 직접 해보기 전에는 투자라는 것이 매우 스펙터클한 '사건'인 줄 알았다. 하지만 실제로 시작하고 나니 투자는 작은 일을 꾸준히 지속하는 '일상'이라는 느낌을 받았다. 매입한 아파트들의 상승분은 따로 굴러가고, 나는 여전히 남편 월급 300만 원만으로 실거주 집의 대출 원리금을 갚고, 노후를 위해 연금저축을 납입하며, 생활비를 쪼개 쓰는 나날을 보내고 있다.

그렇게 2013년도 하반기부터 이 글을 쓰고 있는 2017년 하반기까지 약 4년의 시간이 지나자 순자산(현재 평가액에서 대출 및 보증금을 제외한 금액)은 약 5억 원이 되었다. 팔 때의 세금이나 중개수수료 등을 빼고 친정의 빚을 일부 갚더라도 우리 부부의 1차 목표인 4억 원은 달성했다고 생각된다. 거의 1년에 대략 1억 원씩 자산 상승이 있었던 셈이다.

이렇게 단기간에 자산이 늘어난 것은 99%가 상승기를 잘 만난 운 덕분이다. 그리고 나머지 1%는 내가 이것이 운이라는 걸 알고 있다는 점 덕분이다. 집을 사려고 할 때마다 소심하게 계속 되묻는다.

'모든 게 잘못돼도 감당할 수 있는 금액인가?'

가지고 있는 일곱 채의 아파트 모두 비슷한 과정을 거쳐 매입했다. '여기서 더 떨어지지는 않겠지? 급매가 맞나? 급매인 이유가 뭐지?' 등등 끊임없이 되묻고 의심했다.

전국에 아파트는 너무나 많고 그걸 내가 다 살 수도 없다. 내가 살 수 있는 아파트가 기껏해야 20~30채 정도라면 내가 아주 잘 알아서 안심되고 마음에 드는 집만 골라서 사도 되겠다고 생각했다. 나는 잘 모르는데 누가 좋다더라는 집이나, 좋은 건 알겠지만 실제로 봤을 때 왠지 느낌이 오지 않는 집을 굳이 살 필요는 없다는 마음이 들었다. 굳이 그런 집을 사서 매일 집값이 오를까 떨어질까 전전긍긍하고 싶지 않았다. 잘 아는 지역에, 주부인 내가 여기서 살고 싶다는 마음이 드는 아파트만 골랐다. 다른 지역도 꾸준히 둘러보지만 매입 결정을 내리고 보면 결국 눈 감고도 훤해서 확신이 드는 곳이 낙점되었다.

그 확신은 돈이 없을 때 꾸준히 책과 뉴스를 읽고 부지런히 부동산을 보러 다녔던 경험에서 나온 것이었다. 투자의 경험이 늘어날수록 내가 아는 지역이 너무 한정적이고, 기존에 알았던 지역도 시간이 지나면 내가 알던 그곳이 아니라는 것을 실감하고 있다. 그렇기 때문에 앞으로도 그동안 해왔던 독서와 부동산 조사를 지속하여 '눈 감고도 훤한' 동네의 범위를 지방까지 더 넓혀가려고 한다.

〉〉 전문 투자자 vs 주부 투자자

전문 투자자라면 전국 부동산을 대상으로 귀신같은 타이밍에 치고 빠지는 능력은 물론 다양한 물건에 대한 경험을 쌓아야 하겠다. 하지만 주부나 직장인같이 본업이 있고, 부동산 투자로 생활비를 벌거나 부동산 재벌이 되기를 꿈꾸는 게 아니라면 먼저 본업을 열심히 하는 게 우선이라고 생각한다. 평소에는 본업에 충실하며 아는 지역을 지켜보고 있다가 몇 년에 한 번씩 돌아오는 투자 타이밍만 놓치지 않으면 될 것 같다. 오히려 투자수익을 생활비로 써야 하는 전업투자자보다 본업을 따로 가지고 있는 편이 오래 버티기에 나은 면도 있다. 현금흐름이 원활하기 때문이다.

타이밍을 놓치지 않으려면 꾸준히 동네 부동산 중개사무소부터 둘러보는 게 제일이라고 생각한다. 현장에 몸담은 사람들이 가장 빠르게 움직이기도 하고, 급매가 나오면 바로 알 수 있기 때문이다.

중개사무소를 고를 때 나만의 작은 노하우가 있다면 포털사이트에 매물을 잔뜩 올린 중개사무소는 피하는 것이다. 그런 곳은 막 개업했거나 단골이 없어서 중개업자들의 공동전산망에 있는 매물을 잔뜩 가져다가 올려놓고 뜨내기손님을 잡으려는 곳인 경우를 많이 보았다. 반면에 동네 아주머니들이 괜히 모여서 수다 떨고 있는 중개사무소가 있는데, 그런 곳이 숨겨진 급매 물건을 갖고 있는 경우가 많았다. 그런 곳에서 친해진 소장님 덕분에 급매를 몇 번 잡다 보니 짬짬이 소장님과 수다 떨고 친해질 수 있는 주부야말로 투자에 안성맞춤이라는 것을 실감하고 있다.

주부가 좋은 점은 또 있었다. 바로 지역의 '맘카페'를 통해 입지에 대해 사전 조사 할 수 있다는 것이었다. 나는 좋은 입지는 어려운 게 아니라 결국 '사람 살기 편한 지역'이라고 생각한다. 맘카페에 어느 아파트가 살기 좋은지 질문을 올리면 실제 거주민들의 생각을 잘 알 수 있다. 어느 아파트를 더 선호하는지, 어떤 호재가 진행되고 있는지뿐만 아니라 어느 아파트가 공동배관 공사를 했는지까지 앉은 자리에서 알 수 있었다. 또는 "남편이 ○○지역으로 발령이 났는데 돈은 ×××× 원이 있습니다. 어디로 이사하는 게 좋을까요?"라는 질문을 올려서 미리 분위기를 감지하기도 했다. 세부정보를 알고 부동산 중개사무소를 방문하니 소장님들도 더 자세히 알려주셨다.

아파트 공동배관 공사

아파트가 오래되면서 누수나 녹물이 발생할 경우 단지 전체의 배관을 교체하는 공사. 똑같이 낡은 아파트라도 배관공사를 한 곳은 하지 않은 곳에 비해 선호도가 높다. 공사 규모가 크고 집 내부의 벽을 뚫어야 하므로 주민동의 또는 자치규약에 근거해서 진행해야 하며, 평소에 조금씩 거둬둔 장기수선충당금으로 일차 부담하는 것이 일반적이다.

투자의 타이밍은 부동산 강의를 통해 알게 되었다. 강의를 본격적으로 듣기 시작한 시기는 집을 다섯 채까지 마련한 2015년 봄부터였다. 막연히 '떨어졌으니 이제는 오르겠지'라는 생각이었는데, 강의를 듣고서야 왜 집값이 오르고 내리는지 알 수 있었다. 바로 수요와 공급, 즉 수급(需給)이었다.

집이 꾸준히 공급되고 그로 인해 서민들의 절대적 자산인 집값도 물가상승률만큼 꾸준히 올라 주면 좋을 텐데, 왜 언제는 폭락하고 언제는 폭등하는가? 그 이유는 경기가 어려우면 건설사들이 집을 안 짓고, 경기가 풀리면 너무 많이 짓는 불균형 때문이라고 한다. 다만 부동산의 특성상 주식처럼 매일 오르내리지 않고 몇 년 후에야 알 수 있다는 점이 문제다.

그래서 아이를 재우고 나면, 향후 어느 지역에 얼마나 많이 집을 지을 예정인지 알기 위해 '부동산114(www.r114.com)' 사이트의 '분양' 메뉴나 전국의 부동산 흐름을 한 눈에 알 수 있는 'KB부동산(http://nland.kbstar.com)'의 'KB부동산 통계정보' 코너를 자주 들여다보고 있다.

·〉〉〉 그러나 인생의 1순위를 놓치지는 말자

주중에는 열심히 살림하며 아이를 키우다가 주말에는 남편에게 아이를 맡기고 강의도 가고, 부동산도 본다며 외출하고 있다. 강의를 통해 아는 사람이 늘어가니 직장동료가 생긴 듯 든든한 기분이다. 출산하며 회사를 그만두고 '경단녀(경력단절여성)'가 된 이후 늘 허전함이 있었는데 사회에 복귀한 느낌도 든다. 부동산 투자는 주부가 평생 지속할 만한 취미로 손색이 없는 것 같다.

그러나 한편으로는 취미를 넘어 내 인생의 1순위를 잊어버리는 우를 범하지는 않을까 조심스럽기도 하다. 내 인생의 1순위란 당연히 사랑하는 우리 가족이다.

나는 고등학생 때부터 아르바이트를 시작해서 결혼을 하고 아이를 낳은 후까지 쉬지 않고 돈을 벌어왔다. 그러다 아이를 키우기 위해 직장을 그만두고 집에 있다 보니 뭔지 모를 불안감에 사로잡혔다. 나는 분명 지금 애 키우고 살림하느라 최선을 다하고 있는데, 사회적으로는 낙오되고 있는 게 아닐까? 나만 빼고 모두들 앞서가고 있는 것은 아닐까 하는 생각이 들었다.

부동산 시계열

시계열은 관측결과를 일정한 기준에 따라 시간 순서대로 정리한 자료로, 부동산에서 시계열이라 함은 일반적으로 매매가와 전세가의 변동률, 거래량 및 거래심리지수 등의 변화 기록을 의미한다. 대표적인 것이 KB부동산에서 제공하는 '주간 KB주택시장동향'이다.

그래서였는지 부동산이라고는 경매 지식이 전부였다가 2015년도에 시계열, 수급, 인구이동 등 데이터 분석을 알게 된 후 깊이 빠져들었다. 회사 다닐 때 했던 업무와 비슷했기 때문인지 나도 무언가 제대로 하고 있다는 느낌이 들었다. 데이터 작업에 집중하다 보면 세 살 아들이 옆에서 뭐라 뭐라 해도 "응~ 그래~" 하고 건성으로 대답하곤 했다. 엄마가 다른 데 정신 팔린 걸 기가 막히게 감지한 아들이 울음을 터트렸는데, 나는 고작 아이패드를 쥐어주고 아이스크림까지 물린 다음 작업을 계속했다.

매일매일 아들과 단 둘이 붙어 있으면서 딱히 하는 건 없었다. 아들이 TV를 보다가 뭐라고 말을 하면 나는 제대로 알아듣지도 못하면서 읽던 책을 잠시 덮고 대답을 해주었고, 「헬로카봇」 노래가 나오면 같이 춤을 추다가 불이 났다며 소방차들을 꺼내서 불 끄는 척을 하는 등 시시껄렁한 장난을 주고받고 웃는 게 전부였다. 며칠 그런 거 못해도 되겠지 싶었다. 난 지금 중요한 돈 버는 일을 하고 있으니까.

그런데 몇 번 그런 일이 반복되자 아들이 변했다. 동네에서 소문난 순둥이가 별 거 아닌 일에도 크게 울었고, 조금만 마음에 안 들면 울면서 물건을 집어 던졌다. 갑자기 나에게 달려와서 때리며 울기도 했다. 이유도 모른 채 그저 내가 그동안 너무 오냐오냐 키웠나보다 싶었다.

　어느 날 갑자기 컴퓨터가 부팅이 되지 않았다. 회사 간 남편에게 전화했는데 하드디스크 문제라 어떻게 할 수가 없으니 퇴근하고 와서 봐주겠다고 했다. 하… 그동안 해왔던 데이터 작업들이 모두 날아갈 수도 있다고 생각하니 눈앞이 깜깜했다. 방법이 없으니 포기하고 아들 옆에 다시 배를 깔고 엎드렸다. 그랬더니, 며칠 간 말썽만 부리던 아들이 정말 좋아하는 것이었다. 그제야 정신이 번쩍 들었다.

　'나 그 동안 뭐 한 거야. 가족과 행복하자고 하는 일인데…. 적당한 페이스로 꾸준히 오래 가야 하는데….'

　내가 신경을 써주자 아들은 다시 순둥이로 돌아왔다. 왜 느끼지 못했을까. 아들에겐 나와 함께한 그 사소한 시간들이 중요했다는 것을…. 그 이후 나는 인생의 1순위를 확실히 정했다. 바로 '가족과의 시간과 행복'이다. 미래를 위한다는 명목으로 현재를 희생하지 않기로 했다. 지금 나의 본업은 주부이자 엄마이기 때문에 취미인 부동산 투자 때문에 본업을 희생하지 않기로 했다.

　뿐만 아니라 투자할 때는 기를 쓰고 내 손으로 직접 하면서 돈을 아끼기보다, 돈으로 해결할 수 있으면 그렇게 했다. 내가 스트레스를 받으면 아이에게 감정적으로 대하게 되기 때문이었다. 중개수수료도 꼭 조금씩 더 드린다.

　집을 보러가도 집이 마음에 든다는 말을 잘하는 편이다. 보통 집을 보러 가면 좋아도 좋은 티를 내지 말고 이것저것 흠을 잡으며 값을 깎으라는 조언을 자주 듣는다. 하지만 나라면 애착을 가지고 사는 집에 누군가 와서 흠을 잡으면 정말 기분이 나쁠 것 같다. 연애할 때를 떠올려보면 진정한 '밀당(밀고 당기기)'은 좋으면서 일부러 싫은 척 하는 게 아니었다. 나에게 잘 해줘서 곧 사귈 것 같은데 정작 나를 아쉬워하지 않는 것이 진짜 밀당인 것 같다. 그래서 난 집을 볼 때 주인분께 좋은 집에 사셔서 부럽다고, 제가 꼭 이 집을 사고 싶은데 돈이 좀 모자라니 얼마를 깎아주시면 그 돈으로 무엇무엇을 고치고 싶다고 말한다. 물론 중개사님께는 안 깎아주면 못 산다고 따로 말씀드린다. 그러면 중개사님이 웬만하면 조정을 해서 연락을 주셨다. 조정이 안 되면 진짜 안 사면 된다. 내 돈은 적지만, 전국에 아파트는 많기 때문이다.

싸게 산 집의 전세가는 굳이 무리해서 높게 받지도 않고, 수리비도 비용이므로 올수리는 되도록 안 하지만 세입자가 살면서 요청하는 수리는 거의 들어드렸다. 덕분에 중개사, 매도자, 세입자 때문에 속상한 일은 별로 없었다. 모두들 내가 아들과 시간을 보낼 수 있게 도와주는 고마운 인연이라고 생각하니 얼굴 붉힐 일도, 이해 못할 일도 많이 줄어들었다.

· 〉〉 가늘지만 길게 가는 것도 열정이다

물론 가족들 때문에 부동산 투자가 힘들 때도 없는 건 아니다. 처음에 경매를 공부하며 여기저기 다닐 때는 안 그랬는데, 진짜로 조금씩 집이 불어나자 시부모님과 남편이 걱정하기 시작했다. "곧 폭락이 온다는데 왜 이런 짓을 하고 있느냐", "인구는 줄어든다는데 어딜 가도 다 아파트 짓는 공사장"이라면서 "도대체 언제 팔 거냐"라는 우려의 말도 자주 들었다.

단순히 폭락이 오지 않을 것이라고 말하는 것은 씨알도 먹히지 않았다. 어디서 바람만 들어가지고, 투자자들끼리 모여 좋은 말만 하면서 그 말을 사실인 양 믿고 있느냐는 핀잔만 들었다. 사실 아주 틀린 말은 아닌 듯 했다. IMF 사태나 서브프라임모기지 사태처럼 예상치 못한 일이 닥칠 수도 있다.

이런 경우에 대처하는 나름의 요령은 폭락이 안 온다고 말하기 보다는 "폭락이 오면 이렇게 대처하겠다"고 말하는 것이다. 집값이 떨어져서 전세금을 못 돌려줄 상황이 오면 전세세입자가 내 집을 경매로 넘겨서 전세금을 알아서 가져갈 것이다. 아파트는 경매에 넘어가더라도 보통은 전세가 이상으로 낙찰되므로 우리의 생활이 위협받을 가능성은 거의 없다고 말했다.

또 폭락이 오면 손해를 보더라도 최대한 빨리 집을 처분할 것이며, 처분을 못 했는데 역전세 상황이 와도 당분간은 충분히 버틸 수 있다고 설명한다. 아직 우리는 주택담보대출 한도가 충분히 남아 있기 때문이다. 물론 대출을 더 받게 되면 그만큼 이자 부담이 커지겠지만, 그런 상황이 오면 맞벌이를 다시 시작해 내가 책임지고 갚을 것이다. 그러면서 나는 지금도 상당히 보수적으로 투자하는 편임을 강조한다. 이도 저도 안 되면 팔지 않고 끝까지 가지고 있다가 아들 장가갈 때 하나 주자면서 말이다.

주위에 반대하는 사람이 있어서 오히려 마음을 다잡고 공부하는 기회가 됐다. 계약하고 싶은 집을 보면 나는 남편에게 이 집에 대해 프레젠테이션을 한다. 부동산이나 투자에 관심 없는 남편에게 왜 이 물건을 사야 하는지, 언제 팔 것이고 기대수익은 얼마인지 설명하기 위해 준비하다 보면 나도 공부가 된다.

그러나 배우자가 집 사는 걸 반대한다면 그 집은 안 사는 게 낫다고 생각한다. 가족과 함께 행복하자고 하는 일인데 이걸로 가정에 분란이 생기면 주객이 전도되는 듯하다. 남편이 믿어주지 않는 게 무엇 때문인지 파악하다 보면 결국 나 스스로에 대해서도 검증을 하게 된다. 기사 몇 개에, 주위 사람들도 이렇게 돈을 벌었다는 이야기에 공부도 제대로 하지 않고 혼자 마음이 조급해 있으면 남편도 단번에 알아채고 믿어주지 않았다. 이제 막 시장이 상승하는 2015년도에 대출을 잔뜩 받아 더 투자하고 싶은 욕심도 남편이 잘 막아 주었다.

반면에 오랜 시간 꾸준히 공부를 하고 성과를 거두는 모습을 보여주자 지금은 든든한 버팀목이 되고 있다. 물론 돈 들어올 때마다 남편이 필요하다는 컴퓨터 부품을 하나씩 사줘서 그런 건 아니라고 믿는다. 그런데, 원래 그래픽카드라는 부품이 그렇게 여러 개 필요한 건가?

처음 부동산 공부를 시작할 때는 무조건 책을 많이 읽고, 뉴스를 빼놓지 않고 찾아보며, 타워팰리스 사진을 벽에 걸어두고는 서둘리 결과가 나오길 바랐다. 하지만 지금은 가늘지만 길게 가는 것도 열정의 한 모습이라는 생각이 든다. 가족의 든든한 미래를 위해 한 뼘씩 성장하는 매일을 만들어 가고자 한다.

2017년 초부터는 가지고 있던 집을 매도하기 시작했고 2년 내에 모두 정리할 예정이다. 그 돈으로 우리가 실제로 들어가 생활할 서울의 작은 집 하나를 미리 마련해 두었다. 여덟 번째 매입이지만 기분이 남달랐다. 그곳에서도 지금처럼 남편의 월급을 쪼개 쓰고, 아껴 쓰고, 알뜰히 생활하며 경매에 다시 도전할 생각이다. 아이와 더불어 끊임없이 배워 나가는 인생이 되기를 꿈꾼다.

나만의 지역 분석 보고서 작성 노하우

투자를 해야겠다고 마음먹었다 해도 막상 무엇부터 시작해야 할지 막막하다. 그럴 때 내가 사는 지역부터 시작해서 친정이나 시댁, 친구네 집이 있는 지역을 하나씩 정리하며 넓혀 보면 어떨까? 그냥 둘러보는 게 아니라 알아본 내용을 기록하면 기억이 왜곡되는 것을 막아 주고, 추후 다시 찾아보았을 때 변화된 모습도 알 수 있어 좋다. 또 정보만 기록하기보다 반드시 나의 의견을 같이 넣어야 나중에 그 판단이 맞았는지, 틀렸다면 어느 부분이 문제인지 수정·보완할 수 있다. 내가 지역 분석 보고서에 반드시 기록하는 내용들을 소개한다.

① 전체적인 모습과 호재 : 시·군·구 홈페이지, 뉴스 검색 활용

지역의 전체적인 개발계획, 현황에 대한 통계 정보는 시·군·구 홈페이지에 잘 나와 있다. 그 외에 최근 화제가 되는 내용은 뉴스나 지역 카페를 검색하거나 댓글을 읽어보면 분위기를 알 수 있다.

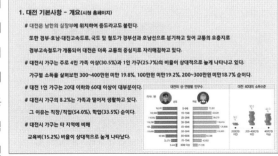

② 부동산 시장의 흐름 : KB부동산, 국토교통부 통계누리 활용

전체적인 부동산의 매매가 및 전세가의 흐름, 매도·매수 심리 등은 매주 금요일마다 공개되는 KB부동산의 보고서와 시계열 자료로 파악할 수 있다. 'KB부동산' 홈페이지에 들어가서 '부동산정보 → KB부동산통계정보 → 주간KB주택시장동향'의 순서로 메뉴를 찾아 들어가면 된다.

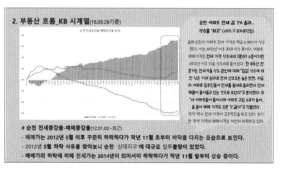

이때 국토교통부 통계누리에서 미분양의 증감 여부를 함께 보면 도움이

된다. 미분양이 급속도로 감소하면 해당 지역의 시세가 상승할 것으로 예측할 수 있고, 증가하면 신규분양된 아파트가 얼마나 빠르게 소화될지 등을 알 수 있다. 역시 '국토교통부 통계누리' 홈페이지에서 '주택 → 승인통계 → 미분양주택현황보고 → 관련파일'의 순서로 메뉴를 찾아 들어가면 된다.

③ 향후 입주 물량 : 부동산114, KB부동산, 그놈(GNOM), 집사(Zip4) 활용

수요-공급의 원리에 따라 아파트가 부족하면 집값이 상승하고, 새 집이 쏟아지면 가격 상승이 주춤할 가능성이 있다. 그렇기 때문에 입주 물량을 반드시 체크한다. '부동산114'

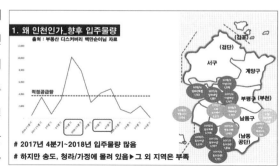

홈페이지 중 '분양 → 분양정보'의 메뉴를 확인하거나 'KB부동산' 홈페이지 중 '분양 → 분양계획' 메뉴에서 하나씩 확인 가능하다.

좀 더 빠르게 한눈에 보고 싶다면 '그놈(GNOM)'이나 '집사(zip4)', '고집(GoZip)' 등 유료사이트를 이용하는 것도 좋다. 물론 직접 데이터를 보고 하나씩 그래프를 만들어 지도에 표시하는 과정을 통해 공부해 보는 것도 좋다.

④ 인구 · 세대수 증감 및 이동 : 국가통계포털 활용

인구와 세대수는 부동
산 수요를 나타내므로 중
요하다. 단순히 증감만 알
아보기 보다는 어느 지역
에서 어느 지역으로 사람
들이 들고 나는지, 같은 생
활권은 어디인지까지 알아
보는 것이 좋다.

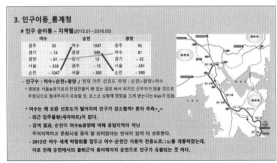

인구 이동은 통계청에서 운영하는 '국가통계포털KOSIS' 홈페이지에서 '온라인간행물 →
주제별 → 인구가구 → 국내인구이동통계' 메뉴에서 알 수 있다. 그 외에 더 알고 싶은 것이 있
을 경우 통계청 콜센터에 전화해서 어떤 내용을 알고 싶은데 어느 메뉴를 봐야 하는지 문의하
면 친절히 알려준다.

⑤ 학군 : 학교알리미, 지역별 맘카페 활용

학부모들은 선호하는
학교와 학원가 근처에서
멀리 떨어져 살기를 원치
않는다. 그래서 이런 지역
에서 사는 사람들은 다른
지역으로의 이사가 쉽지
않으므로 학군도 같이 조
사한다. 학군은 '학교알리

지역	학교명(90점 이상)	평균(국/영/수)	지역 순위	3과목 평균
중구	동산중학교	95.6	유성구	83.7
서구	삼육중학교	92.8		의외로 서구가 아니고 유성구가 1등
서구	갑천중학교	91.9	서구	79.2
서구	삼천중학교	90.0	중구	74.4
유성구	대덕중학교	94.2	대덕구	68.3
유성구	어은중학교	91.9	동구	67.7
유성구	전민중학교	90.3		

미(www.schoolinfo.go.kr)' 사이트에서 교과별 학업성취사항을 검색하거나 지역 맘카페에 질문을 올
리면 상세히 알 수 있다.

다만 일부 지역을 제외하고는 좋은 아파트가 새로 생기면 그 인근에 새 학군이 생기기도 하고, 규모가 작은 지방 도시의 경우는 학군에서 약간 멀어지더라도 새 아파트로 이사하려는 경향이 뚜렷하다. 따라서 학군 자료는 참고자료로만 활용한다.

⑥ 시세 확인 및 임장 : 지역 부동산 중개사 활용

실제 부동산을 보러 가기 전 인터넷과 전화로 대략적인 시세를 알아보고, 이동경로를 정한 후 가는 게 좋다. 효율적인 임장을 도와줄 뿐 아니라 대략적인 가격의 기준을 정할 수 있기 때문이다. 임장을 다녀오면 현장에서만 알 수 있는 상세 사항을 적어 놓는다.

06

직장인 소액투자, 어떻게 시작 해야 할까

by 보리나무

글쓴이 보리나무는 ―――――――――――――――――

5년차 부동산 투자자이자 성실한 직장인. 각종 투자 카페와 블로그에 울고 웃는 짠내 나는 투자 이야기를 가감 없이 전달하여 초보 투자자들에게 공감을 얻고 있다. 책 『맞벌이부부의 돈 버는 부동산 투자』의 공동저자이기도 하다. 소형아파트 소액투자를 기반으로 해서 입지분석과 수급에 맞는 매물에 투자하면서 현재는 경매, 토지, 재개발·재건축 분야도 틈틈이 공부하며 자기만의 스타일을 찾으려고 노력중이다.

블로그 : 맞벌이부부 보리나무의 부동산 투자 이야기 blog.naver.com/ywj2003

소액투자 및 분양전환 매물 투자 &
싼 집보다 잘 팔릴 집을 사라

세상 살기가 참 쉽지 않다. 가장의 무게가 버겁다고 느낄 때도 정말 많다. 남편으로, 부모로, 장남으로, 직장의 한 구성원으로 일인다역을 하며 바쁘게 살아가지만 어느 하나 쉽지 않다.

보통의 사람이라면 현재의 상황을 한탄한다. 그러다가 누군가 투자로 돈을 벌고 경제적 자유를 얻었다는 이야기를 들으면 부러워하며 관심을 가진다. 처음에는 '나도 한 번 도전해 볼까?' 하며 관련 지식을 알아보기도 하지만 대부분은 '에이, 평범한 내가 어떻게 할 수 있어, 안 돼'라며 생각하다 곧 흐지부지 되고 만다. 우리도 처음에는 그랬다.

직장인들이 보통 쉽게 접하는 예금, 적금, 펀드 등 금융 재테크로 부자가 되기 힘들다는 것은 이제 부정하기 힘든 사실이다. 그래서 나와 아내가 택한 것은 결국 부동산 투자였다. 결과는 어떻게 되었을까? 본격적으로 투자를 시작한 지 5년 만에 우리 부부가 보유한 집은 스무 채가 되었다. 그중 월세 수입은 대출이자와 비용을 빼고 매월 약 50만 원 정도다.

소액투자를 하다 보면 월세 수입으로 대출이자를 내고 남은 수익이 엄청나게 많지는 않고, 아직 경제적 자유를 누리고 있다고 말하기도 어렵다. 그러나 투자를 전혀 하지 않았던 5년과 비교하면 나름 발전했다. 앞으로의 투자 방식은 지금에서 크게 벗어나지 않을지 모른다. 그렇지만 작은 수익이라도 감사해 하며 가늘고 길게 투자하고 싶다.

많은 부동산 전문가들이 "종자돈이 없으면 소액투자를 하라"고 이야기하지만, 대체 무엇부터 어떻게 시작해야 할지 감을 잡기 어려울 것이다. 이 글은 그런 분들에게 조금이나마 도움이 되었으면 하는 생각으로 썼다. 소액투자란 말 그대로 돈이 얼마 들지 않으면서 수익을 낼 수 있는 투자다. 여기서 소액이란 초기비용 3,000만 원 이하 정도로 볼 수 있다. 결과적으로는 내 돈이 전혀 들어가지 않는 무피투자나 오히려 돈이 남는 플러스피투자도 포함한다.

몇 백만 원짜리 투자가 몇 억 원짜리 투자보다 수익률이 못할까? 결코 그렇지 않다. 내가 했던 투자 중에는 투자금 400만 원으로 수익을 1,600만 원(세전) 낸 적도 있었고, 매매가격 1억 원에 전세 1억 2,000만 원에 세입자를 들여서 오히려 돈이 남았던 적도 있다.

오히려 초보자들에게 소액투자는 부담 없이 시작할 수 있다는 것이 장점이다. 우선 처음에는 작은 물건들부터 공략해 보고, 경험이 쌓이고 자금이 모이면 매매가격이 큰 물건에 도전해 보는 게 좋다. 투자에 왕도는 없다. 자신의 자금 사정에 맞게 해 나가면 된다.

투자를 쉽게 생각해도 문제지만, 너무 어렵게 생각해도 실천할 생각을 못한다. 책 보고, 강의 듣고, 인터넷 카페에 가입하고, 부동산 중개사무소에 드나들어야만 투자를 잘 할 수 있는 건 아니다. 하지만 책과 강의를 통한 간접경험과 직접 발품을 판 경험은 자신만의 스타일과 목표대로 하나씩 수익모델을 만들어가는 데 큰 도움을 줄 수 있다. 내 돈이 들어가는 것이니 꼼꼼히 따져보고 준비하는 것이 좋다.

투자를 시작하기 전에 반드시 생각해 볼 것

투자를 처음 시작할 때에는 '나는 아직 잘 모르니까 일단 공부를 열심히 해야지'라며 넘치는 의욕을 가지고 공부에 임한다. 그러나 공부가 거듭될수록 투자 고수들의 엄청난 수익률에 기가 죽기도 하고, 나는 과연 할 수 있을까라는 생각에 고민도 되고, 공부하면 할수록 이 방향이 맞을까 의심도 하게 된다.

그렇게 공부를 위한 공부, 불안한 마음을 감추기 위한 공부에 빠져들다가 어느 순간 처음 가졌던 의지는 사라지고 만다. '에이, 나한테는 부동산이 안 맞아'라면서 다시 예전으로 돌아가는 것이다. 왜 그럴까? 이럴 때 나는 이야기한다.

"공부 많이 하지 마세요. 어느 정도 공부가 되셨으면 그냥 현장에 가서 보고, 느끼고, 백 프로는 아니라도 마음에 드는 조건의 부동산이 있으면 사 보세요. 그러면 부동산을 보는 눈이 달라질 겁니다."

투자와 병행하면 공부가 재미있다. 책을 볼 때 막연히 공부했던 부분들이 직접 투자를 해보면 저절로 이해가 되고 응용을 하게 되면서 재미있어지기 시작한다. 그렇게 시작한 첫 투자의 경험은 사람을 다르게 만든다.

내 명의의 등기권리증을 받아보거나 첫 월세를 받으면 정말 짜릿하다. 나도 모르게 무언가 마음이 든든해진다. 대단히 큰 부동산은 아닐지라도 미래를 위해 부동산을 하나 장만했다는 게 꿈이자 희망이자 위안이 되는 것이다.

> **등기권리증**
>
> 등기가 완료되었음을 증명하는 문서로, 이른바 집문서이다. 등기필증이라고도 한다. 한 번 발행된 후에는 재발행이 불가하지만, 단순히 가지고 있는 것만으로 소유권을 주장할 수는 없다. 분실 또는 멸실되었을 경우 다음 등기를 할 때 정해진 절차와 서류를 통해 재작성한다.

그러면서 투자에 대해 더 알고 싶고 하고 싶도록 원동력을 만들어 주는 것이다. 구체적인 목표와 그 목표를 달성하고자 하는 실천력은 성공의 중요한 요소다.

실천하지 않으면 꿈은 꿈일 뿐이다.

목표 없는 투자는 흔들리기 쉽다. 가까이는 하루의 목표에서부터 멀리는 인생의 목표까지 계속 수정하고 보완해 가며 중심을 잡고 생활해야 한다. 사실 나 역시 오랫동안 구체적인 목표 없는 삶을 살았다. 그저 쳇바퀴 돌 듯 의미없이 이어지는 직장생활에 맞춰 종자돈을 모으고, 막연히 '나중에는 부자가 되어야지'하는 생각이었다.

그러다 부동산 투자를 시작하면서 구체적인 계획을 세우고 실천하는 삶으로 바뀌었다. 또 다른 길을 개척하는 입장에서 내 시간과 열정을 허투루 쓰고 싶지 않았기 때문에 최대한 목표를 구체적으로 세우고 방향을 잡게 되었다.

목표 없이 생활하는 것은 단순히 현재의 상황에 만족하거나 아니면 그냥 포기하고 사는 것과 다를 바 없다. 중요한 것은 투자와 인생 모두 스스로 개척해야 한다는 점이다. 투자 고수들의 강의를 듣고 책을 보는 것도 분명 방향을 잡고 실천하는 데 도움을 준다. 하지만 '나는 무엇을 위해 투자하는가'에 대한 자기만의 목표의식이 없으면 나중에는 먼 길을 돌아가게 된다.

• ⟩⟩⟩ 우선 종자돈 모으기부터 시작하자

좋은 부동산이 있어도 살 돈이 없으면 그림의 떡이다. 어느 정도 종자돈이 모였을 때 부동산 투자를 생각하게 되는 것은 자연스러운 현상이다. 종자돈을 불리기 위해 부동산뿐만 아니라 어느 분야이든 투자를 해야겠다는 생각을 하는 것은 좋은 마인드이고 상식적인 생각일 것이다.

그런데 종자돈도 없는데 부동산 투자에 관심을 가진다면? 당연히 의미가 없는 것 아니냐고 생각할 수도 있다. 하지만 전혀 그렇지 않다. 종자돈이 없음에도 투자를 생각한다는 것은 실천하고자 하는 마인드가 이미 갖춰져 있다는 것을 의미한다. 그러한 생각을 갖는 것은 인생의 터닝 포인트(turning point)를 만들 수 있는 중요한 상황이다.

종자돈이 있다면 당연히 공부를 시작하면서 투자 계획을 세워서 병행하면 좋다. 그러나 종자돈이 없다면 지금부터 할 수 있는 것부터 하자. 일단 목표를 정하고, 무조건 저축부터 하는 것이다.

종자돈을 만들 때 가장 중요한 것은 한 푼이라도 더 받겠다며 금융상품 수익률을 따지는 것이 아니다. 푼돈을 모아 목돈을 만드는 것이 본질이다. 따라서 원금으로 종자돈을 모은다고 생각하고, 이자나 기타수입은 덤이라고 여기는 게 낫다. 이자를 좀 더 받겠다고 원금보장이 안 되는 상품에 투자했다가 원금마저 날리고, 쓰린 가슴 부여잡고 다시 시작하는 우를 범하지 않길 바란다. 사실은 내가 그랬기에 해주는 말이다. 종자돈은 반드시 원금보장형 상품으로 모으라고 이야기해주고 싶다.

원금으로 종자돈을 모으려면 당연히 원금이 많아야 한다. 즉 저축액을 늘리는 것이 우선이라는 뜻이다. 매월 '마이너스 인생'을 살고 있다면 독하게 마음먹고 과감히 지출을 줄여서 '플러스 인생'으로 바꾸자. 월급이 들어오면 지출 전에 뚝 떼서 일단 저축부터 하고 남은 돈으로 생활한다고 생각해야 돈이 모인다. 장담하는데 누구나 할 수 있는 건 절대 아니다. 뼈를 깎는 고통이 뒤따른다.

종자돈을 모으는 가장 기본적인 방법은 적금과 예금을 통한 방법이다. 부모님의 도움을 받을 상황이 아니라면 이 점에는 거의 예외가 없다. 종자돈을 모으는 방법에 대해서는 시중에 많은 책들이 나와 있고 전작『맞벌이 부부의 돈버는 부동산 투자』에서도 자세히 다루고 있으니, 여기에서는 핵심만 몇 가지 소개해 보겠다.

① 수입에서 강제적으로 저축을 먼저 한 후 지출을 하라.

② 적금이 만기되면 이자를 쓰지 않고 원금과 이자를 그대로 보존해서 다시 예금으로 넣어 두자. 혹은 기존에 모아둔 여유자금을 더 보태도 좋다. 적금이나 예금의 금액은 조금 벅찰 정도로 하는 게 좋다는 점도 잊지 말자.

③ 적금 통장을 만들 때 하나의 통장만 만들지 말고 금액을 분산해서 두 개 혹은 세 개로 만들자. 수입이 늘어날 때마다 개수를 늘려보자. 소액이지만 통장이 늘어나는 기쁨, 그리고 만기를 채우는 기쁨을 누릴 수 있을 것이다. 혹시라도 개인 사정으로 인해 해약할 일이 있다면 여러 적금 통장 중에 한두 개만 해약해도 되므로 위험을 분산하는 효과도 있다.

④ 주거비용은 최소로 쓴다. 내가 운영하는 커뮤니티 멤버 중에 양산신도시 24평에 거주하면서 보증금 1,000만 원에 월세 45만 원으로 살고 있는 부부가 있다. 전세자금이 부족해서도, 실거주집을 만들 능력이 안 되어서도 아니다. 주거비용을 최소화함으로써 그만큼의 기회비용으로 투자를 하고 있기 때문이다. 이처럼 투자금 확보 차원에서 과감하게 주거비용을 줄이고 투자에 임하는 것도 한 방법이다.

⑤ 첫 단추는 1,000만 원 모으기부터 시작하자. 돈이 안 모인다고 조급해 하거나 실망하지 말자. 일단 1,000만 원을 모을 수 있다면 그 다음 단계인 2,000만 원이나 3,000만 원은 좀 더 쉽게 모을 수 있다.

무엇보다 과시욕은 과소비의 주범이다. 어느 나라로 여행했다는 사진이 남들의 SNS나 블로그에 올라오고, 좋은 사양의 외제차나 고가의 명품가방, 분위기가 좋은 레스토랑에서 행복하게 웃으며 먹는 음식 사진이 올라온다. 그러면 나도 그만큼은 해야 직성이 풀린다. 그리고 그러한 행동을 그럴싸하게 포장한다.

'지금 이 순간은 영원히 오지 않아. 나도 퀄리티 있게 살아야지. 남들도 다 그

렇게 하는데….'

그렇다, 지금 이 순간은 다시 오지 않는다. 그런데 지금 쓴 그 돈도 다시 오지 않는다. 그냥 나를 거쳐 다른 사람에게 흘러갈 뿐이다. 그렇게 들어오는 돈을 족 족 써 버리고, 다시 벌고, 다시 쓰면서 쳇바퀴 돌 듯 살고, 나이를 먹고 노년이 된 다. 자식들 결혼시키고 집 장만하는 데 도와주고 나니 역시 돈이 없다. 앞으로 살 아갈 날이 몇십년 더 남았는데 노후를 위한 자금은 없고, 자식들은 자기들 살아 가기 바쁘다. 그제야 뒤를 돌아보면 '나는 뭐 했나' 싶다. 60대, 70대가 되어도 일 을 해야 살아갈 수 있다. 그런데 할 수 있는 일이 없다.

이런 상황이 나에게는 안 닥칠 것 같은가? 물론 그럴 수도 있지만, 저렇게 살 가능성을 높일 것인가 아니면 여유로운 생활을 누릴 가

부의 추월차선
M. J. 드마코가 저서 『부의 추월차선(The Millionaire Fastlane)』에서 언급한 '빨리 부자가 되는 길'을 말한다. 저자는 그러기 위해서 시간을 소비해서 돈을 벌지 말고, 알아서 돈이 벌어지는 시스템을 만드는 데에 주력하라고 말한다.

능성을 높일 것인가? 최선의 결과는 여러분들이 어떻게 준비하느냐에 달려있다.

지금부터 돈을 멋있게, 폼 나게 쓰고 싶다면 '부의 추월차선'을 달려보자. 당장

좋은 재무습관 vs 나쁜 재무습관

좋은 재무습관	나쁜 재무습관
1. 선저축 후지출(29%)	1. 충동구매(34%)
2. 예산 안에서 지출하기(28%)	2. 막연하게 생각하기(29%)
3. 10년 이상 계획하고 노후자금 모으기(19%)	3. 카드대금, 관리비, 보험료 등 연체하기(15%)
4. 가계부 쓰기(12%)	4. 불필요한 지출하기(11%)
5. 통장 나눠 관리하기(6%)	5. 지금 당장 필요하지 않은 물건 쟁여놓기(6%)
6. 정기적인 지출은 자동이체 신청하기(5%)	6. 보험에 충분히 가입하지 않기(5%)
7. 월 지출의 3배 이상은 비상자금으로 마련하기(1%)	

(자료 : 삼성생명 은퇴연구소)

부자가 되라는 얘기다. 남들이 생각하지 못한 특별한 아이템과 콘텐츠를 가지고 사업을 해서 당장 부자가 되면 그렇게 실컷 써도 걱정이 없다. 그러나 내가 보통의 평범한 사람이라면 지금 당장 지출을 줄이고 종잣돈을 모으자. 그리고 부동산 투자를 공부하자. 그것이 우리 같은 보통 사람이 부의 추월차선을 탈 수 있는 한 가지 방법이라 생각한다.

앞의 표는 삼성생명 은퇴연구서에서 발표한 '좋은 재무습관 vs 나쁜 재무습관'이다. 나는 어떤 습관을 더 많이 가지고 있는지 냉정하게 따져보는 것도 좋겠다.

·⟩⟩⟩ 소액투자의 기본은 '갭투자'

'갭투자'는 우리나라에만 있는 전세 제도를 활용한 투자법이다. 이른바 전세를 끼고 매입하는 방법으로, 매매가의 60~90% 정도로 높은 전세가를 활용하여 투자 금액을 최소화하는 투자 방식이다.

투자자는 집값에서 전세금을 뺀 나머지 금액만 부담하면 되므로 많은 사람들이 효율적인 투자로 생각해서 실행하고 있다. "갭을 얼마에 맞췄다" 또는 아예 무피(매매가 = 전세가)나 플러스피(매매가 〈 전세가) 투자를 했다는 이야기를 듣게 되면 투자자들의 부러움을 사기도 한다. 최근 몇 년간 부동산 상승장에서는 이 갭투자로 집을 몇 십 채, 혹은 몇 백 채를 샀다는 사람들도 생겨났다.

흔히 전세가율이 높을수록 갭투자를 하기 좋은 시장이라고 생각한다. 그러나 단순히 전세를 높게 받는 것만이 갭투자의 전부는 아니다. 예를 들어 보자. 여기 급매물을 사서 전세를 놓음으로써 갭투자를 한 A씨가 있다. 1

전세가율

매매가 대비 전세가의 비율. 즉 '(전세가 / 매매가) × 100'이다. 전세가율이 높을수록 해당 물건에 대한 전세수요가 많고 실투자금이 적게 든다는 뜻이므로, 갭투자에서 중요한 지표로 사용된다.

억 원짜리 매물을 급매로 흥정을 해서 8,000만 원까지 깎아서 샀다고 하자. 여기에 전세는 전세가율 70% 수준인 7,000만 원에 놓았다. 그러면 최종 투자금은 1,000만 원이 된다. A씨는 2년 뒤 이 집을 1억3,000만 원에 매도하여 5,000만 원의 수익을 얻었다.

반면에 급매물은 아니지만 갭을 줄여서 투자한 B씨가 있다. 똑같은 1억 원짜리 매물을 일부 흥정해서 100만 원 깎은 9,900만 원에 샀고, 전세는 90% 수준인 9,000만 원에 놓음으로써 최종 투자금은 900만 원이 되었다. B씨는 2년 뒤 A씨와 마찬가지로 1억3,000만 원에 매도함으로써 3,100만 원의 수익을 얻었다.

A씨는 1,000만 원의 갭으로 투자했고, B씨는 900만 원의 갭으로 투자했다. 그런데 갭 차이는 얼마 안 났는데도 수익률에서는 큰 차이가 나는 사실을 알 수 있다. A씨의 수익은 5,000만 원, B씨의 수익은 3,100만 원이다. 두 매물의 접근 목적과 출발선이 다르기 때문이다

갭이 비슷하더라도 가급적이면 매매가를 더 저렴하게 구입하는 급매 투자를

급매 갭투자와 일반 갭투자의 비교

구 분	급매 갭투자 (A씨)	일반 갭투자 (B씨)
시세	1억 원	1억 원
매입가	8,000만 원	9,900만 원
전세가	7,000만 원	9,000만 원
투자금(갭)	1,000만 원	900만 원
최종 투자금	1,000만 원	900만 원
2년 후 매매가	1억3,000만 원	1억3,000만 원
향후 수익	5,000만 원	3,100만 원
매매수익률 (수익/투자금)	500%	344%

(※ 각종 경비 및 세금은 고려하지 않았음)

해야 수익률을 높일 수 있다. 쉽게 이야기하면 갭을 줄이는 것보다 싸게 사는 것이 더 중요하다는 이야기다.

플러스피투자의 경우에도 투자금이 오히려 남았다고 기뻐하기는 이르다. 매매가 1억 원에 전세가 1억1,000만 원으로 투자를 하게 되면 1,000만 원만큼 플러스피투자가 된다. 그러나 만약 2년 후 이 지역에 입주물량이 늘어나 전세가격이 떨어지는 역전세난이 발생하거나, 매매가와 전세가가 동반 하락하는 끔찍한 상황이 발생하면 플러스피투자는 오히려 재앙이 된다. 그때 높게 놓았던 전세금을 돌려줘야 하는데 그 금액으로 이사를 들어올 새로운 세입자는 구할 수 없기 때문이다. 내가 가진 돈으로 전세금을 내줘야 하거나 여의치 않으면 법적인 문제로 가게 될 수도 있다.

따라서 갭투자에는 반드시 전세가 하락에 대한 리스크 관리가 필요하다. 지금의 매매가격이 적정한지, 전세금가가 떨어져도 그 돈을 내줄 수 있는 여유자금이 확보 가능한지, 2년 후 매도 시 공급물량의 영향을 받지 않을지 등을 살펴봐야 한다. 최근 몇 년 동안 부동산 시장이 상승하면서 갭투자의 인기도 엄청나게 높아졌다. 그때의 갭투자 방식이 주택의 매매가격이 상승하고 있다는 전제 위에서 이루어졌다면, 지금의 갭투자는 전세가가 상승한다는 전제 위에서 해야 한다.

·》 싸게 사는 것보다 잘 팔릴 집을 사는 게 중요하다

투자를 해보니 아무래도 매수보다는 매도를 염두에 두어야 한다는 점을 절실히 느낀다. 부동산 매수는 누구나 마음먹으면 할 수 있다. 그러나 매도는 쉽지 않다. 매도가 잘 되는 부동산이란 무엇일까? 수요가 꾸준하고 공급이 적은 지역일수록 매도가 잘 된다.

은행 예금에 비해 부동산이 유일하게 안 좋은 점은 환금성이 낮다는 것, 즉 원할 때에 바로 현금화하기가 어렵다는 점이다. 현금화를 하려면 집을 팔아야 하는데 그러려면 공급보다 수요가 많아야 한다. 주변에 개발 가치가 있는지, 그 지역의 거래량은 어느 정도인지 꼭 확인해 보고 투자해야 한다.

도심권이 대표적인 사례다. 도심권의 경우 집 지을 땅이 부족해서 공급은 제한적인 데 반해 수요는 늘 많다. 이런 지역은 매도가 다른 지역에 비해 수월하다. 그러나 무조건 도심권이라고 좋은 것은 아니므로 도심권에서도 주변입지, 상권, 교통, 학군 등의 환경요소를 반드시 고려해서 부동산을 선별한다.

준공업지역도 매도하기 좋은 곳 중 하나다. 용도지역이 준공업지역인 곳은 주거지역과 산업지역이 같이 있는 경우가 많은데 직장을 다니는 사람들의 전·월세 수요가 꾸준하고, 매도도 잘 이뤄진다. 다만 향후 지역의 경제규모 및 공업시설의 수요 예측 등을 반드시 확인해야 하며 예상 입주 물량도 확인해야 한다.

준공업지역

투지를 구분하고 있는 용도지역 중 하나로, 경공업 등의 공업 행위를 허용하되 주거기능과 상업기능의 보완이 필요한 지역을 말한다. 준공업지역에서는 건축을 할 때 용적률이 최고 400%까지 가능한데, 이는 2종일반주거지역이 최고 250%, 3종일반주거지역이 최고 300%인 것과 비교해 높기 때문에 수익률이 좋다.

호재가 있는지 여부도 중요하다. 그 지역에 확실한 호재가 있는 경우 매도 타이밍을 잡기가 상대적으로 수월하다. 예를 들면 지하철 신규노선이 개통되는 지역이 대표적이다. 지하철 개통 전·후의 부동산 가격은 당연히 다를 수밖에 없다. 부동산은 현재의 가치가 아닌 미래의 가치에 투자하는 것이라는 사실을 명심해야 한다.

• >>> 분양전환 임대아파트에 주목하자

임대아파트는 한국토지주택공사(LH)나 지역별 도시개발공사 또는 민간기업이 소유주기 되어 서민들에게 임대해주는 아파트를 말한다. 임대아파트 중에는 임대 후 5년 또는 10년의 임대기간이 만료된 후 분양을 하는 경우가 있는데, 이를 분양전환 임대아파트라고 한다.

대부분은 그 주택에 살고 있던 무주택 임차인이 조건을 충족할 경우 공공주택 특별법 시행령 제55조(공공건설임대주택의 우선분양전환)에 따라 입주일 이후부터 분양전환 당시까지 해당 임대주택에 거주한 무주택자 등 적법한 요건을 갖춘 임차인에게 우선분양의 혜택이 돌아간다. 그러나 임차인들이 매입하지 않겠다고 하면 건설사는 이 물건에 대해 일반분양을 진행하게 된다.

이러한 매물을 살 수 있는 몇 가지 방법이 있는데, 첫째는 건설사가 부동산 법인에 매물을 위탁하여 공매에 내놓은 물건을 사는 것이다. 둘째는 그 부동산 법인에게 물건을 사들인 컨설팅 업체를 통해 사는 방법이다. 혹은 그 컨설팅 업체에게 다시 물건을 사들인 현지 부동산 중개사무소를 통해서도 구입이 가능하다. 짐작할 수 있듯이 공매로 샀을 때가 가장 싸고, 컨설팅 업체나 현지 중개사를 통해 사면 컨설팅 비용 및 중개비용 등이 발생하므로 더 비싸다.

이러한 매물은 지역과 상황에 따라 다르겠지만 보통 주변시세의 90% 정도로 매입할 수 있는데, 나중에는 주변시세를 따라서 2~3년 안에 오를 가능성이 농후하다. 내 경우에도 산업도시와 혁신도시에 위치한 분양전환 임대아파트 매물을 몇 채 샀었는데, 전환된 이후로 적게는 1,000만 원 내지 2,000만 원씩 올랐다. 아는 분은 대도시의 분양전환 임대아파트 매물을 여러 채 매입했는데 한 채당 3,000만 원씩 이상 가격이 올라서 수익을 꽤 많이 봤다. 또 다른 분은 몇 년 전 신도시에서 분양전환된 아파트를 샀는데 전환 이후 1억 원 정도가 올랐다고 한다.

처음 분양전환 임대아파트 매물에 투자했을 때는 새로운 세상을 만난 느낌이었다. 임대아파트라서 주변가보다 시세가 억눌려 있다가 일반매물로 전환되면 단기간에 가격이 오르는 것을 보고 '이건 무조건 성공하는 투자 방법이구나'라고 생각했었다. 최초의 일반분양이라 주택임대사업자로 등록하면 취득세가 면제되는 혜택도 있다.

그러나 모두가 수익을 본 건 아니다. 분양 전환 매물의 위험성은 첫째, 잔금을 치르고 등기까지 하는 동안 공실인 상태로 유지되는 경우가 많기 때문에 그 사이에 투자금이 많이 들 수 있다는 점이다. 또한 분양전환이 비

> **주택임대사업자의 취득세 감면 조건**
>
> 주택임대사업자로 등록한 후 다음의 조건을 모두 충족하면 취득세를 감면 또는 면제받을 수 있다. ①최초로 분양하는 주택 ②전용면적 60㎡ 이하의 주택 ③4년 이상 임대 유지 ④취득 후 60일 이내에 신청

슷한 시기에 이루어지므로 그 단지 내에 한꺼번에 전·월세가 풀려서 임대가가 하락할 가능성이 있다.

마찬가지로 매도 시기까지 한꺼번에 겹치면 원하는 가격대로 팔 수 있을지 모르고, 인근에 새 아파트가 많이 공급되면 가격 조정이 이뤄질 수 있다. 특히 임대 사업자를 내고 임대주택으로 등록했을 경우 5년 이내에 팔면 세금이 많이 나오기 때문에 이것을 피하려면 같은 임대사업자에게 팔아야 한다. 그러려면 살 사람이 한정되므로 제값을 받기는 쉽지 않다. 무엇보다 아파트의 입지에 따라 오르는 폭이 다르므로 반드시 교통, 학군, 상권, 환경을 잘 따져야 한다. 지인은 지방의 분양전환 아파트를 구입했는데 임대가 잘 나가지 않고 시세도 거의 변화가 없어 고생하고 있다.

가끔씩 기존에 살던 임차인들 중에서 우선순위로 매입하라고 할 때에는 매입하지 않다가, 나중에 집값이 오를 가능성이 커지자 일반분양 무효소송을 내는 경

우를 봤다. 각종 기관에 민원을 제기해서 이 집을 매수한 사람들에게는 경찰서를 들락날락할 정도로 머리 아픈 일이었지만, 기존 임차인들은 이미 자신의 우선매수권을 포기했기 때문에 결국 일반분양은 적법한 것이라는 판결이 났다. 하지만 그 이후가 더 문제다. 앙심을 품은 임차인들이 양도에 잘 협조하지 않고, 다음 세입자를 빨리 구해야 하는 사정을 뻔히 알면서도 집을 보여주는 데에 협조하지 않아서 이사 나갈 때까지 애를 먹이기도 한다.

실제 투자 사례를 하나 이야기해보려고 한다. 지방에만 투자하다가 분양전환이 된 지 얼마 안 된 경기도의 아파트를 처음 매입했는데, 투자금이 적게 드는 착한 매물이었다. 게다가 꾸준한 오름세로 투자금 대비 높은 수익률을 안겨준 곳이기도 하다. 이 지역 주변에 15평으로 이뤄진 단지는 이것뿐이라서 희소성이 있었고 주변에도 인구가 유입되면서 꾸준한 수요가 있었다.

처음 우리는 이 집을 '공포의 파란 벽지'라고 불렀다. 전에 살던 임차인이 도배를 하겠다고 해서 허락했는데 미처 도배 완료 후 모습을 확인하지 않았다. 그저 잘 했겠지 하고 잊고 있었는데, 이후 임차인이 나가게 되면서 새로 전세를 들이려고 하니 도통 입질이 없었다. 알고 보니 도배를 파란 벽지로 해놓은 덕분에 집을 보러 온 임차인들마다 손사래를 쳤던 것이다. 결국 다시 도배를 한 후에야 임차인을 구할 수 있었다.

국민주택기금
무주택 서민의 주거안정을 위해 조성된 기금으로, 임대주택 및 일정 규모 이하의 국민주택을 건설할 때 건설업체에 낮은 금리로 자금을 대출해주거나, 해당 주택에 입주하는 사람들에게 전세자금 및 아파트 중도금을 대출해주기도 한다.

신기했던 건 이 지역의 임차인들은 직접 도배·장판을 하고 들어온다는 점이었다. 그때까지 투자하면서 임차인이 도배·장판을 하고 들어오는 것을 경험하지 못했던 우리로서는 신선한 충격이었다. 반면에 투자자가 몰리게 되면 임차인을 잡으려는 집주인들끼리의 경쟁이 심해지면서 도배·

장판은 물론 올 리모델링까지 해주는 경우가 많다.

또 하나는 국민주택기금이라는 대출이 있음에도 기꺼이 전세를 들어온다는 점이었다. 국민주택기금 대출은 임대아파트였을 때부터 끼어있던 세대당 대출인데, 우리는 이것을 그대로 승계받았다. 승계 후 3년이 지나면 원리금상환이 시작되는 상황이었다. 그럼에도 전세를 놓는 데에 큰 지장이 없었다.

2013년에 매입을 시작해서 이 지역에 총 3채를 매입했고, 그중 하나를 2년 뒤에 매도하려고 내놓았다. 2013년에는 1가구1주택자의 물건을 매입하면 양도소득세 감면 혜택이 있었는데, 그 혜택을 받은 첫 번째 매물이었다. 몇 년 뒤 전세 만기가 오기 전에 미리 내놨고, 다행히 일주일 만에 최고가로 매도했다. 처음에는 가격을 조정해 달라는 협상이 들어왔지만 현 가격을 고수했다. 꾸준히 수요가 있음을 알고 있었기 때문이다. 결국 우리 뜻대로 매도할 수 있었다. 중개사 님이 적극 활동해 주셔서 큰 무리 없이 그대로 계약할 수 있었다. 수익은 금액으로 따지면 적었지만 투자금 대비 수익률로는 만족했다.

우리에게 집을 산 매수인은 원래 전세 만기 후 월세로 내놓으려던 계획이었는데, 전세계약을 1년 연장했다고 한다. 이 아파트에 살던 임차인은 우리가 매입하기 전부터 살았던 좀 어린 친구였다. 우리는 이 사람과 재계약할 때 시세대로 500만 원을 올려달라고 했는데, 많이 올리지 않아 주셔서 정말 감사하다고 했었다. 이번 매수인이 집을 보러 갔을 때에도 이 어린 친구는 만기가 왔으니 이번에는 정말 나가야 되는 줄 알고 표정이 어두웠다는 것이다. 그 모습이 짠했던 매수인은 1년을 더 연장하기로 결정했다. 좋은 분께 매물을 판 것 같아 기분이 좋으면서도 한편으론 그 어린 친구에게 왠지 미안한 마음이 든다.

이 아파트는 5년 전 분양전환 시 매물 가격이 6,500만 원 정도였는데 벌써 1억 원이 넘어간다. 그 당시 10채 이상 매입한 투자자도 있다고 들었는데 결과는 어땠을까? 역시 꾸준한 투자가 답인 듯하다.

투자 결과 정리

매입시기	2013년 11월	매도시기	2016년 4월
매입가	8,400만 원	매도가	1억 원
전세가	6,000만 원	매도차익 (매입가-매도가)	1,600만 원
대출 (국민주택기금)	2,000만 원		
매입경비 (취득세, 중개수수료 등)	800만 원	매도경비	70만 원
실투자금 (매입·매도경비 포함)	**870만 원**	수익률 (매도차익/실투자금)	184%

참고로, 우리는 앞에서 이야기한 대로 이 지역에 세 채의 매물을 보유한 상태였다. 그래서 아무래도 중개사의 적극적인 협조를 얻어낼 수 있었다. 한 지역에 한 채만 보유할 경우 매도할 때 호의적인 중개사는 별로 없었다. 이후에 또 거래할 매물을 가지고 있거나 아니면 내가 좋은 물건이 나오면 바로 살 생각이 있는 투자자라는 사실을 중개사가 정확히 인식하고 있어야 팔 때도 더 신경을 써준다.

·〉〉 비싼 물건을 싸게 사는 '급매 협상의 기술'

나는 부동산 거래를 할 때 중개사에게만 맡기는 게 아니라 직접 협상을 많이 하는 편이다. 이때의 기술은 일명 '밀당(밀고 당기기)'과 다름 아니다. 협상을 얼마나 잘 하느냐에 따라 앉은 자리에서 몇 백만 원이 왔다 갔다 하는데 그 묘미가 쏠쏠하다.

협상을 하다 보니 나만의 원칙이 몇 가지 생기기도 했다. 틈틈이 협상에 관해 접한 책과 자료들 중에서 내 경험에 비추어 중요한 원칙들을 소개하고자 한다.

① 상대를 나의 프레임 속에 가둬라

프레임(frame)은 원래 창문이나 액자의 틀을 뜻하는 말이다. 이를 협상 요령에 대입하면, 상대가 선택할 수 있는 대안 중 내가 선호하는 것만 제시함으로써 어떤 결정이라도 내가 만족하는 결과로 만드는 전략을 말한다. 부동산 거래에서도 프레임 전략을 종종 적용해 볼 수 있다.

전세 낀 24평 아파트를 사기 위해 매도인과 밀당을 하는 중이었다. 매도인은 3억 원을 요구했고 나는 2억9,000만 원을 제시했다. 집 상태가 그리 좋지 않았기 때문에 수리비를 생각하면 값을 더 주기 곤란했다. 양쪽이 생각하는 가격의 간극이 줄어들지 않자 나는 새로운 대안을 제시했다. 중도금으로 1,000만 원을 더 줄 테니 2억9,000만 원에 파시고, 대신 잔금은 전세계약 만료 시까지 늦춰 달라는 것이었다. 매도인은 고심하더니 결국 승낙을 했다. 자금 사정이 좋지 않아 당장 중도금을 조금이라도 더 받는 것이 매도 금액을 올리는 것보다 나았기 때문이다.

하지만 실제로는 내가 원하는 프레임 안에서 상대가 선택하게 만든 것이다. 내 입장에서는 중도금은 총 금액에 포함된 것이라 부담이 없고, 잔금 기한을 늦추면 그 사이에 전세가가 올라서 투자금을 최소화할 수 있다. 거기에 전세가 만기될 때 새로 전세를 들이면 올려 받은 전세금을 통해 투자금을 회수할 수 있다는 이점도 있었다.

② 상대의 프레임에 갇히면 과감히 멈추고 생각해보라

만약 내가 상대의 프레임에 갇혀버린 경우에는 어떻게 빠져나올 수 있을까? 일반적으로 프레임은 '이것 아니면 저것'이라는 양자택일의 함정으로 다른 대안을 생각해내지 못하게 만든다. 일종의 '마비현상'이다. 이러한 양자택일의 프레임은 의사결정의 시간적인 여유가 별로 없을 때 강력한 힘을 발휘하게 된다.

이런 상황에서는 상대의 제안이 나의 욕구에 충족하는가를 판단해야 한다. 즉 '사야 한다' 또는 '사지 말아야 한다'는 요구에 얽매일 것이 아니라 이 매물이 정말 나의 욕구를 충족시킬 수 있는지를 판단해야 한다. 그러면 사야 할지 아닐지가 결정되기 때문이다. 만약 그 매물이 나의 욕구를 충족한다면 양자택일의 대안 외에 제3의 대안을 찾아야 한다.

나의 경우 마음에 드는 매물을 만나서 매입을 시도했는데 터무니없는 가격에 절대 조정이 안 된다는 매도인과 밀당을 하게 됐다. 집 상태가 좋았고, 더구나 나 말고도 이 매물을 보러 오는 사람들이 대기 중이었다. 마음이 급했고 사고 싶은 마음도 굴뚝같았지만 나는 우선 진행을 중지하자고 했다. 나에게도 터무니없는 금액이라면 다른 사람들에게도 마찬가지일 것이라는 생각으로 다른 팀들의 추이를 지켜보기로 한 것이다.

역시나 며칠간 거래는 성사되지 않았다. 매도가가 조금씩 내려오기 시작했다. 하지만 아직 입질은 금물. 좀 더 기다렸다가 확 낚아챌 생각으로 밑밥만 던져놓기로 했다. 중개사에게는 내가 원하는 금액에 협상이 이뤄지면 중개보수를 더 챙겨주기로 하고, 매도인에게는 이사비 명목으로 100만 원을 지원하겠다고 전달했다. 며칠 뒤 결국 내가 원하는 가격에 협상을 마무리 지을 수 있었다. 중개보수와 이사비 100만 원이 추가됐지만, 최초 금액보다 1,000만 원 정도 싸게 매입할 수 있어 이득이었다.

상대의 프레임에 갇히거나 자신 스스로 고정된 프레임에 갇히면 특정 사물에 대해 편협한 사고를 갖게 돼 결국 합리적인 의사결정을 할 수가 없게 된다. 우리나라 속담에 '급할수록 돌아가라'는 말이 있다. 눈앞의 욕심에 얽매이지 말고 한 걸음 물러나서 마음의 여유를 가진다면 뜻밖에 일이 쉽게 풀리는 길을 잘 볼 수가 있을 것이다.

③ 객관적 기준으로 협상하라

객관적 기준은 어떤 숫자나 합의를 위한 논의의 출발점이다. 하지만 협상 과정에서는 많은 사람이 이러한 사실을 자주 잊게 된다. 왜냐하면 객관적 기준보다는 내가 받아야 하는 가격, 즉 요구(position)에 얽매이기 때문이다. 이러한 협상은 논리로 하는 협상이 아니라 숫자로 하는 협상이다.

객관적 기준이 없다면 어떻게 협상을 할까? 아마도 서로 감정이 격한 상태에서 흥정하다가 반반씩 양보해서 합의를 내릴 가능성이 높다. 협상의 성과 없이 시간만 낭비한 셈이다.

그렇다면 부동산 투자에서 객관적 기준이 될 수 있는 것으로는 어떤 것들이 있을까? 첫 번째는 시장가격이다. 현재 시장에서 거래되고 있는 일반적인 수준의 가격을 말한다. 예를 들면 아파트 구매 시 주변의 평당단가가 기준이 된다.

두 번째는 제3자의 결정에 맡기는 것이다. 이때의 제3자는 협상의 양 당사자가 모두 신뢰할 수 있는 사람이어야 한다. 예를 들어 아파트 거래를 할 때 중개사의 조정 금액에 매도인과 매수인이 모두 동의한다면 계약이 쉽게 이루어질 수 있다.

세 번째는 절차적 공정성을 유도하는 것이다. 두 명의 어린이가 하나의 케이크를 서로 많이 먹으려고 다투는데 이 케이크를 가장 공정하게 나누는 현명한 방법은 무엇일까? 한 사람이 자르고, 다른 사람이 자른 두 쪽 중 한 쪽을 먼저 선택하게 하면 된다. 그러면 자르는 사람은 최대한 공평하게 자를 수밖에 없고, 고르는 사람은 자신이 원하는 조각을 선택할 수 있기 때문에 양쪽 모두 불만이 없게 된다. 부동산에 적용하자면 매도인이나 매수인이 희망가격을 얘기하면서 얼마 정도까지 네고가 가능하다는 여지를 던져주면 반대 입장에서는 승낙하든지 거부하든지, 아니면 자기가 다시 대안 가격을 내놓든지 하며 밀당을 할 것이다. 이를 통해 적정 가격에서 협의하면 문제없이 마무리 된다.

그런데 아무리 내가 보기에 객관적인 기준이라도 이것을 상대가 받아들이도록 하기 위해서는 지켜야 할 기본적 원칙들이 있다. 첫 번째는 객관적이고 합리적인, 누가 봐도 수용 가능한 내용을 제시하는 것이다. 만약 아파트를 사고 파는데 제3자인 중개사가 아니라 어느 한 쪽의 친인척에게 의뢰를 한다면 다른 쪽이 받아들이기 어렵다. 기준을 제시하는 과정에서 자신의 이익을 교묘하게 논리로 풀어낸다는 느낌을 준다면 이후 신뢰 관계에 매우 큰 타격을 입게 된다.

두 번째는 객관적 기준을 찾아내자는 공감대 형성이 필요하다. 예를 들어 아파트를 매입하는데 가격을 어떻게 정할 것인가를 놓고 협상을 한다고 생각해 보자. 이때의 기준은 아래와 같이 여러 가지로 세울 수 있을 것이다.

선택지① : 전세 낀 매물이므로 매매가를 낮춘다.
선택지② : 전세 낀 매물이지만 잔금기한을 늦춰서 투자금을 최소화한다.
선택지③ : 전세 낀 매물이지만 임차인과 조기 계약만료를 유도해 좀 더 높은
전세가로 신규 임차인을 맞춘다.

이렇게 다양한 기준 중 어떤 것이 가장 객관적 기준이 될지 대상자와 허심탄회하게 논의해야 한다. 각각의 기준을 적용했을 때 얼마의 금액이 나올지 파악하고, 나에게 가장 유리한 기준을 적용하도록 유도하되, 그 기준이 왜 객관적으로 타당한지를 논리적으로 제시해야 한다.

이렇게 되면 애초 상충된 이해관계를 가지고 있었던 매수인과 매도인은 결국 공통의 목표를 갖게 된다. 멀게만 느껴지는 창의적 협상은 바로 객관적이고 합리적인 기준이 무엇인지 고민하는 것에서부터 시작된다.

　부동산 투자는 사람으로 시작해서 사람으로 끝난다고 해도 과언이 아니다. 투자 단계에서 여러 사람을 만나고 밀당을 하게 되지만, 그중에서 가장 많이 상대하게 되는 것은 역시 부동산 공인중개사일 것이다.

　공인중개사는 해당 지역의 시세와 호재를 잘 알고 있는 전문가이다. 우리 부부의 부동산 투자는 사실 중개사와 함께 발전해왔다고 해도 과언이 아니다. 매입에서부터 임차인 구하는 단계를 거쳐 인테리어 등의 관리를 해주고, 최종 매도까지 전 과정을 함께 하기에 더욱 각별하다. 임대사업자에게 중개사는 내 매물들을 나 대신 잘 관리해 주는 파트너이자 최고의 비서실장이다.

　물론 나와 잘 맞는 중개사가 있는 반면 잘 맞지 않아 다른 중개사로 교체하는 경우도 있다. 어떤 중개사가 좋은 중개사라는 데에 정답은 없다. 나를 기준에 두고 나와 잘 맞는 관계를 쌓아 가면 된다. 아파트 투자를 위해서 대부분 공통적으로 거치는 과정이 있다.

　이 과정에서 처음으로 중개사와 대면하게 되는 때는 내가 원하는 아파트를 찾기 위해 손품을 팔고 난 후 해당 매물에 대한 정보를 얻고자 전화를 걸 때다. 이때 여러 중개사와 통화하다 보면 왠지 끌리는 사람이 있을 것이다. 초보자라면 이런저런 사소한 질문을 던져도 친절하게 받아주면서 최선을 다해 응해주는 중개사를 찾으면 된다.

이후에 중개사를 만나서 추천해주는 집을 보게 되는데, 만나기 전에 미리 해당 매물과 주변에 대해 공부하고 주변입지를 둘러보는 것이 좋다. 중개사를 만나 이 지역과 물건에 대한 브리핑을 듣고, 집을 보러 가서, 마음에 들고 조건이 잘 맞으면 계약을 진행하게 된다.

이때 가능하면 투자자인 내가 흐름을 주도하는 것이 좋다. 사전에 미리 배경지식을 최대한 많이 알아둠으로써 적어도 중개사와 이야기기가 통할 정도는 되어야 한다. 사전에 자료조사를 할 때 매매가, 전세가, 아파트 기본정보 등뿐 아니라 이 지역의 호재는 무엇인지, 어떤 영향을 미칠지 등등을 미리 알고 브리핑을 들어야 한다. 그렇지 않으면 이미 중개사에게 끌려가게 되어 있다.

중개사를 내 편으로 만들면 가만히 있어도 정보가 들어오기 마련이다. 타 지역에 살면서도 전국에 있는 매물 관리가 가능했던 비결은 아마도 경청, 관심, 정(情)이었던 것 같다. 가급적 내 이야기만 하지 않고 중개사분들의 이야기도 잘 들어주려고 노력했다. 그러다가 정이 들어 때로는 친구처럼, 형님이나 누님처럼 친근하게 다가가려고 노력한다. 내가 노력하지 않으면 관계는 금세 흐지부지 되고 만다.

이런 분들과 관계를 잘 유지하기 위해서는 자주 연락하기, 수다 떨기, 속사정 챙기기 등의 방법이 최고다. 중개사분들이 전국 각지에 흩어져 계시기에 자주 찾아뵙진 못하지만 자주 통화하고 문자와 메신저를 통해 연락을 유지한다. 틈나는 대로 수다도 떨면서 속사정도 서로 알아가며 친밀감을 쌓아갔다. 안부를 주로 물어보면서 슬쩍 매물 이야기도 하고, 중간중간 궁금한 점도 물어보면서 그렇게 정을 쌓아간 듯하다.

개인적으로는 상대적으로 남자 중개사보다 여자 중개사와 오래 관계를 유지하는 경우가 많다. 모두 꼼꼼하고 유연하며, 열심히 자기 일처럼 일을 처리해 주시는 분들이다. 물론 남자 중개사가 그렇지 않다는 것은 아니고 순전히 개인차다. 현재도 계속 연락을 하는 남자 중개사님이 한 분 계신데 수완이 좋고 친절하시다. 특히 거래할 때마다 우리 편에서 많은 도움을 주셔서 몇 년째 좋은 관계를 유지하고 있다.

직접 투자자로 활동하는 중개사는 금상첨화다. 단순히 중개만 하는 분보다는 투자에 대한 이해가 훨씬 빠르고, 투자하면서 생기는 어려움을 잘 알기에 더욱 많은 도움이 된다.

· 〉〉 임차인은 귀중한 투자 파트너! 성의를 보여주자

투자자들이 간과하기 쉬운 중요한 사람이 또 있다. 바로 우리 집에 세를 들어와 사는 임차인이다. 어떤 의미에서 임차인은 나의 투자를 가능하게 해주는 고마운 존재이자 상당기간 동안 관계를 맺게 되는 중요한 이해관계자다. 그러나 임차인을 어떻게 상대해야 할지 몰라 어려워하는 사람이 의외로 많다.

우리가 첫 번째 월세 투자용 집(우리 집 1호)을 마련했을 때 계약한 임차인은 참으로 까다로웠다. 회사에서 관리직을 맡고 계신 50대 남자분이었는데, 우리 집이 수리를 깨끗하게 한 게 마음에 들어서 계약했다면서도 더 많은 요구를 했다. 입주하기 직전까지 까다롭게 세세한 것까지 요구했지만, 우리는 착한 임대인이 되고 싶었기에 다 들어 주었다.

재미있게도 그 분은 입주한 후에는 아무 요구도 하지 않으셨을 뿐 아니라 월세도 꼭 날짜에 맞게 넣어주셨다. 하루라도 늦으면 문자로 죄송하다고 이야기해 주셨다. 처음에는 왜 이렇게 까다롭게 구나 싶었는데 알고 보니 그냥 정확한 걸 좋아하는 성격이셨던 것이다. 그 사실을 이해하고 나니 우리는 오히려 감사하게 되었다. 3년 넘게 '우리 집 1호'에 사셨는데 나중에는 우리가 가장 좋아하게 된 임차인이었다.

현재까지 여러 채에서 월세를 받고 있지만 감사하게도 월세를 내지 않아 힘들게 하신 분은 없다. 며칠 늦은 분들은 있어도 문자를 보내면 바로 보내주셨고, 여러 임차인을 겪어 본 지금은 며칠 늦어도 무슨 사정이 있나 보다 생각하며 보채지 않는다. 그래도 계속 늦어지면 신경 쓰이고 곤란해지기에 정중하게 문자를 보내서 월세 지연 사실을 알려드리고 우리도 대출이자를 내야하는 사정이 있어서 가급적 제 날짜에 주시면 감사하겠다고 하면 대부분 바로 입금해 주신다.

임차인의 수리 요구는 대부분 들어주지만 터무니없다고 생각되면 선을 긋는다. 투자 경험이 쌓일수록 요구를 다 들어주는 것이 꼭 좋은 것만은 아님을 알았다. 들어주면 줄수록 더 많은 것을 요구하는 분들도 있기에 우리가 할 수 있는 것과 할 수 없는 것에 대해서는 정확하게 이야기한다. 참고로, 임대차계약서의 특약사항에 3만 원 혹은 5만 원 이하의 소모품에 대해서는 임차인이 직접 수리한다는 항목을 넣으면 신경 쓸 일이 훨씬 줄어든다.

특약사항

임대차계약서의 마지막에는 '특약사항'이라 하여 일반적인 계약조건 외에 쌍방이 합의한 내용이 추가로 들어간다. 일반적으로 이 집에 설정된 근저당, 수리 및 보수 문제, 매도 시 협조, 물건의 종류 및 부속물 여부 등이 자유롭게 들어갈 수 있다. 단 상식적 차원에서 임차인에게 일방적으로 불리한 특약은 무효가 될 수 있다.

'우리 집 4호'의 임차인도 기억에 남는다. 노부모님의 입주라서 신경을 쓴다는 것은 이해하겠는데, 미리 이야기한 것도 아니고 입주하는 날에 요구사항이 양파껍질 벗기듯 계속 나오니 난감했다. 계약자 간 확인을 마쳤으며 현 구조물 상태 그대로 진행하기로 계약서에 명시하지 않았느냐며 거절할 수도 있었다. 게다가 이 물건은 2년 전 올 리모델링을 했던 집이다. 하지만 노부모님이 사신다는 말에 마음이 약해져서 거실 장판은 새로 해 주기로 했고 빨래건조대 설치, 섀시 문고리 교체, 세면대

트랩관 교체 등의 요구사항을 군말 없이 해줬다. 이사 당일에만 30만 원이 넘는 금액이 발생했다.

그때는 하필 첫 아이의 출산이 진행 중이었다. 아내가 촉진제를 맞고 진통을 느끼는 중이라 정신없는 상태에서 인테리어 사장님과 통화하느라 진땀을 뺐다. 정신없는 와중에 드디어 아이가 나오고 탯줄을 자르고 나왔는데, 또 연락이 왔다. 이번에는 30만 원 정도의 비용이 드는 가압펌프를 설치해 달라는 것이었다. 탑층이라 수압이 약해서라는데, 전 임차인은 아무 말씀 없이 잘 살았던 부분이다. 진짜 오늘 같은 날에 너무 한다는 생각이 들었다. 결국 나도 약간은 단호한 목소리로 얘기했다.

"계약을 다 한 상태인데도 지금까지 군말 없이 다 해드렸는데 이것까지는 좀 무리네요."

그러자 임차인의 아들이 다시 전화가 와서 오늘처럼 바쁘고 좋은 날에 요구사항을 다 들어주셨는데 자꾸 부탁드려 미안하지만, 저희 사정도 좋은 편이 아니니 배려해 주셨으면 한다고 여전히 뜻을 굽히지 않았다. 결국은 우리가 20만 원을 부담하기로 결정했다. 사실 그냥 해 줄까 하는 생각도 들었지만 일부러 선을 긋기 위해 난색을 표했던 부분이었다. 다행히 더 이상의 요구는 없었다.

간혹 "내가 이 집에 들어왔어, 그런데 집주인이 돼가지고 이 정도는 해 줘야 할 거 아냐?"라는 식으로 나오는 임차인들이 있다. 나보다 나이가 많다고 하대하는 사람도 마찬가지다. 항상 드는 생각이지만 사람 상대하는 건 참 어렵다. 그렇지만 가는 말이 고와야 오는 말이 고운 것은 인지상정이다. 가압펌프 이야기를 할 때도 단호하긴 했지만 최대한 공손하게 부탁을 했다. 그러자 본인들도 무리한 부탁이라는 것을 알지만 부탁한다고 간곡하게 이야기하기에 우리도 양보를 할 수 있었다. 결론적으로는 서로 덕담하며 출산과 수리를 잘 마무리지었다. 진심은 언젠가 통한다는 사람에 대한 믿음을 계속 이어나가고 싶다.

이 매물은 2013년 9월에 매입한 지방의 21평 아파트이다. 분양전환 이후 가격이 오른 케이스이기도 하다. 어릴 적부터 잘 알던 지역이라 대학교와 산업단지가 있고 교통이 편리하다는 걸 알고 있었다. 대형마트 바로 건너편이고 초·중학교가 인접하여 신혼부부가 살기에 좋은 곳이기도 하다. 2014년에서 2015년 사이에는 투자자들이 들어오면서 가격이 일부 오르기도 했었다.

·〉〉〉 투자의 가장 큰 무기는 '진심'과 '뚝심'

시행착오를 겪어가며 깨달은 점이 있다. 그건 바로 '진심은 언젠가는 통하고, 상식은 우리를 이롭게 한다'라는 점이다. 부동산 투자를 처음 시작할 때에는 현장방문에서 중개사들을 어떻게 상대해야 할지 몰라서 종종 연기를 하곤 했다. 상황에 따라 신혼부부인 척, 실거주자인 척, 초보 투자자인 척 연기를 하며 접근해서 더 많은 정보를 캐내려고 했지만 오히려 역효과가 났다. 중개사들이 솔직한 이야기를 해주지 않을 뿐 아니라, 나중에 우리에게 속았다는 생각을 갖기도 한 것이다.

지금은 그냥 당당하게 투자자라고 밝히고 물어본다. 한 지역에 여러 채를 매입하거나 좋은 매물만 있으면 당장 매입하겠다는 믿음을 주면 중개사가 우리를 대하는 태도가 달라짐을 느낄 수 있다. 급매물이 많이 나오면 우리가 모두 소화하지 못하지만, 투자를 하는 지인들이 많으니 주변에 살 사람을 언제든 연결해 줄 수 있다는 믿음을 주었다. 이러면 좋은 매물이 나왔을 경우 나에게 우선적으로 연락이 오게 된다.

우리는 처음 만나는 세입자나 중개사에게 조촐한 선물을 드리거나, 상황에 따라 특별한 날(생일이나 출산 등)을 챙기려고 노력했다. 꼭 목적이 있어서라는 생각은 버리고 우리가 중요한 인연이라는 생각으로 세심하게 챙기려고 노력한다. 일처리를 하면서도 가급적 상식선에서 해결하려고 노력했고 억지 부리지 않았다.

투자자마다 시장을 훑어보는 스타일이 다르지만, 나의 경우는 내 주관적인 기준을 중시하는 편이다. 데이터 분석 결과는 참고하되 시장 분위기 및 사람들의 생각, 느낌, 견해 등을 중요하게 살펴보는 것이다. 아무리 과학적 분석이 좋다고 해도 부동산은 결국 사람이 움직이니까.

그리고 또 하나의 무기는 '뚝심'이다. 요즘 정부가 부동산 투자를 잡겠다며 강력한 정책을 쏟아내고는 있지만, 그럼에도 자본주의 사회가 무너지지 않는 한 여전히 '돈이 돈을 번다'라는 생각을 지울 수가 없다. 오히려 자금력이 있는 사람들에게는 지금이 기회일 수 있다.

어설픈 자금력 때문에 대출이나 전세를 끼지 않고서는 투자를 할 수 없는 나 같은 사람들은 부동산 규제책이 쏟아져 나오는 요즘 기사 하나하나에 민감하게 반응하고, 계속되는 규제에 지쳐가는 것이 사실이다. 그러나 부동산은 심리 싸움인지라 아직은 가격을 낮춰서 팔아버리려는 사람이 드물다. 하지만 전통적 비수기인 겨울이 오면 심리적 저항선이 무너지면서 자금력이 빈약한 투자자들을 중심으로 도저히 못 버티고 시장에 나오는 매물들이 있을 것이라고 조심히 예측해 본다. 자금력이 있다면 그런 매물들을 저렴하게 사서 잘 버티는 것도 좋은 전략이라고 본다. 위기를 기회로 바꿔 보시길 바란다.

요즘은 아파트 투자 외에도 경매나 토지, 상가 등에 눈이 가는 중이다. 맷집이 그리 좋은 편은 아니지만 부동산 맷집은 조금 생긴 것 같다. 요즘 '부동산 근육을 키우자'라고 표현하는 사람들도 있던데 멋진 표현이다. 부동산 투자도 맷집과 근육을 점점 키워야 급변하는 시장에서 살아남을 수 있지 않을까? 지레 겁먹고 귀찮아서 또는 내 길이 아닌 것 같다면서 회피하게 되면 앞으로 얻을 몇 배의 달콤한 수익을 포기하는 것이다. 누수나 임차인 문제 등 크고 작은 어려움이 생기더라도 적극적으로 헤쳐 나가보자. 누구나 겪는 어려움이려니 하고 넘기다보면 어느새 맷집이 킹해진 자신과 마주하게 될 것임을 확신한다.

항상 하는 이야기지만, 갑자기 몇 억 원을 버는 것도 중요하지만 가늘고 길게 가자는 생각에는 변함이 없다. 부동산 시장이 언제 어떻게 변할지 모르는데다가, 수십억 원을 벌었다가도 '한 방에 훅 간다'는 무서운 곳이 투자의 세계이기도 하니까. 그러려면 근거 없는 욕심을 버려야겠다는 생각도 해 본다. 강한 확신이 들 때를 제일 경계하자. 한 발짝 떨어져서 생각해보면 '아, 내가 매물과 사랑에 빠져서 제대로 보지 못했구나'라는 생각을 하게 될 때가 많다.

'강한 자가 살아남는 것이 아니라 살아남는 자가 강한 것'이라는 말을 가슴에 새기며 꾸준히 롱런하는 투자자를 꿈꿔 본다. 이 글을 읽는 여러분들이 꾸준히, 겁먹지 말고 앞으로 나아가셨으면 좋겠다. 같이 성장하고 소통하는 투자자가 되기를 소망한다.

투자 협상에서 성과를 이끌어내기 위한 7가지 포인트

① 원하는 것이 뭔지 확실히 하라

놀랍게도 자신이 뭘 바라고 있는지, 교섭을 통해 무엇을 얻으려고 하는지를 잘 모르는 상태에서 협상에 들어가는 사람이 생각보다 많다. 당신이 원하는 것 한 가지를 스스로도 모른다면 협상을 멈춰야 할지 아니면 꾸준히 계속할 것인지에 대한 판단도 불가능하다.

② 용어를 완벽하게 이해하라

협상에서 용어를 이해하는 건 기본 중의 기본이지만 많은 사람들이 중요하지 않게 생각하기 일쑤다. 부동산, 법률 등 전문용어의 의미를 이해해야 할 뿐 아니라 어느 대목에서 어떤 용어를 써야 정확할지에 대해서 제대로 알고 있는 것은 협상에서 매우 중요하다.

③ 애매한 것은 없애는 게 낫다

교섭에 있어서 애매한 것이나 막연한 것은 무조건 배제해야 한다. 세세하게 협상을 해야 하는 상황이라면 더욱 그렇다. 몇 억 원의 돈이 오고 가는 협상에서 이심전심을 기대하는 건 어리석다.

④ 기록을 남겨라

협상을 할 때에는 무엇이든지 기록으로 남기는 게 중요하다. 형식을 갖춘 계약서는 물론이고, 그날 했던 이야기의 요점을 메모로 남기는 것도 필요하다. 예를 들어 '어제 투자기회를 줘서 감사하다', 'ㅇㅇㅇ원으로 매도가를 합의한 것에 기쁘게 생각한다'는 식으로 요점을 적어 에버노트 등으로 기록해 두는 것도 효과적이다.

⑤ 친구를 과신하지 마라

협상 테이블에 마주앉은 사람이 친구라고 해서 뭐든 해줄 것이라고 생각해선 곤란하다. 마찬가지로 내가 뭐든 해줘야 한다고 생각하는 것도 곤란하다. 협상에서는 공과 사를 혼동하지 않고 사무적인 결론을 내는 것이 중요하다.

⑥ 이득이란 먼저 밑진 후에 취하는 것이다

인색한 사람일수록 협상을 잘 할 것이라는 건 오해다. 정말 뛰어난 협상기술을 가진 사람은 큰 문제가 아닌 사소한 것들에는 관대하다. 중요한 포인트만 지키면 나머지는 절로 해결된다는 것이다. 협상에서 모든 빈틈을 숨길 수는 없다. 어느 정도는 양보한다는 생각을 해야 한다. 협상이 끝난 이후에도 상대방과의 관계는 계속될 가능성이 큰 만큼 파트너와 좋은 관계를 맺어야 한다는 걸 명심해야 한다.

⑦ 약속의 무게를 잊지 마라

협상에서 가장 중요하게 생각하는 건 '약속은 다른 무엇보다 우선시해야 한다'라는 것이다. 일단 뭔가에 동의했다면 그 약속을 깨는 일은 절대로 피해야 한다. 서면이나 계약이 아니라 어떤 형태라도 서로 합의한 사항을 뒤집는 건 결코 안 된다는 것이다. 협상에서 약속을 깨는 일은 지금까지 쌓아온 명성과 신뢰, 신용을 단번에 잃는 가장 나쁜 길이다.

07

젊은 치과의사는 왜 공매 투자에 뛰어들었을까

by 겸손

글쓴이 **겸손**

본업인 치과 운영보다 부동산 투자를 할 때가 더 재미있다는 이중생활자(?). 전세로 장만한 신혼집에서 출발하여 경매와 공매 투자에 눈을 떴고, 현재는 일반적인 아파트 투자는 물론 경매와 공매, 아파트 분양권, 토지, 재개발 투자까지 다양한 분야에서 활동하는 팔방미인 이다. 아프리카TV 및 팟캐스트에서 「치과의사 겸손의 재테크 썰전」을 진행하고 있다.

블로그 : 치과의사 겸손의 재테크 썰전 blog.naver.com/humility11
팟캐스트 : 치과의사 겸손의 재테크 썰전 www.podbbang.com/ch/13811 (팟빵)
www.podty.me/user/cast/175793 (팟티)

공매 투자 &

전문직인 당신이
재테크를 알아야 하는 현실적 이유

의사가 되려면 어떤 과정을 겪어야 하는가. 늦어도 고등학생 시절부터, 이르면 초등학생 시절부터 자신의 한계에 도전하게 될 것이다. 그런 힘든 과정을 거쳐 당신이 의사가 되었다면 혹은 자녀를 의사로 만들었다면 어떤 생각을 할까? 불편하게 여길 사람도 있겠지만, 솔직한 속내를 말하자면 '이렇게 힘들게 의사가 되었는데, 당연히 그에 대한 보상을 받아야지'라고 생각하지 않겠는가? 지금까지는 그런 기대가 현실로 구현되었다. 하지만 점점 어려워질 것이다.

의사, 개인회생 신청의 40%…병원폐업도 증가

빚더미에 올라 법원에 개인회생을 신청하는 의사와 한의사가 늘고 있습니다. 법조계와 금융권에 따르면 서울고등법원 담당 지역의 개인회생 신청은 지난 5년간 1,145건으로 집계됐는데, 이 가운데 개인회생을 신청한 의사, 한의사, 치과의사의 숫자는 449명에 달합니다. 이는 전체 개인회생 신청자의 39.2%에 이르는 비율입니다. 또 병원을 비롯한 전체 요양기관의 폐업은 2012년 5,583개로, 2009년보다 20% 증가했습니다. 이 가운데 의원·치과의원·한의원 폐업이 17.6% 늘었습니다.(후략)

2014년 1월 19일자 연합뉴스 내용이다. 개인회생 신청이 1,145건인데 의료인이 39%를 차지했다고 한다. 이번에는 다음 표를 보자.

병 · 의원 개원 현황

연도	계	상급종합병원	종합병원	병원	의원	치과	한방	보건기관 등	약국
2008	78,461	43	269	1,883	26,528	13,918	11,480	3,507	20,833
2009	80,270	44	269	2,039	27,027	14,425	11,940	3,511	21,015
2010	81,681	44	274	2,182	27,469	14,872	12,229	3,515	21,096
2011	82,948	44	275	2,363	27,837	15,257	12,585	3,508	21,079
2012	83,811	44	278	2,524	28,033	15,566	12,906	3,502	20,958
2013	84,971	43	281	2,683	28,328	15,930	13,312	3,504	20890
2014	86,629	43	287	2,811	28,883	16,377	13,654	3,516	21,058
2015	88,163	43	294	2,868	29,488	16,822	13,873	3,508	21,267
2016	89,919	43	298	2,942	30,292	17,246	14,150	3,505	21,443
연평균 증가율	1.68%	0.00%	1.28%	6.20%	1.52%	2.74%	2.74%	0.00%	0.29%

※ 건강보험심사평가원, 2016년 12월말 기준 / 단위 : 개소
※ 치과 : 치과병원 · 의원 / 한방 : 한방병원, 한의원 / 보건기관 등 : 조산원, 보건의료원, 보건소, 보건지소, 보건진료소

표가 나타내듯 치과의원의 수는 해마다 늘어나고 있다. 상가건물을 지으면 제일 먼저 들어오는 업종이 치과와 태권도 도장이라는 우스갯소리가 있다. 개업하려는 치과의사는 많은데 적당한 상가 자리가 없으니, 입지가 조금만 좋다 싶으면 같은 건물에 치과가 서너 개 입점하는 것도 흔한 일이 되어 버렸다.

내가 운영하는 아프리카TV 방송 「치과의사 겸손의 재테크 썰전」을 통해 많이 아시겠지만, 나는 치과의사다. 치과의사라면 돈도 많이 벌 텐데 무슨 재테크가 필요하냐는 사람들이 많다. 그러나 그건 상황을 잘 몰라서 하는 말이다.

앞으로 치과의사라는 직업은 어떤 위상을 갖게 될까? 사람의 몸을 치료한다는 사명감만으로도 의사라는 직업은 충분히 가치 있고 보람되다. 하지만 과거처럼 보람 외에 고소득까지 보장되는 직업은 아니라는 것은 자명해 보인다. 의사뿐이겠는가. 경제성장 동력이 멈추어가는 현 시점에서 "내 직업은 안전하다"라고 말할 수 있는 사람이 과연 몇이나 되겠는가.

· ⟩⟩⟩ 치과의사에게도 쉽지 않은 '경제적 자유'의 길

치과의사들의 현실은 세상 사람들이 생각하는 것과 상당히 다르다. 다음 기사를 보자.

> 그렇다면 의사들 월급은 어느 정도 수준일까요. 진료과에 따라 다르고 환자와 수술 건수에 따라서도 천차만별입니다. 치과 경우부터 한번 보겠습니다. 최근 치의학전문대학원 출신자들이 배출되면서 봉직의(페이닥터) 월급이 크게 떨어지고 있는 추세입니다. 이들은 임상 경험이 부족하기 때문에 초봉 250만 원을 받고 일하는 경우도 있다고 하네요. 그 정도를 받더라도 마음에 드는 마땅한 자리를 구하기가 쉽지 않다고 합니다.
>
> (출처 : 부산일보 2010년 5월 26일자 기사)

위 기사가 거짓말 같은가? 진실이다. 내가 겪어봐서 안다. 진짜 저렇게 받는다. 경력 많은 치위생사보다 치과의사 급여가 적을 수도 있다. 물론 위 기사에 나오는 급여는 수련을 받지 않고 갓 졸업한 경우에 해당하며, 이후 급여가 빠르게 큰 폭으로 상승하기는 한다. 그렇지만 '똥구멍 찢어지게 힘들다'라고 할 정도는 아니라도 '서민들과는 시작 자체가 다르다'라고 하기에도 좀 애매한 액수 아닌가?

전문직의 평균연봉을 따져보면 모두 억대연봉의 고소득자인 것 같지만 여기에는 상당한 착시현상이 있다. 전문직 중에서도 상위소득의 사람들이 워낙 많이 벌다 보니 전체 평균을 끌어올리는 것일 뿐이다.

이런 경우 또 다른 문제는 상대적 박탈감이다. 치과의사는 자신을 누구와 비교할까? 중소기업에 다니고 있는 내 불×친구와 비교할까? 나보다 소득이 낮은 친구와 비교를 하면서 "그래, 치과의사가 아무리 망했다고 해도, 저런 친구도 있는데 나는 이만하면 충분히 많이 벌고 있어"라고 위안할까? 그렇지 않다. 치대 동기 · 선배 · 후배와 스스로를 비교하게 된다. "나는 BMW 타고 다니는데, 나보다 대학 다닐 때 공부 못했던 저 친구는 벤틀리를 타네? 아~ 인생 ×같다"라고 하지 않을까?

치과의사도 사실은 힘들다고 하더니 결국 BMW냐 벤틀리냐로 상대적 박탈감을 운운한다는 게 어처구니가 없으실 수도 있겠다. "역시 엄살이었네"라고 하실 수도 있겠다. 인정한다. 그러나 여러분들께서 생각하시는 것처럼 치과의사들도 큰 착각을 하고 있다는 것을 말하려는 것이다. 언제까지나 지금처럼 잘 벌 것이라고 생각하고 점점 나빠져 가는 상황은 인식하지 못한 채 과거에 타던 BMW와 벤틀리만 계속 고집할 거라는 것이다.

•》》 대한민국에 살려면 부동산을 공부하라

치과의사가 된 2013년부터 부동산 공부를 시작했다. 당시 우리 부부는 첫째 아이를 키우고 있었고, 2011년부터 신혼생활을 시작한 집을 떠나서 새로운 지역으로 이사를 하였다. 신혼집도, 새롭게 이사를 간 집도 전세였다. 새로 이사간 집의 전세금은 2억 원 초반대로, 이사를 오면서 전세금을 5,000만 원 정도 더 지불하게 되었다. 대출은 1억 원이 약간 넘는 상태였다. 여기에는 학자금대출 4,000만 원, 결혼자금 및 생활비로 쓰인 2,000만 원의 신용대출이 포함되어 있었다. 초보의사인 내가 받은 급여는 앞서 기사에 나온 수준이었고, 사실 이것은 내가 치과의사가 되기 전에 다른 곳에서 직장생활을 할 때보다 적은 금액이었다. 아내는 첫째 아이를 출산한 후 내 권유에 따라 퇴직을 하고 육아에 전념하고 있었다. 즉, 우리 집은 외벌이였다.

이렇게 솔직하게 공개하는 이유는 나 또한 돈이 없는 상태에서 부동산 투자를 시작했다는 것을 보여주기 위해서다. 여러분과 비슷한 조건이었다. 오히려 이 글을 읽는 분 중에는 당시의 나보다 경제 상황이 더 나은 분들도 많을 것이다. 그러니 "너는 치과의사니까 부동산 투자를 쉽게 할 수 있었던 거 아니야?"라는 시선은 거두어 주었으면 한다. 부동산 투자는 특별히 수입이 많은 사람들 혹은 자금이 많은 사람들만 할 수 있다는 선입견 때문에 투자를 하지 못하는 사람을 너무 많이 봤고, 그때마다 안타까웠다.

치과의사가 되었지만 대한민국에서 살아가려면 부동산을 알아야겠다고 절실히 깨닫고 있었다. 그렇게 된 것은 아버지를 보면서다. 우리 아버지는 40년째 공장에서 일하셨고 그 중에 30년 가까운 시간 동안 본인 공장을 운영하셨다. 사장님이셨다는 것이다. 사업한다, 공장 한다고 하면 '이 사람은 돈 많이 벌었겠구나' 하고 생각할 것 같다. 어린 시절 뉴스에서 중소기업이 어쩌고 하는 이야기가 나와서 아버지께 여쭤보았다.

"아빠! 아빠 회사 같은 데를 중소기업이라고 하는 거야?"

"아니, 우리 공장은 영세기업이지."

속된 말로 구멍가게였다. 그냥 입에 풀칠하고 사는 정도였다. 우리 아버지는 사장님이라기보다 그냥 보통의 아버지셨다. 열심히 일하셨다.

어린 시절에는 단독주택 전세살이를 전전했다. 내가 초등학교 3~4학년일 때에는 단독주택의 방 두 칸을 빌려 전세로 살았는데, 화장실은 집 밖으로 나가야 있었고 재래식이었다. 어린 나는 화장실 구멍에 빠질까봐 무섭기도 하고 냄새나는 것도 싫어서 화장실을 제대로 이용하지 못했다. 우리 할머니는 그런 손주를 자주 타박하셨다.

집주인은 아버지 친구분이셨다. 집주인 부부는 우리에게 잘 대해주셨고 그 집 아이들은 나보다 한두 살 어린 동생들이어서 자주 어울려 놀곤 했다. 하지만 어린 마음에도 나는 누가 말해주지 않았음에도 집주인과 세입자라는 관계를 의식하고 있었다. 같이 놀다가 내가 억울한 일이 생겨도 눈치를 보느라 부모님께 이를 수가 없었다. 나뿐만 아니라 어머니에게도 마음 편치 않은 시간이었을 것이라고 생각한다. 구체적으로 말하지 않아도 이유는 충분히 짐작하고 남을 것이다.

대학을 졸업하고 직장인이 되었을 때 왜 우리 아버지는 내 집 마련을 하는 데에 그렇게 오랜 시간이 걸렸는지 이해를 할 수 없었다. 내가 받는 급여를 계산해 보니 몇 년 고생하면 금방 내 집을 살 수 있을 것 같았기 때문이다. 아버지께 여쭤보았다. 돌아오는 대답은 이랬다.

"시절이 그랬지. 지금처럼 대출이 잘 나오지도 않았고, 수입도 많지 않았고…. 아무리 벌어도 집값이 뛰는 속도를 따라갈 수가 없더라고."

아버지는 공장을 운영하는 거의 대부분의 기간 동안 공장 건물을 월세를 주고 임차를 하셨다. 아버지가 사장이었지만 공장 건물은 아버지의 것이 아니었다. 어느 날 지금까지 낸 월세를 계산해 보니 그 공장을 사고도 남았겠다는 생각이 드셨다고 한다. 그래서 내 공장을 짓겠다고 결심하셨다. IMF 사태를 막 지난 시점이었는데, 그 이전에는 은행에서 대출을 받기가 하늘의 별 따기였지만 이 시점부터 은행에서 대출을 받기가 상대적으로 수월해졌다고 한다. 대출을 최대한으로 받아서 땅을 사고 공장을 지으셨다.

당시 어머니의 반대는 이루 말할 수 없었다. 어린 아들을 붙잡고 하소연을 하셨다. 아버지가 대출을 너무 많이 받아서 무섭다고. 그러나 아버지는 결국 본인의 꿈을 이루셨다. 산업단지 내에 있는 공장이었는데 인근에 있는 공장 중에 가장 잘 지으셨다. '내 공장이 생기면 이렇게 지어야지'라고 계속 생각을 하셨기 때문일까. 인근 공장 사장님들이 감탄할 만큼 일하기 좋게, 사소한 부분까지 신경 써서 건축을 하셨다.

꿈에 그리던 공장에서 승승장구하셨다면 좋았겠지만, 몇 년이 지나고 제조업의 업황이 지속적으로 나빠지면서 아버지는 결국 공장을 그만두기로 하셨다. 모든 것을 처분하고 나서 보니 손에 남은 건 공장 하나. 그런데 이 공장 가격이 두 배 가까이 올라 있었다. 아버지는 공장을 판 돈으로 월세가 나오는 건물을 사셨다. 덕분에 지금 두 분은 함께 여행을 다니면서 즐겁게 지내고 계시다.

만약 아버지가 공장을 사지 않고 계속 월세를 내면서 열심히 일만 하셨다면 어떻게 되었을까? 아마 지금까지도 열심히 일만 하고 계실 것이고 나는 부모님 생활비를 보태드려야 했을 것이다. 자식 된 도리로 기꺼이 해드려야겠지만, 그것이 부담되지 않는다고 하면 거짓말일 것이다. 그때 깨달았다. 열심히 일만 한다고 돈을 벌 수 있는 것이 아니구나. 부동산이 뭔지, 자본주의가 뭔지, 돈이 뭔지 알고 싶게 된 계기였다.

· 〉〉〉 공부의 첫 시작은 단독주택용지 투자

처음 공부를 시작한 부동산 종목은 단독주택용지였다. 지인 분께서 『마흔 살 행복한 부자 아빠』라는 책을 권해 주셨고 그 책으로 처음 공부를 시작했다.

단독주택이란 건축법상 단독주택, 다중주택, 다가구주택, 공관을 포함한다. 각각에 대한 설명은 지면 관계상 생략하기로 하지만 여기서 말하는 단독주택은 정확히는 다가구주택을 의미한다. 다가구주택은 쉽게 말하면 원룸 또는 투룸으로 구성된 건물이라고 생각하면 된다.

흔히 다가구주택과 다세대주택을 헷갈릴 수 있는데, 가장 큰 차이점은 소유주가 몇 명이냐는 것이다. 다가구주택은 건물 전체의 소유주가 한 명이고, 다세대주택은 개별 호수마다 소유주가 다를 수 있다. 빌라를 생각하면 쉽다.

다가구주택은 여러 호실이 있어도 각 호실을 구분해서 매도할 수 없고 반드시 한 번에 사고 팔아야 한다. 대신 월세와 전세로 임대를 놓아서 월세 수익과 시세 차익을 동시에 노릴 수 있다는 장점이 있다. 또한 건물 한 채의 소유주가 같으므로 상대적으로 관리가 용이하다. 일반적으로 인근 공인중개사나 주택관리사에게 임대와 유지보수에 관한 소소한 일을 모두 맡기고 일정 금액의 수수료를 주는 방식으로 관리한다. 요즘 60대 베이비부머들의 은퇴 시기가 맞물리면서 임대소득을 원하는 사람들에게 인기가 많다.

단독주택용지라는 것은 그러한 다가구주택을 지을 수 있는 토지를 의미한다. LH(한국토지공사) 혹은 지방자치단체의 도시공사에서 택지지구를 조성할 때 공급이 된다. 2017년까지는 대부분 추첨으로 진행했는데 당첨만 되면 로또에 버금간다고 할 정도로 프리미엄(P)이 붙는 게 예사였다. 그러나 청약 경쟁률이 1만 대 1에 달하고 다운계약서 작성, 웃

다운계약서

부동산을 거래할 때 실제 매매가보다 낮은 가격으로 계약서를 허위로 작성하는 행위. 주로 두 가지 이유로 이루어지는데, 첫째는 사는 사람 입장에서 매입가를 낮춰 취득세를 적게 내려는 것이고, 둘째는 파는 사람 입장에서 양도차익을 줄여 양도소득세를 적게 내려는 것이다. 적발되었을 경우 취득세의 3배 이하의 과태료는 물론 무신고 및 불성실신고 가산세를 납부해야 한다.

돈 거래 등 불법적인 거래가 횡행하여 2018년부터는 경쟁입찰제로 변경될 예정이다.

공부는 재미있었다. 하지만 결정적인 문제가 있었다. 나에게는 단독주택용지에 투자할 만한 돈이 없었다. 땅값이 최소 2~3억 원이니 내가 할 수 있는 것은 아니라는 생각이 들었다.

참고로, 사실 그 당시에는 대출에 대한 개념이 없었기 때문에 몰랐지만 실제로 필요한 돈은 그보다 훨씬 적다. LH에서 분양하는 단독주택용지의 경우 땅값의 80%는 대출이 나오기 때문에 20%에 해당하는 돈만 있으면 가질 수 있었다. 그렇다고 해도 5,000만~6,000만 원은 필요했다. 아마 대출을 활용할 줄 알았다고 해도 투자금이 모자란 것은 마찬가지였을 것이다.

> **점포겸용 단독주택용지의 경쟁입찰제**
>
> 점포겸용 단독주택용지는 저층에 상가를 지을 수 있어 인기가 높았지만, 추첨을 통해 공급되면서 로또와 같은 취급을 받았다. 정부는 향후 이를 경쟁입찰제로 바꾸어 높은 매입가를 제출하는 사람에게 분양할 계획이다. 이는 경쟁을 통해 분양가격을 시세와 비슷한 수준으로 끌어올림으로써 투기를 막겠다는 의도이며, 같은 맥락에서 2년 이내에 매도할 수 없다는 전매제한도 함께 시행될 예정이다.

• 〉〉〉 독학으로 경매 공부를 시작하다

하지만 돈이 없다고 해서 공부를 멈출 수는 없었다. 이런 저런 인터넷 카페에 가입해서 글을 읽고 공부를 하다가 자기 돈을 거의 들이지 않고 투자를 한다는 사람의 글을 읽게 되었다. 그 사람의 글 내용은 경매로 부동산을 낙찰받아서 대출을 받고 월세를 놓거나, 낙찰 가격에 육박하게 혹은 그 이상으로 전세를 놓아서 투자금을 회수한다는 것이었다. 그렇게 투자해서 한 건당 몇 천만 원의 수익을 올리고 있었다.

나중에 알고 보니 글을 쓴 사람은 '행복재테크(cafe.daum.net/happy-tech)'

라는 카페의 운영자로 유명한 송사무장 님이었고, 글 내용은 본인의 책『송사무장의 부동산 경매의 기술』내용 일부를 발췌한 것이었다. 엄청난 충격이었다. 나도 할 수 있겠다는 생각이 들었기 때문이다. 희망과 용기를 얻게 되었다. 그렇게 2014년 늦은 여름부터 경매 공부를 시작하게 되었다.

병원 진료 때문에 시간을 맞춰서 오프라인 강의를 들으러 가기에는 어려움이 있어 온라인으로 들을 수 있는 경매 강의가 없을까 찾아보았다. 다음TV팟에서 EBS 강의를 찾아냈다. 과거 EBS에서 방송된 경매 강의를 온라인에 올려놓은 것 같았다. 역시나 나중에 안 사실이지만 굉장히 유명한 강사님의 강의였고 상당히 도움이 되었다.

강의를 듣고 내용을 정리해서 블로그에 올려가면서 공부를 했다. 경매 관련 책들도 사서 읽었다. 지금도 나는 경매 공부를 하고 싶은데 어떻게 해야 하느냐는 질문을 받으면 내 블로그에 EBS 강의 링크와 정리 내용이 있으니 그것부터 공부하시라고 추천한다.

그 이후 가을에 모 카페에서 진행하는 경매 강의를 들었다. 내용은 무료로 들었던 EBS 강의와 크게 다르지 않았고 오히려 이미 아는 내용을 다시 들으려니 약간 지루했던 것도 사실이다. 하지만 열심히 활동하는 회원에게는 수강료를 돌려주는 정책이 있어서 열심히 공부해서 수강료 전액을 장학금으로 돌려받았다. 이듬해 봄에는 '좌포의 부동산 경매 더 리치(cafe.daum.net/buza151)'라는 카페에서 활동하면서 경매를 본격적으로 시작하게 되었다.

이처럼 나는 처음 경매를 독학으로 시작했다. 하지만 지금 돌이켜보면 경매를 독학으로 배우는 것은 별로 좋지 않다고 생각한다. 경매는 이론적 내용도 중요하지만 낙찰받고 해결하는 과정에서 정말 다양한 상황이 벌어진다. 초심자가 그때그때 적절하게 대응하는 것은 어렵고 그 모든 케이스가 책에 나오지도 않는다.

경험 많은 사람의 도움을 받는 것이 좋다. 비싼 수업료를 내고 강의를 듣는 것은 이론적 내용을 배우려는 목적도 있지만, 어려운 상황에 처했을 때 강사의 도움을 받기 위해서이기도 하다. 따라서 강의를 선택할 때는 강사의 실력도 중요하지만, 내가 편하게 도움을 청할 수 있는 사람인지도 중요하다.

아직도 경매 투자를 부정적으로 보는 사람이 많다. 부동산 중개사무소에 들러 소장님께 "경매 때문에 왔습니다"라고 이야기하면 일장연설을 듣는 경우가 많다. 특히 20~30대 젊은 투자자가 50대 정도 되시는 소장님을 만나면 더욱 그러하다.

"경매가 얼마나 어려운 건데! 권리분석도 잘 해야 하고, 경매로 해 봐야 얼마 싸게 사는 것도 아닌데 뭐 하러 그런 거 하나? 그냥 매매로 사는 게 낫지."

이 글을 읽고 있는 당신이 경매를 약간이라도 배우고 부동산 중개사무소에 가서 경매 이야기를 꺼냈다면 반드시 한 번쯤은 들어보았을 말이라고 확신한다. 아직 그런 경험이 없지만 이 책을 계기로 해서 앞으로 경매나 공매에 참여할 사람이라면 미리 마음의 준비를 해 두셨으면 좋겠다. 참고로 그렇게 말씀하시는 분 치고 경매 · 공매로 돈 벌어 본 적 있는 사람은 드물다.

• 〉〉 직장인이라면 공매에 주목하라

경매를 공부하면서 자연스럽게 공매에도 관심을 가지게 되었다. 공매는 쉽게 말하면 세금을 내지 않는 사람이 있을 경우 국가에서 세금을 추징하기 위해 진행하는 절차이다.

세금을 내지 않는다면 국가는 어떻게 받아낼 수 있을까? 국가가 불법 사채업자도 아닌데 강제로 개인 소유의 물건을 뺏을 수는 없는 노릇이다. 그러나 세금은 내지 않으면서 재산을 가진 사람이 있다면 정부는 그 재산을 압류하여 공매로 넘긴다. 이렇게 공매로 처분한 돈 중에서 가장 먼저 세금을 걷어가고, 남는 돈이 있다면 원 소유자에게 돌려주는 것이다.

> (합천=연합뉴스) 지성호 기자 = 최근 검찰이 전두환 전 대통령 일가 선산 공매 방침을 밝힌 데 대해 전 전 대통령 고향인 경남 합천에선 엇갈린 반응이 나왔다. 서울중앙지검 특별환수팀은 전 전 대통령 측이 미납 추징금 대신 내놓은 합천군 율곡면 기리 선산 69만3,000㎡를 오는 7월 공매에 내놓기로 했다.
>
> (출처 : 연합뉴스 2014년 5월 31일자 기사)

위 기사처럼, 전직 대통령도 국가에 내야할 돈을 내지 않으면 재산이 공매로 넘어간다. 이 과정에서 처분되는 재산을 우리가 구입할 수 있다. 혹자는 공매 투자자들이 남의 재산을 헐값에 가로채는 투기꾼인 것처럼 매도하지만 실제로는 누군가 내지 않고 버티던 세금을 법적인 절차에 따라 납부하는 일을 도와주는 사람이라고 볼 수 있다. 세금을 낼 수 있음에도 불구하고 내지 않는 사람들이 많다. 즉 공매 투자자는 국가가 세금을 걷어서 제대로 쓸 수 있게 도와주는 역할을 하는 것이다.

경매와 비교했을 때 공매의 가장 큰 장점은 인터넷으로 입찰을 할 수 있다는 것이다.

공매(公賣)

국가 또는 공공기관이 주체가 되어 자산을 매각하는 것. 엄밀히 말하면 경매 역시 공매의 한 종류이지만, 일반적으로는 국세를 체납한 사람의 자산을 강제로 매각한다는 좁은 의미로 사용된다. 주로 세무서장이 한국자산관리공사(KAMCO)에 의뢰하여 진행한다.

한국자산관리공사(KAMCO)가 운영하는 '온비드(www.onbid.co.kr)라는 사이트에서 진행되기 때문에 직장인들도 짬을 내어 입찰하기 좋다. 경매처럼 낙찰받을지 못 받을지도 모르는데 연차나 반차 써가며 법원에 갈 필요가 없다는 것이다.

경매 투자를 처음 시작할 때는 의욕에 넘쳐서 입찰을 하지만, 대부분은 번번이 패찰을 맛보게 된다. 직장인들은 더더욱 힘이 쭉쭉 빠진다. 이러면 대리입찰을 생각해보게 된다. 대리입찰이란 나 아닌 다른 사람을 보내서 대신 입찰하게 하는 것이다. 대부분 가족이나 투자모임에서 만난 지인에게 부탁하고 약간의 교통비를 드린다. 하지만 대리입찰을 부탁하는 것도 한두 번이지 계속 패찰을 하다 보면 또 부탁하기도 미안해지고, 교통비로 드리는 돈도 만만찮게 커진다. 그런 사람들에게 공매는 훌륭한 대안이 될 수 있다.

·〉〉 공매 투자로 가는 첫 번째 관문 '권리분석'

공매의 중요한 매력이 있다. 경매는 이제 일반인들도 한 번쯤 들어는 봤고 '나도 한 번 배워 볼까'라고 관심을 많이 가진다. 하지만 공매는 상대적으로 아직 많이 알려져 있지 않다. 그만큼 경쟁률이 낮은 것이다. 실제로 경매를 배우는 사람들도 공매는 막연히 어렵다고 생각하거나 꺼리는 경우가 많다.

왜 그럴까? 첫 번째로는 선입견 때문이다. 누군가가 공매는 경매보다 어렵다고 이야기하는 것만 듣고서 '어려우니까 안 해야지'라고 벽을 친다. 두 번째로는 실제로 더 어렵기 때문이다. 대부분은 한 번 시도했다가 만만치 않다는 것을 깨닫고 금방 포기를 한다. 그러나 공매는 별로 어렵지 않다. 특히 경매를 공부한 사람이라면 아주 쉽게 접근할 수 있다. 경매나 공매나 큰 원리는 같기 때문이다. 공매가 경매와 다른 부분 몇 가지만 추가적으로 이해하면 된다. 아주 쉽다.

아까는 어렵다고 하더니? 공매가 왜 어렵게 느껴지는지 생각해 보자. 경매를 배우는 사람들은 유료 경매정보지라는 것을 접하게 된다. 말 그대로 경매 정보를 유료로 제공하는 사이트를 통칭하는 용어이다. 탱크옥션, 굿옥션, 스피드옥션, 지지옥선 등이 여기에 속한다. 유료 정보지를 돈 내고 사용하는 이유가 뭘까? 시간을 아껴주기 때문이다. 다양한 물건 검색 방법이 있을 뿐 아니라 권리관계 파악이라고 하는, 경매 입찰 시 필수적인 과정을 대신 해 주기 때문이다. 유료 정보지에 맛을 들이면 헤어 나올 수 없다.

그런데 아직까지 유료 정보지들도 공매 물건에 대해서는 경매 물건처럼 공을 들여서 대신 권리분석을 해 주지 않는다. 따라서 유료 정보지를 통해 경매에 익숙해진 사람들이 공매 물건을 클릭하면 굉장한 어색함을 느끼게 된다.

"이건 뭐지? 엄청 대충 되어 있네? 그럼 내가 직접 해야 하는 건가? 직접 했는데 틀리면 어쩌지? 혹시라도 잘못 분석해서 몇 천만 원, 몇 억 원을 날리게 되는건 아닐까? 에잇, 안 해야겠어!"

대충 이런 스토리대로 진행된다. 즉 유료 정보지가 대신 해주던 권리관계 분석을 내가 직접 해야 하는 데서 오는 두려움을 떨쳐내는 것이 공매 투자의 첫 번째 관문이다. 공매라고 해서 권리분석이 더 어렵거나 특별한 것은 아니다. 다만 공매의 특성상 등기부등본에 나와 있지 않고 숨어있는 위험이 있을 수 있으니 좀더 잘 체크하면 된다.

• 〉〉 공매 투자로 가는 두 번째 관문 '명도'

두 번째 관문은 무엇인가. 바로 명도이다. 명도라고 하는 것은 기존에 살고 있던 사람을 내보내는 행위이다. 초심자들은 보통 주거용 건물로 시작을 하니 빌라나 아파트를 한 번 생각해보자. 낙찰받은 집이 빈 집일 수도 있지만 보통은 그 집에 사람이 살고 있을 것이다. 그럼 이 집에 대한 권리를 제대로 행사하기 위해서는 그 사람을 내보내야 한다. 살고 있는 사람과 협의가 잘 되면 다행이다. 하지만 나가지 않겠다고 버티면 법의 힘을 빌려서라도 억지로 내보내야 한다.

그런데 공매는 경매에 비해 이 과정이 조금 더 복잡하고 시간이 많이 걸린다. 경매라면 그 집에 살고 있는 사람을 법원에서 강제로 내보내 준다. 이것이 강제집행이라고 하는 행위이다. 다만 돈을 좀 써야한다. 집행비용이라고 하는 것이다. 나 대신 일을 해주는 사람이 있으니 당연히 돈을 내야 한다. 세상에 공짜는 없다.

그런데 공매로 낙찰을 받으면 바로 강제집행이 되지 않는다. 명도소송이라는 것을 거쳐야 한다. "내 집인데 저 사람이 그냥 살고 있어요. 내보내주세요"라고 소송을 하면 법원에서 "그래, 너는 이 집에서 살 자격이 없어"라는 판결을 내려준다. 그러나 판결문이

명도소송

자격이 없는 사람이 부동산을 점유하고 있을 때 소유자가 부동산을 넘겨받기 위해 진행하는 소송. 단, 경매 등 법원이 곧바로 인도명령을 내릴 수 있는 경우는 제외된다. 반드시 변호사의 도움을 받을 필요 없이 스스로 진행이 가능하다.

있다고 바로 사람을 내보낼 수 있는 것은 아니다. 이것을 가지고 다시 법원에 가서 "판결문이 나왔는데도 저 사람이 나가지 않으니 강제로 내보내주세요"라고 신청을 해야 하는 것이다.

이 과정이 보통 넉넉잡고 6개월 정도다. 집을 샀는데, 내 집에서 내가 알지도 못하는 사람이 6개월 동안 지낸다고 한다. 이게 말이나 되는 일인가? 만약 대출을 받았다면 대출이자도 계속 나가게 된다. 게다가 6개월 동안 그 집에 살고 있는 사람이 관리비는 잘 내 줄 것인가? 또 다른 문제도 있다. "소송? 어휴, 그걸 어떻게 한단 말이야, 난 못해"라는 생각이다.

이런 여러 가지 요인들이 공매 투자의 진입장벽으로 작용한다. 그러나 바로 그렇기 때문에 오히려 공매를 잘 공부하면 돈을 벌 수 있는 것이다. 남들은 포기하기 때문에 경쟁이 조금 덜 하다. 경쟁이 덜 하면 나눠먹을 게 좀 더 많이 생기기 마련이다. 여러분은 이 장벽을 뛰어 넘으셔야 한다. 어떻게 뛰어 넘을 수 있는

지 이제부터 설명드릴 것이다.

• >>> **공매 투자자를 혼란에 빠트리는 체납세금의 함정**

경매보다 공매가 권리분석 상 좀 더 함정이 많은 이유는 선순위 임차인과 체납세금 때문이다. 당해세가 있거나 조세채권의 법정기일이 대항력 있는 임차인의 전입일보다 빠른 경우, 배분 시에 낙찰자가 인수해야 하는 금액이 있을 수 있다. 경매든 공매든 선순위 임차인이 있는 경우는 항상 주의해야 한다.

배분

경매에서는 배당, 공매에서는 배분이라는 용어를 사용한다. 공매에 대해서 주로 언급하고 있으므로 배분이라고 하겠다. 배분은 공매 과정에서 낙찰자가 납부한 금액을 조세채권자 및 채권자들에게 각 순위에 따라서 나누는 것을 의미한다.

당해세란 당해 재산을 소유하고 있기 때문에 부과되는 세금을 의미한다. 상속세, 증여세, 종합부동산세, 재산세, 자동차세 등이 여기에 속한다. 당해세는 다른 근저당, 가압류 등보다 순위가 앞서기 때문에 낙찰금액을 이해관계자들에게 나눠주기 전에 먼저 국가가 가져간다.

또한 조세채권이란 조세, 즉 국가나 지자체가 거둬가는 세금을 걷지 못했을 때 이것이 채권의 형태로 납부자에게 부과되는 것이다. 세금을 내지 않으면 납부자가 가진 자산(예를 들면 주택)에 압류를 거는데 그때 조세금액만큼 이 집에 대한 채권이 잡히는 것이다. 조세채권의 법정기일이란 해당 조세의 신고일 또는 납세고지서 발송일이다. 이 법정기일을 기준으로 배당 순위가 정해진다.

당해세나 조세채권이 특히 중요한 이유는 이것이 등기부등본에 나오지 않아서 확인하기가 어렵기 때문이다. 공매가 이뤄지는 원인은 주로 세금 체납인 경우가 많은데, 등기부등본을 통해 쉽게 확인할 수 없다면 배분 순서를 예측하기도 어려워진다. 만약 이 집에 선순위 임차인이 있다고 하자. 그런데 당해세나 조세채권의 순위가 선순위 임차인보다 앞선다면 내가 낸 낙찰금액 중에서 당해세나 조세채권이 먼저 공제되므로 선순위 임차인은 보증금의 일부 또는 전부를 돌려받지 못하게 될 수도 있다. 이 경우 선순위 임차인은 낙찰자에게 자신의 보증금을 돌려달라고 할 수 있다. 낙찰자가 예상치 못하게 인수하는 금액이 생길 수 있는 것이다.

예를 들어 설명해 보자. 시세 2억 원짜리 아파트를 1억8,000만 원에 낙찰받았다. 대항력 있는 선순위 임차인이 있었지만 보증금은 1억7,000만 원이고 배분신청을 해놓은 상태라서 내가 낸 낙찰금액으로 보증금을 전액 받아갈 수 있으니 문제될 게 없어 보였다. 드디어 나도 낙찰이란 것을, 그것도 시세 대비 10%나 싸게 받았으니 기분이 좋을 것이다. 부동산 중개사무소에 물어보니 당장 1억9,500만 원에도 팔아줄 수 있다고 한다. 이런 저런 부대비용을 제외해도 500만 원은 벌수 있을 것 같다. 500만 원이 작은 돈인가? 누군가에게는 몇 달치 월급일 수도 있다. 그런데 누가 옆에서 이상한 소리를 한다.

"그런데 그거 왜 단독이지? 권리 상 문제 있는 거 아냐?"

단독, 즉 단독낙찰이라 함은 나 이외에는 아무도 입찰하지 않았음을 말한다. 혹시 뭔가 나만 몰랐던 문제가 있었던 건 아닐까? 알고 보니 이 집의 전 소유자가 5,000만 원의 세금을 체납한 상태였다. 세무당국은 낙찰금액 1억8,000만 원에서 이 돈을 먼저 떼어갔고, 남은 금액은 1억3,000만 원이었다. 선순위 임차인이 보증금 1억7,000만 원 중에서 4,000만 원을 덜 배분받게 된 것이다. 이 4,000만 원은 낙찰자가 임차인한테 줘야 한다. 나는 1억8,000만 원에 낙찰받았고 세입자에게 4,000만 원을 물어줘야 하니, 결국 2억 원짜리 아파트를 2억2,000만 원에 산셈이다. 도대체 왜? 너무나 억울하다.

그런데 이런 일이 경매보다는 공매에서 좀 더 자주 일어난다. 경매의 경우에도 체납세금이 있을 수는 있지만 없는 경우가 더 많은데, 공매는 그 자체로 체납세금의 추징을 목적으로 하니 세금이 끼어드는 경우가 많은 것이다.

·》 초보자라면 굳이 어렵게 가지 말자

점유자와 명도 날짜까지 다 조정해 놓았는데 배분 과정에서 당해세와 법정기일이 빠른 조세채권이라는 놈들이 등장하면 그때부터 일이 꼬이기 시작한다. 용어도 어렵다. 듣기만 해도 머리가 아프다. 그래서 공매가 어렵다는 것이다.

경매와 마찬가지로 공매에서도 낙찰된 금액에서 각자 권리가 있는 사람들이 돈을 받아 가는데 그 순서가 중요하다. 만약 선순위 임차인이 없다면 배분 순서가 어떻게 되든 낙찰자와는 전혀 상관없다. 그건 채권자들끼리의 문제일 뿐이다.

하지만 선순위 임차인이 있다면 배분 순서가 중요해진다. 선순위 임차인이 배분 순서에서 밀려서 일부 보증금을 돌려받지 못한다면 그 금액을 낙찰자에게 돌려달라고 요구할 권리가 있는 것이다. 이 문제는 경매든 공매든 마찬가지다. 그래서 이런 말이 있는 것이다.

'선순위 임차인 = 배당(배분)'

자, 그렇다면 권리분석이라는 공매의 첫 번째 관문을 어떻게 넘어갈 수 있을까? 아주 쉽다. 선순위 임차인이 있는 물건을 피하면 된다. 선순위 임차인이 없다면 당해세가 있든 조세채권이 있든 낙찰자와는 상관없기 때문이다. 특히 집주인이 살고 있는 집이 공매로 나왔다면? 권리분석이 전혀 필요 없는 좋은 물건이다. 낙찰이 되면 체납세금은 국가가 알아서 가져갈 것이고, 남은 돈은 다른 권리자들에게 나눠줄 것이고, 임차인이 아니니 점유자에게 줘야 할 돈도 없다. 다만 받아가는 게 없는 만큼 명도에 비협조적일 수는 있다.

초심자는 쉽게 쉽게 가면 된다. 굳이 어려운 길로 갈 필요가 없다. 어려운 길로 가야 수익이 큰 것은 맞지만, 손실의 위험성도 커진다. 일단 쉬운 물건들을 공략하고, 어느 정도 실력이 쌓이면 권리관계가 복잡한 물건들에 도전하면 될 것이다.

나는 쉽게 풀어서 설명하고자 노력하고 있지만 아무래도 독자 여러분들은 어렵게 느낄 수밖에 없을 것이다. 일단 용어부터 익숙지 않기 때문이다. 그런 분들은 경매 공부를 먼저 하고 나서 이 내용을 다시 보면 쉽게 이해되실 것이다.

정리하자면, 공매의 권리분석이 어렵다고는 하지만 쉬운 물건이 더 많으니 쉬운 물건만 골라서 하면 된다는 것이다. 단, 쉬운 만큼 수익은 작아진다는 것은 감안하자.

・〉〉 공매의 명도는 정말 그렇게 어려울까

두 번째 관문에 도전해보자. 두 번째 관문이 무엇이었나? 그렇다. 명도이다. 초심자들은 이런 질문을 많이 한다.

"공매는 명도가 어렵다던데요."

개인적인 경험을 돌아보면 공매로 낙찰받았을 때 살고 있던 사람이 임차인일 경우는 순순히 이사를 나갔다. 보통 이사비를 요구하긴 하지만, 실제로 준 적은 없다. 반면 살고 있던 사람이 집주인인 경우는 대부분 그 집에 월세로 계속 거주하기 원했다. 그래서 그렇게 하시라고 했다. 어차피 월세를 놓을 목적으로 낙찰받은 집이었기 때문이다. 이래도 공매의 명도가 어렵나? 물론 나는 운이 좋았다. 주변사람들 중에는 공매로 낙찰받은 집의 명도 문제로 골치를 썩는 경우도 없지는 않다. 하지만 그것이 흔한 경우는 아니다.

개인적으로 명도가 어렵다는 인식은 주로 몇몇 무용담들 때문에 생겨난 것이 아닌가 싶다. 드라마도 막장 드라마가 시청률이 잘 나오듯 경매나 공매도 드라마틱한 경험을 무용담으로 풀어낼수록 사람들이 관심을 갖고 기억하게 된다. 그런 문제를 멋지게 해결할수록 대단한 고수라고 칭송을 받게 되니, 이야기하는 사람도 평범한 아홉 가지 경험보다는 힘들었던 한 가지 경험을 주로 이야기하게 된다. 그러면 듣는 사람 입장에서는 그 한 번의 경험이 일반적인 경우라고 생각하게 되는 것이다. 어쩌면 내가 딱 한 번 낙찰받았는데, 하필 그 한 번을 명도 때문에 생고생할 수도 있다. 그러면 이렇게 생각하자.

'아, 앞으로 아홉 번은 문제없이 잘 되겠구나.'

명도가 잘 되지 않으면 무엇이 문제인가? 내 소유의 부동산인데 내가 사용할 수도, 그 부동산을 활용해서 수익을 얻을 수도 없다. 아파트라고 가정한다면 내 집인데 내가 들어가 살 수도 없고 월세를 놓을 수도 없다. 낙찰 잔금을 내기 위해서 받은 대출은 이자만 하염없이 나간다.

그렇다면 이 문제는 이렇게 해결하면 된다. 보통 공매로 낙찰을 받은 후 명도가 잘 이뤄지지 않아서 명도소송으로 가게 되면 6개월 정도가 걸리므로, 차라리 입찰을 할 때 6개월치 이자를 미리 감해서 입찰가를 쓰는 것이다. 예를 들어, 똑같은 물건인데 경매에 나왔을 때 입찰가를 1억8,000만 원 정도로 정했다고 하자. 그 물건이 공매에 나왔다면 그보다 6개월치 이자만큼 금액을 낮춰서 입찰하면 되는 것이다. 대출이자가 월 50만 원 정도로 예상된다면 6개월치에 해당하는 약 300만 원만큼 낮춰서 1억7,700만 원에 입찰한다. 운 좋게 두 달 만에 명도가 된다면 나는 4개월치 이자를 번 셈이다.

누군가는 이런 문제 제기를 할 수 있다. 6개월간 받을 수 있는 월세를 못 받았으니 그에 대한 손해도 계산해야 하는 것 아니냐고. 하지만 그건 경매도, 일반매매도 마찬가지다. 내 것이 된 후에 바로 월세를 받을 수 있는 것은 아니다. 그럼에도 넓은 마음으로 그런 문제 제기까지 인정을 하자. 그렇다면 6개월간 받을 수 있는 월세도 역시 감하고 입찰하면 된다. 받을 수 있는 월세가 60만 원이라고 가정하면 6개월치인 360만 원의 월세만큼 빼고 입찰하면 된다. 이 부분 또한 운 좋게 명도가 잘 돼서 월세를 빨리 받을 수 있게 된다면 그만큼 내 수익이 올라가는 것이다.

물론 가격을 낮추면 그만큼 패찰할 가능성이 커진다. 나는 나쁜 상황을 가정해서 적은 금액으로 입찰했는데 누군가 나보다 긍정적으로 상황을 바라본 사람이 있다면 질 수밖에 없다. 하지만 그러면 어떠한가. 물건은 계속 나오므로 자꾸 입찰하다보면 언젠가는 낙찰이 된다. 어차피 공매는 인터넷으로 입찰할 수 있으니 편리하지 않은가.

다만 조심할 것은 낙찰이 되지 않는다고 해서 내 원칙을 져버리는 것이다. 패찰을 반복하다보면 조바심이 난다. 낙찰을 받고 싶어 입찰 가격을 조금씩 올리게 된다. 그러다가 덜컥 낙찰이 되고 나면 그제야 제정신이 돌아온다. 내가 실수했음을 깨닫게 된다. 내 첫 공매 낙찰이 그러했다.

·⟩⟩⟩ 조급함 때문에 실수했던 첫 번째 공매 투자

본격적으로 경매 공부를 시작한 것은 2014년 늦은 여름부터였던 것 같다. 그리고 실제 입찰을 시작한 것은 이듬해 봄부터다. 그러나 주중은 물론 주말에도 병원에 묶여 있어야 하는 몸이라 자유롭게 경매 입찰을 갈 수 없었다. 직장인이라면 월차나 반차라도 내겠지만, 의사는 병원 문을 닫고 갈 수도 없는 노릇이다.

이럴 경우 보통은 가족이 대리입찰을 해준다. 하지만 내 경우에는 둘째가 돌도 되지 않은 무렵이라 아내를 보낼 수도 없었고, 본가와 처가 모두 멀기 때문에 대신해 줄 가족이 없었다. 물론 카페 회원들끼리 대리입찰을 해주기도 한다. 하지만 입찰보증금으로 최저가의 10%를 준비해야 하는데, 그 금액이 몇 백만 원 혹은 몇 천만 원이다. 그 돈을 맡기면서 대리입찰을 부탁하는 것은 초보자인 나로서는 상당히 부담스러운 일이었다.

궁리 끝에 대학생인 동생을 가담시켰다. 하지만 몇 번의 입찰과 패찰을 거듭하자 조급해지기 시작했다. 나도 낙찰을 받고 싶었다. 그때 대구 달성군에 있는 이 물건을 만났다. 경매가 아닌 공매로 나온 물건이었다.

(출처 : 온비드)

대구라고는 하지만 대구 사람들은 대구라고 생각하지 않는 곳이다. 박근혜 전 대통령의 국회의원 시절 지역구였던 곳으로 그가 대통령이 되고난 후 상당히 발전을 하긴 했다. 이 물건이 위치한 지역은 그런 수혜로부터는 약간 벗어난 곳이지만 대구 아파트 가격이 한참 상승할 때 함께 상승했다. 반면 하락할 때는 가장 많이 하락한 곳이기도 하다. 외국인 노동자들이 많이 거주한다는 특징도 있다.

동생이 임장을 하고 와서 집 내부가 굉장히 깨끗하고 괜찮다는 이야기를 했다. 감정가는 7,500만 원이지만 실제 시세는 6,300만 원 정도였다. 월세 시세는 보증금 300만 원에 월세 30만 원이었다. 대출 없이도 수익률이 6%였다. 1억 원 이하의 지방 아파트 임대료는 임대수익률을 따졌을 때 대출 없이 대략 6%에 맞춰져 있는 경우가 많다. 집값의 70% 내지 80%에 해당하는 대출을 일으키게 되면 레버리지 효과에 의해 수익률은 20%대로 상승하게 된다.

이 아파트를 예로 들어보면, 감정가 대비 낙찰가가 낮았기 때문에 낙찰가의 80% 정도를 대출받을 수 있었다. 당시 대출은 감정가의 70% 또는 낙찰가의 80% 중에서 낮은 가격만큼 나오는 게 일반적이었다. 낙찰가 6,250만 원이므로 대략 5,000만 원이다. 보증금으로 300만 원을 받으면 약 1,000만 원을 투자하는 셈이 된다. 대출 금리를 연 3.6%로 가정하면 이자는 월 15만 원 정도 나간다. 월세를 30만 원 받으면 그중에서 월 15만 원이 남는 구조이다. 연 수익률은 18% 정도이다.

임대수익률

= (월세 30만 원 − 월이자 15만 원) × 12개월

  / (낙찰가 6,250만 원 − 대출금 5,000만 원 − 보증금 300만 원)

= 약 18%

'연 수익률 18%면 괜찮은데?'라는 생각도 들었지만 무엇보다 낙찰을 꼭 받고 싶었다. 심지어 시세와 비슷한 가격으로 낙찰받아도 수익률이 나쁘지 않다. 그래서 과감하게 시세와 비슷한 금액으로 입찰해서 낙찰을 받았다.

그런데 낙찰을 받고나서 뭔가 잘못 되었다는 것을 깨달았다. 6층인데 엘리베이터가 없다. 6층까지 걸어서 올라가고 걸어서 내려와야 한다. 임대가 되지 않았다. 잘못을 깨닫고 빨리 팔아야겠다는 생각이 들었지만 매매도 되지 않았다.

명도는 수월하게 끝났지만, 집을 수리하는 과정에서도 여러 가지 문제가 있음을 알게 되었다. 동생이 직접 '셀프 수리'를 했는데 고생을 참 많이 했다. 베란다, 몰딩, 욕실 등에 페인트를 직접 칠했고 문고리, 전등, 도어락 등을 직접 교체했다. 다행히 싱크대는 양호했고, 화장실 수리를 진행하지 않아서 수리비용은 100만 원 안에서 해결했다. 그 이후로는 절대 셀프 수리를 하지 않는다. 돈은 아낄 수 있지만 몸이 힘들어서 차라리 부동산 투자를 안 하겠다고 할 수도 있기 때문이다.

몇 달 만에 집을 사려는 사람이 나타나자 미련 없이 팔았다. 공인중개사는 예상보다 높은 금액에 팔아주는 대신 올려 받은 금액을 수수료로 달라고 했다. 꽤 많은 금액이었지만 흔쾌히 주겠다고 했다. 아무 상관없었다. 팔아주는 것에 그저 감사할 뿐이었다.

결국 이 물건은 세금, 수리비, 중개수수료, 대출금 중도상환수수료 등의 비용을 고려하면 150만 원 정도의 손해만 남기고 나를 떠나갔다. 조급하게 내지른 첫 투자의 씁쓸한 결말이었다. 그나마 다행인 것은 내가 팔고나서 얼마 지나지 않아서 이 아파트의 가격이 내가 판 가격보다 1,500만 원 정도 떨어졌다는 것이다. 1억5,000만 원짜리 아파트

중도상환수수료
은행은 대출자가 총 대출기간에 맞춰 이자를 갚도록 계산해 주는데, 대출자가 그보다 먼저 원금을 상환해버리면 남은 기간 동안 받을 수 있었던 이자를 받지 못하므로 손해를 본다. 이럴 경우 은행은 중도상환수수료를 받음으로써 손해를 보전한다.

가 1,500만 원 떨어진 것이 아니다. 6,300만 원짜리 아파트가 1,500만 원 떨어진 것이다. 엄청난 하락폭이다. 운이 좋았다.

〉〉 반드시 지켜야 할 경 공매 투자의 2가지 원칙

첫 투자에 실패하면서 두 가지 소중한 교훈을 얻었다.

첫째, 일반매매로 살 물건이 아니라면 경·공매로도 사지 않는다. 만약 일반매매로 나왔다면 내가 이 집을 샀을까? 엘리베이터 없는 6층짜리 건물의 가장 꼭대기 집을? 강남에 있는 재건축 예정 아파트라면 몰라도, 이 집은 대구에서도 외곽 중의 외곽이다. 땅값이 얼마 하지 않아서 재건축은 평생 기대할 수 없는 곳이다. 이 아파트를 재건축하느니 그냥 주변에 빈 땅 사서 건축을 하면 된다. 왜 샀을까? 생각해보니 나는 단지 낙찰을 받고 싶었던 것이다.

경·공매 투자에서는 낙찰 자체가 중요한 것이 아니다. 내가 사고 싶은 물건이 있는데, 계속 관심을 가지고 있었는데 때마침 경매나 공매로 나올 때 입찰을 해야 한다. 무엇을 살지 계획 없이 마트에 갔는데 지름신이 찾아와서 이것저것 사놓고는 먹거나 사용하지 않았던 경우가 누구에게나 있을 것이다. 이를 예방하기 위해서는 마트에 가기 전 구입할 물품의 목록을 작성하고 가야 한다. 부동산도 마찬가지로 내가 매입하고 싶은 부동산 리스트를 미리 갖고 있어야 한다. 그런 리스트가 있으면 급매가 나왔을 때 재빨리 살 수도 있고, 경·공매로 낙찰받을 수도 있다. 내가 뭘 사야 하는지를 먼저 알아야 한다.

둘째, 시세보다 저렴하게 사야 한다. 대구 물건을 낙찰받을 때 시세는 6,300만 원이었고 감정가는 7,500만 원, 최저가는 6,000만 원이었다. 이것을 6,250만 원에 입찰해서 단독으로 낙찰받았다. 만약에 이것을 최저가인 6,000만 원에 낙찰받았다면? 혹은 한 번 더 유찰되기를 기다려서 5,000만 원대에 낙찰을 받았다면 어땠을까? 그렇다면 똑같은 가격에 팔았어도 몇 백만 원의 수익은 났을 것이다.

낙찰받고 싶은 욕심에 시세대로 입찰을 했고, 그 결과 시세보다 높은 가격에 매도했는데도 여러 가지 부대비용 때문에 오히려 손실을 입게 되었다. 시세보다 저렴하게 사면 세금이나 부대비용을 지출하고 팔아도 수익이 날 수 있다. 또한 부동산 가격이 하락하더라도 버틸 수 있다.

예외는 있다. 해당 지역 부동산 시장이 뜨거워서 일반매매로 도저히 매물을 살 수가 없다면 조금 비싸게 시세대로 입찰해도 된다. 조만간 시세가 오를 것이기 때문이다. 이럴 때는 오히려 시세보다 낮게 입찰하면 무조건 패찰한다. 하지만 그런 특별한 경우가 아니라면 낙찰받고 싶은 욕심에 시세대로 입찰하시는 일은 없었으면 한다.

첫 공매 투자에서 교훈을 얻고 난 이후로는 같은 실수를 반복하지 않았다. 한 번은 공매로 낙찰받은 집의 원래 소유자가 그 집에 계속 거주하기를 원한 적이 있다. 다행히 입찰 전에 내가 계획했던 월세 시세대로 계약을 진행할 수 있었다. 공매에서 가장 어렵다고 하는 명도가 쉽게 해결되었던 것이다. 수리비도, 이사비도 들지 않았다.

그 상태에서 매도를 진행하였고, 월세 수입을 얻고 싶어 하시는 60대 어른께서 그 집을 매수하셨다. 짧은 기간에 괜찮은 수익을 낼 수 있었다. 때마침 이 지역의 시세가 상승하고 있어서 매도가 수월했다. 심지어 매도한 후에 시세가 1,000만 원이 더 올라서 약간 속이 쓰렸던 기억도 있다. 그럼에도 불구하고 매도했던 이유는 이 지역에 앞으로 새로 지어질 입주물량이 많이 있었기 때문에 시세가 꺾일지 모른다는 불안감이 있었기 때문이었다. 또 한 가지, 공매로 집이 넘어간 전 소유자가 월세를 계속해서 잘 납부할지도 의문이었다. 의도적인 것은 아니었지만 혹시나 그 집을 사신 60대 노부부께서 월세를 못 받아 속 썩고 계신 것은 아닌지 조금 걱정이 되기는 한다.

이 지역은 이후 시세가 약간 하락하여 2017년 가을 현재 내가 매도한 가격보다 약간 높은 시세를 형성하고 있다. 항상 최고점에서 팔 수는 없는 노릇이다. 오히려 그때 매도한 것은 좋은 결정이었다고 생각한다. 투자금을 회수하여 다른 곳에 투자를 하였으니 결과적으로는 더욱 잘 되었고, 하락 위험이 있다는 내 예상이 어느 정도는 맞아떨어졌기 때문이다.

·⟩⟩ 공매 공부보다 중요한 것은 부동산 자체를 보는 눈

이밖에도 공매를 통해 다양한 투자를 경험했다. 그중에는 공매로 낙찰받았으나 바로 다음날 소유자가 체납 세금을 완납하는 바람에 낙찰이 취하된 적도 있고, 도시형생활주택을 시세보다 20% 저렴하게 낙찰받았으나 오랜 기간 공실로 남아서 속을 썩은 경우도 있다.

중요한 건 공매가 수많은 부동산 매입 방법 중에 하나일 뿐이라는 점이다. 흔히 공매나 경매를 처음 배우는 사람은 경·공매 투

도시형생활주택

2009년 도입된 소형주택으로, 형태는 오피스텔과 비슷하지만 주차장 면적이 적고 베란다 확장이 가능하며 취득세가 저렴하다는 점에서 오피스텔과 다르다. 소형주택을 많이 공급하기 위해 도입되었기 때문에 건축 및 분양 시 각종 규제를 완화해 주어 한때 투자자들의 관심을 모았다.

자만 고집하게 되고, 아파트 분양권 투자를 먼저 배운 사람은 분양권 투자만 고집하게 되는 경우가 있다. 그럴 필요는 없다. 우리의 목적은 어쨌든 수익을 거두는 것이다. 부동산 투자를 통해서 수익을 거두는 방법은 두 가지이다. 현재 시세에 사서 더 비싼 가격에 팔든지, 현재 시세보다 싸게 사서 적당한 가격에 팔든지.

이것을 통해서 유추할 수 있는, 부동산 투자자가 키워야 할 능력은 두 가지이

다. 첫 번째는 앞으로 가격이 오를 부동산을 찾는 눈. 두 번째는 현재 시세보다 싸게 사는 능력. 공매는 그 중에 두 번째 능력과 관련된 것이다. 현재 시세보다 싸게 사는 여러 가지 방법 중에 하나다.

한 가지 방법만 고집하더라도 그 능력치를 극대화한다면 지속적으로 수익을 낼 수 있다고 생각한다. 하지만 때로는 그 능력이 통하지 않는 시장도 있을 수 있다. 투자로 꾸준히 수익을 내기 위해서는 여러 가지 능력을 갖추는 것이 중요하다고 생각한다.

나는 경매, 공매, 갭투자, 아파트 분양권, 단독주택용지, 토지, 재개발 등 다양한 방법으로 투자를 하고 있고, 운 좋게도 최근의 부동산 상승기에 본업 이상의 수익을 거둘 수 있었다. 갈수록 입지가 좁아지는 전문직 시장에서 또 다른 수익 창출에 성공하고 있다는 사실만으로도 인생이 조금 달라진 기분이다. 이제 투자는 삶의 일부가 되었다. 나는 투자를 하는 것이 즐겁다. 수익이 나기 때문이기도 하지만, 몰랐던 세상을 알아가고 다양한 사람들을 만나는 즐거움도 있다. 이 책을 읽으시는 여러분도 그 즐거움을 함께 즐기셨으면 한다.

많은 사람들이 '나는 내성적이라서 사람들 만나는 것이 불편한데…' 라고 생각한다. 사람들은 잘 믿지 않지만 부동산 투자를 시작하기 이전의 나 또한 심각하게 내성적인 사람이었다. 낯선 사람을 만나는 것이 불편해서 원래 알고 지내던 사람들하고만 좁은 인간관계를 유지했다.

투자를 처음 시작할 때는 부동산 중개사무소에 들어가기가 어색해서 괜히 지나가는 척 하면서 내부만 흘깃 쳐다봤고, 다시 되돌아오면서 부동산 문을 열고 들어가자니 왠지 아까 전에 내가 흘깃거린 것을 부동산 사장님이 기억할 것 같아서 들어가지 못했다. 지금도 경매에 나온 아파트를 찾아가서 벨을 누르고 내부를 보여 달라고 부탁하는 것이 여전히 부담스럽다.

대부분 그렇다. 당신만 그런 것이 아니고, 나만 그런 것도 아니다. 피겨여제 김연아는 스케이트를 신자마자 트리플 러츠와 트리플 토루프 콤비네이션을 뛰었겠는가? 수없이 넘어지고 부상당하면서도 계속 연습했기에 위대한 선수가 될 수 있었을 것이다. 당신도 부동산 투자계의 김연아가 될 수 있다고 나는 믿는다.

이 짧은 글을 읽자마자 바로 부동산 투자를 할 수 있거나 당장 공매 입찰을 해서 낙찰을 받을 수 있을 것이라 생각하지 않는다. 하지만 이 책에 나오는 평범한 이웃들의 투자 이야기를 읽고 '아, 이런 방법이 있구나! 나도 할 수 있겠다'라는 마음의 변화가 생기고, 실천으로 옮기게 되었다는 분들을 만나게 된다면 진심으로 기쁠 것 같다.

공매 입찰은 어떤 과정으로 이루어지나

　공매는 세금을 체납한 경우만 실시하는 것은 아니다. 국가재산이나 공공기관이 소유하고 있는 재산을 매각하는 공매도 있다. 국가재산의 경우 국유재산매각이라고 하는데 이는 개인과 개인의 거래와 똑같다. 오히려 국가와 거래를 하는 것이기 때문에 개인과의 거래보다 훨씬 안전하다. 신탁공매라는 것도 있는데, 자세히 들어가면 너무 복잡하기 때문에 이 책에서는 가장 일반적인 공매 절차인 한국자산관리공사 홈페이지 '온비드(www.onbid.co.kr)'를 통해서 진행되는 과정만 설명하고자 한다.

① 온비드 사이트 접속

　온비드 사이트에 접속한다. '부동산' 카테고리에 들어간 후 지역, 부동산 종류, 금액대 등 다양한 조건을 지정하여 검색하면 공매로 나온 물건을 확인할 수 있다. 혹은 부동산 카테고리에서 '공고'라는 게시판을 보면 다양한 공매 물건들을 확인할 수 있다.

② 지역 및 물건 분석

　공매는 여러 모로 경매 투자와 비슷하다. 일단 입찰하고 싶은 물건을 발견하면 등기부등본을 확인하여 권리관계를 파악하고, 전입세대열람을 통해 선순위 임차인이 있는지 여부를 확인해야 한다. 시세 파악을 통해서 적절한 입찰가를 산정하고 대출이 얼마나 나올 것인지, 임대 혹은 매도를 할 것인지 계획을 세운 후에 입찰한다.

③ 온라인 입찰

　입찰은 일반적으로 월요일부터 수요일까지 온비드에서 온라인으로 진행되고 목요일 오전에 개찰하여 결과가 발표된다. 입찰할 때에는 회원가입을 해야 하며 범용 공인인증서가 필요하다. 이때 일반적으로 사용하는 은행용 공인인증서가 아니라, 유료로 발급받아야 하는 범용 공인 인증서여야 한다.

입찰시간이 되면 해당 물건의 입찰 버튼을 클릭하고 유의사항 및 준수사항을 읽어본 후 동의를 선택한다. 물건 정보 하단에 '입찰참가' 버튼을 클릭하면 입찰서 작성 화면으로 넘어가는데, 여기에서 해당 정보를 입력한다. 이때 최저가의 10%를 입찰보증금으로 입금해야 하는데 입금이 가능한 은행은 신한은행, 하나은행, 우리은행, 기업은행, 부산은행 중 선택할 수 있다. 패찰할 경우 보증금을 돌려받을 계좌번호도 정확히 입력해야 한다.

모든 정보를 입력하고 '입찰서제출' 버튼을 누르면 입찰이 완료된다. 제출하기 전에는 실수하지 않았는지 반드시 꼼꼼히 살펴보고, 특히 금액을 정확히 입력했는지 다시 한 번 살피기 바란다. 입찰서를 제출한 후에는 입찰마감 시간까지 해당 보증금을 은행계좌로 납부하면 된다. 보증금이 납부되지 않으면 입찰로 인정되지 않는다. 입찰의 구체적인 절차는 온비드 홈페이지에 자세히 설명되어 있으므로 참고하기 바란다.

④ 낙찰자 발표

결과 발표는 목요일 오전으로, 온비드 홈페이지 중 '나의 온비드 〉 입찰관리 〉 입찰결과내역' 메뉴에서 확인할 수 있다. 또는 입찰결과를 이메일 또는 휴대폰문자로 전송받을 수 있도록 서비스를 신청할 수도 있다. 패찰한 경우 보증금은 수일 내에 본인이 지정한 계좌로 반환된다.

만약 아무도 입찰하지 않아 유찰되면 그 다음 주 월요일에 10% 저감된 가격으로 다시 진행된다. 경매에서는 유찰된 물건이 다시 나올 때까지 몇 개월이 걸리는 것과 비교했을 때 엄청나게 빠른 진행이다. 그러므로 원하는 가격만큼 낮아질 때까지 기다렸다가 입찰하면 된다.

⑤ 매각결정 및 잔금납부

목요일에 낙찰이 되면 그 다음 주 월요일에 매각결정이 난다. 그 전에 진행과정에서 문제가 발견되면 매각결정이 나지 않으며, 잘못 낙찰받았다고 생각되는 경우 경매와 마찬가지로 이 기간 동안 불허가를 신청할 수 있다. 물론 신청한다고 모두 불허가가 되는 것은 아니다.

매각결정이 이루어지면 그로부터 30일 이내에 잔금납부기일이 정해진다. 낙찰자는 그 사이에 대출을 알아보고 자금을 마련하여 잔금을 납부하면 된다. 경매 법정에 가면 대출상담사들이 나눠주는 명함을 받게 되는데 그 분들이 공매 물건 대출도 함께 진행하고 있다. 여러 명의 상담사에게 대출 조건을 알아보고 그 중에서 가장 유리한 쪽으로 선택하면 된다. 잔금을 납부하면 소유권이 이전되고 내 소유의 부동산이 생긴다.

⑥ 명도 및 수익창출

경매에서는 낙찰이 되면 법원에 인도명령을 신청하여 점유자를 내보낼 수 있지만, 공매에서는 인도명령이라는 것이 없다. 대부분은 협의를 통해서 이사 날짜를 조정하게 되고 이것이 가장 좋은 방법이지만, 만약 그것이 어려울 경우에는 명도소송을 진행해야 한다.

명도소송에서 가장 중요한 것은 점유이전금지가처분을 신청하는 것인데, 이는 소송을 진행할 예정이므로 현재 점유자가 다른 사람에게 점유를 넘기지 못하도록 하는 조치다. 그렇지 않으면 소송이 진행되는 중간에 점유자가 바뀔 수 있으므로 처음부터 다시 진행해야 할 수도 있다.

명도소송은 시간이 다소 걸릴 뿐 승소하기가 크게 어렵지는 않다. 명도소송에서 승소했는데도 점유자가 집을 비워주지 않는다면 승소한 판결문을 가지고 다시 법원에 강제집행을 신청해야 한다. 강제집행 과정은 경매와 비슷하다.

수요-공급도 모르면서 투자를 한다고?

by 플레이야데스

글쓴이 플레이야데스 ────────

부동산 시장의 수요-공급 데이터를 분석하여 적합한 투자 지역을 찾아내는 실전 투자가. 직장생활 틈틈이 개발한 부동산 빅데이터 포털 '그놈(GNOM)'을 통해 부동산 분석가로서 유명세를 탔다. 오랜 직장생활을 마무리하고 전업투자가로 전향한 후 본격적으로 데이터를 활용한 투자 방법을 연구, 주먹구구식 투자에서 벗어나고자 하는 이들에게 열광적 지지를 받고 있다.

블로그 : 그놈(GNOM)-안 하는 건 있어도, 못 하는 건 없다 blog.naver.com/psy1603

수급 데이터 분석의 기초 &
'감'이 아니라
객관적 자료를 보고 투자하자

생산의 3요소는 자본, 토지, 노동이다. 그 중에서 한국인이 가장 좋아하는 것은 무엇일까? 나는 자본도, 토지도 아닌 바로 노동이라고 생각한다. 열심히 자식을 위해 돈을 벌며 희생하신 부모님의 삶을 보면 쉽게 이해할 수 있을 것이다. 그리고 그 영향을 받고 자란 우리들 역시 노동을 통해 얻은 소득만이 자본을 모으는 유일한 방법이라고 배우고 느끼면서 살아왔다.

누구나 일하는 만큼 돈을 벌 수 있다는 측면에서, 노동은 모든 인간에게 공평하게 주어진 기회이자 자본을 가장 공정하게 얻을 수 있는 요소이긴 하다. 하지만 뒤집어 말하면 노동을 할 수 없게 되면 빈곤층으로 추락하게 된다는 뜻이기도 하다. 정년퇴직을 하거나 몸을 크게 다쳐 일할 수 없는 상황이 닥치면 생계에 큰 위험부담으로 다가오게 된다. 반면에 생산의 3요소 중에서 노동이 아닌 자본이나 토지로 돈을 버는 사람들은 나이나 건강에 상관없이 평생 돈을 번다. 그렇기에 부익부 빈익빈 현상은 점차 심해질 수밖에 없다.

이런 굴레에서 벗어나기 위한 길은 노동 뿐 아니라 나머지 두 요소, 즉 자본과 토지를 모두 이용하는 것이다. 어렵게 들리지만 이렇게 이해하면 된다. 노동을 통해 돈을 벌 경우 저축액이 많아질 뿐만 아니라 신용이 높아져 대출을 보다 쉽게 빌릴 수 있는데, 이는 곧 자본을 이용하는 것이다. 그리고 이 자본을 이용해 다시 부동산에 투자하면 토지를 이용하게 되는 것이다. 결론적으로 생산의 3요소를 모두 이용하는 셈이 된다.

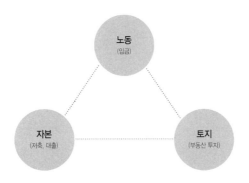

그동안 노동만을 활용해 돈을 벌어왔던 회사원에게 부동산은 가장 이상적인 투자처라고 생각한다. 나 또한 주식, 펀드 등 여러 투자 방법을 시도해 봤지만 회사 업무에 써야 할 집중력을 많이 빼앗아갈 뿐 아니라 회사에서도 안 좋은 이미지가 쌓이게 되는 것 같아 좋지 않았다. 회사에서 받는 스트레스와 투자에서 손해를 볼 것 같은 스트레스가 겹쳐지게 되면 그것은 두 마리의 토끼를 모두 놓치는 격이다.

하지만 부동산은 주식에 비해 사고 파는 행위의 호흡이 길기 때문에 상승 또는 하락의 속도 또한 상대적으로 완만하다. 이로 인해 주식보다 수익률은 낮을 수 있지만, 이는 레버리지 효과로 만회할 수 있다. 레버리지 효과란 대출이나 전세보증금 등 타인의 자본으로 부동산의 매매 가격을 보충해 주어 실제로 투자한 금액 대비 높은 수익금을 얻을 수 있는 효과를 말한다.

의외로 많은 사람들이 수익률을 잘못 계산한다

투자에 있어서 가장 중요한 것은 '수익'이다. 그리고 수익은 '수익률×투자금'이다. 수익률은 시간과 노력을 쏟으면 충분히 높게 맞출 수가 있다. 문제는 투자금이다. 아무리 수익률이 좋은 투자 방법을 찾았다고 해도 투자금이 없으면 투자를 할 수 없다.

많은 사람들은 저축을 통해서만 투자금을 확보하려고 한다. 하지만 생각해 보면 어떤 유망한 기업도 100% 자기자본으로만 움직이는 곳은 없다. 투자도 마찬가지로 내가 가지고 있지 못한 돈, 바로 대출을 최대한 활용해야 높은 수익을 얻을 수 있다.

주위 사람들에게 "대출을 너무 두려워하지 말라"고 항상 이야기하지만 그러한 마음을 허물어트리기는 참으로 어렵다는 것을 알고 있다. 나 또한 그랬듯이 이 글을 읽는 독자 여러분들 또한 '대출을 받으면 안 된다'는 생각을 강하게 가지고 계실 것이다. 그러나 투자를 잘 하려면 마음의 불안감을 조금 낮추어 생각의 전환이 필요하다.

나의 경우 과거에는 적금을 월 100만 원씩 꾸준히 했었다. 그런데 똑같은 돈을 들였을 때 적금 이자보다 많이 벌 수 있다면 분명 적금보다 투자가 더 낫다는데에 이의를 제기할 사람은 없을 것이다.

월 100만 원씩 적금을 붓는 대신 이자를 낸다고 생각하면 1년에 낼 수 있는 이자는 1,200만 원이다. 이자율이 연 4%라고 계산하였을 때 3억 원까지 대출이 가능한 금액이다. 웬만한 아파트 한 채는 살 수 있다. 조금 더 보수적으로 접근하고 싶다면 이자율을 6~8%로 잡고 계산해 보자. 그래도 1억5,000만 원에서 2억 원까지 대출이 가능하기에 소형아파트 하나 정도는 살 수 있다.

금리와 대출원금에 따른 월 이자 비용

대출원금(원) \ 금리	2.0%	2.5%	3.0%	3.5%	4.0%	4.5%	5.0%
5,000만	8만3,333	10만4,167	12만5,000	14만5,833	16만6,667	18만7,500	20만8,333
1억	16만6,667	20만8,333	25만	29만1,667	33만3,333	37만5,000	41만6,667
1억5,000만	25만	31만2,500	37만5,000	43만7,500	50만	56만2,500	62만5,000
2억	33만3,333	41만6,667	50만	58만3,333	66만6,667	75만	83만3,333
2억5,000만	41만6,667	52만833	62만5,000	72만9,167	83만3,333	93만7,500	104만1,667
3억	50만	62만5,000	75만	87만5,000	100만	112만5,000	125만

(월 이자비용 단위 : 원)

문제는 '적금 대신 대출이자를 낼 용기가 있느냐'일 것이다. 막연한 두려움을 버리고 생각을 바꾼다면 적금보다 훨씬 큰 수익을 얻을 수 있지만 선뜻 실행하기는 쉽지 않다. 부동산을 조금 공부를 하신 분들 중에서도 생각보다 많은 분들이 아파트의 수익률을 잘못 계산한다.

예를 들어 어떤 아파트의 매입가가 3억 원인데 2년이 흘러 3억3,000만 원이 되었다고 하면, 2년 동안 매입가의 10%만큼 오른 것이므로 연간 5%라고 수익률을 계산하는 식이다. 그러다보니 열심히 투자를 해야겠다는 의지를 갖지 못한다. '겨우 연 5%의 수익률을 얻겠다고 발품을 팔고, 평소에 만져보기도 힘든 큰 액수를 투자에 써야 하는 것인가?'라고 생각할 수도 있다.

하지만 이 경우는 3억 원에 구입한 아파트에 전세나 월세를 놓지 않고 공실로 2년 동안 놔두었을 때의 시세차익을 계산한 것이므로 오류가 있다. 2년 동안 공실로 놔두지 않고 활용한다면 계산 방법이 달라진다. 이 지역의 전세가율이 약 80% 수준이라면 3억 원의 아파트는 2억4,000만 원에 전세를 놓을 수 있다. 그로 인해 투자되는 금액은 3억 원이 아니라 6,000만 원이 되는 것이다. 이때의 수익률을 계산해 보자.

$$수익률 = (수익 \div 투자금) \times 100$$
$$= (3,000만 원 \div 6,000만 원) \times 100$$
$$= 50\%$$

2년 동안 50%이므로 연간수익률은 25%가 된다. 기존에 잘못 계산된 수익률 (5%)과 무려 다섯 배나 차이가 나게 된다. 이렇게 레버리지를 반영한 수익률을 계산할 수 있게 되면 아마도 투자를 공부하고 싶다는 마음이 들기 시작할 것이다.

올바른 수익률 계산법의 예시

구분	잘못된 수익률 계산	올바른 수익률 계산
매매가	3억 원	3억 원
전세가	–	2억4,000만 원
매도가 (2년 후)	3억3,000만 원	3억3,000만 원
투자금	3억 원	6,000만 원
수익금	3,000만 원	3,000만 원
수익률	10%	50%
연간 수익률	5%	25%

• 〉〉〉 '수요-공급'을 모르면서 부동산을 논하지 말라

한국은 삼면이 바다로 둘러싸여 풍부한 수산자원을 가지고 있다. 또한 어디를 둘러보아도 아름다운 산들로 둘러싸여 있어 아름다운 녹색 절경을 보여준다. 그리고 현 시대에는 어디를 둘러보아도 아파트를 쉽게 찾을 수 있다. 그로 인해 가장 쉽게 다가갈 수 있는 부동산 투자 방법은 아파트 매매이다.

아파트 매매가 가장 쉽다는 것은 알겠는데 오를지 내릴지 모르기 때문에 투자를 안 한다고 이야기하는 사람도 많다. 나 또한 예전에는 부동산 투자를 비관적으로 생각해서 쉽게 다가서지 못했기에 충분히 공감이 된다. 이러한 불확실성을 없애고 나만의 통찰력(insight)을 키우려면 어떻게 해야 할까? 당연히 열심히 공부를 하면 된다. 물론 말로는 쉽다.

어떻게 공부를 해야 할까? 단지 부동산 개론과 역사, 거래하는 방법 등을 공부하면 되는 것일까? 그러한 이론도 물론 중요하지만, 부동산 투자에서 가장 중요한 것은 가격을 올리거나 떨어뜨리는 변수들이 무엇인지를 아는 것이다. 투자란 '이렇게 하면 가치가 상승하고, 저렇게 하면 떨어진다'라는 가정 위에서 움직이는 것이기 때문이다.

그럼 스스로 질문을 던져보자. 아파트 가격은 왜 오르는 것일까? 이제 많은 투자자들은 '공급과 수요로 인해서 가격이 결정된다'고 답할 것이다. 이 말은 반론의 여지없이 그냥 정답이다. 모든 재화가 그렇듯이 부동산 가격도 공급과 수요에 의해서 결정이 된다. 어떠한 위기가 온다고 하더라도 수요만 충분하다면 투자는 실패하지 않을 것이다.

그런데 문제가 있다. 공급은 앞으로 분양될 아파트 단지들을 찾아봄으로써 입주물량을 예측할 수 있다. 하지만 수요는 예측하기가 상당히 어렵다. 많은 투자자들은 "현재의 인구수 또는 가구수를 가지고 수요를 예측할 수 있다"고 이야기한다. 물론 과거의 데이터를 여러 각도로 비교하면서 가격의 상승 또는 하락 포인트를 맞춰가다 보면 지역별로 적정 수요량이 얼마 정도인지를 짐작할 수는 있다.

하지만 여기에도 몇 가지 어려움이 있다.

첫째로, 지역별로 매매 및 전세에 대한 수요가 매우 다르다. 예를 들어 경상북도 안동시의 경우는 수요자들이 전세로 살기보다 매매를 선호하는 경향이 있다. 반면 전라남도 여수시의 경우는 매매를 하기보다 전세로 살기를 선호하는 경향이 있다. 이처럼 지역마다 특색이 다르기 때문에 전국의 매매 수요를 동일한 잣대로 분석하기에는 다소 무리가 있다. 적정 수요량을 측정하기 위해서는 지역별 특성을 파악하고 그에 따라 다르게 접근해야 하기에 여간 어려운 일이 아니다.

둘째로, 인구수와 가구수를 기준으로 적정량을 만들더라도 과거의 수치는 알 수 있지만 미래에 대한 수치는 알 수가 없다. 그렇기에 적정한 수요량을 판단할 때 다소 오차가 생길 수 있는 것이다. 몇몇은 각 관할구청에서 관리하는 추계인구수를 기준으로 하면 된다고 이야기하기도 하지만 그 또한 5년 또는 10년 전에 만들어진 데이터이기에 현재의 인구수조차도 맞지 않다. 이처럼 공급과 수요가 중요하다는 것은 알겠지만 수요를 정확히 파악하는 데에는 어려움이 있다.

가격 상승의 5가지 포인트

그럼 오류를 최소화하면서 데이터를 살펴보려면 어떻게 해야 하는 것일까? 부동산 가격이 왜 오르는지에 대해서 고민을 해 보면 답이 나온다. 기존 자료뿐 아니라 부동산 가격의 상승 및 하락 요인을 고려하여 적정수요를 조정하는 것이다. 가격은 왜 상승하는 것일까? 나는 크게 아래의 다섯 가지 이유를 제시한다.

① 주택 거래량 상승

주택 거래량이 상승하면 부동산 가격도 상승한다. 그렇다면 거래량은 왜 상승하는 것일까? 수요가 많아지거나, 공급이 부족하거나, 외부 투자자들이 대거 진입하면 거래량이 상승할 수 있다.

한 단계 더 들어가 보자. 수요는 왜 많아지고, 공급은 왜 부족해지는 것일까? 그 지역으로의 이동자의 수가 증가하면 세대수가 많아지고, 혹은 1인가구가 증가해서 세대수가 많아질 수 있다. 그러면 집에 대한 수요가 늘어날 것이다. 또한 시장에 투자심리가 반영되어 외부 투자자들이 대거 진입하면서 일시적으로 수요가 늘어나는 경우도 있다.

그에 반해 신규 아파트를 짓지 않아 입주 물량이 부족하거나 멸실주택이 많아지면 공급은 부족해질 수 있다. 이런 저런 이유로 공급에 비해 수요가 많아져 수요 과잉이 되면 이는 곧 거래량 상승으로 이어질 수 있다.

멸실주택

헐어서 사라지는 주택, 노후화로 인한 자연스러운 철거 외에도 도로 등 시설물을 만들기 위해서, 그리고 재건축·재개발을 위한 철거가 있다. 특히 재건축·재개발의 경우 신규주택이 완성될 때까지 2~3년이 걸리므로 수요와 공급 사이에 시차가 생긴다.

② 지역 내 근로자 수 증가

지역 내 근로자 수가 증가하면 거주지에 대한 수요도 함께 늘어난다. 근로자들이 출퇴근이 가까운 지역에 살 곳을 알아보기 때문이다.

근로자 수가 증가하려면 어떤 현상을 살펴보아야 할까? 대규모 사업체가 이 지역으로 이동하거나, 기존에 있던 산업단지 및 사업체의 규모가 크게 증가하면 근로자 수도 따라서 증가한다. 그런데 이러한 현상이 일어나기 위해서는 해당 사업체의 실적(매출과 이익)이 증가하거나 해당 업종의 경기가 상승해야 한다.

③ 우수한 학군

학군이 우수한 곳은 수요자가 꾸준히 몰려든다. 학군을 알기 위해서는 어떤 현상을 살펴봐야 할까? 일반적으로 서울대 합격자가 많은 고등학교, 특목고 진학자가 많은 중학교, 특수중학교 진학자가 많은 초등학교가 있으면 학군이 좋은 지역으로 인정받는다. 또한 학원가 밀집지역이 있는지 여부도 선호하는 학군에 영향을 미친다.

학군은 이미 고착화되어 있는 경우가 많으므로 크게 변화를 기대하기는 어렵다. 그러나 학군이 좋은 지역은 부동산 시장이 전반적으로 하락해도 꾸준한 수요가 존재하기에 상대적으로 안전한 투자처가 될 수 있다. 동시에 상승기에는 학군이 우수하지 않은 지역과 대비하여 상대적으로 높은 상승률을 보여준다.

교육 열풍을 주도하는 중산층 이상의 부모들이 한 지역으로 대거 이사를 온다면 새로운 지역에서도 우수한 학군이 만들어질 수 있다. 따라서 신도시 중에서 높은 임금을 받는 대기업이나 공기업 등이 위치해 있는 지역에서는 어느 곳에 학군이 형성될지 주목해 볼 필요가 있다.

④ 교통 호재

교통 호재가 생겨 중심지역과의 접근성이 좋아지면 이 지역을 찾는 사람도 많아지게 된다. 중심지역이란 산업시설과 편의시설 등이 밀집해 있어서 인근 지역을 아우르는 경제활동의 중심지를 의미한다. 대표적인 예가 강남이다. 이러한 지역과 접근성이 좋아지면 주거를 위해 몰려드는 수요도 늘어난다. 예를 들어 신분당선이 개통되면서 강남과의 접근성이 좋아진 광교나 판교 등이 그러한 경우다.

교통 호재가 만들어지는지 알려면 지역에서는 어떤 현상을 살펴보아야 할까? 교통은 필요에 의해 만들어진다. 따라서 먼저 그 지역에 거주하는 고정인구 수가 증가해서 교통 이용량이 많아져야 한다. 또는 물류사업의 중심지로서 인근 지역과 연결되는 허브(hub) 역할을 하게 되면 교통망을 확충할 필요성이 생기게 된다. 이러한 지역은 정부 또는 지자체의 관심지역으로 선정되고, 타당성 검토를 통해 지하철이나 도로망 개통 등의 교통 호재가 발생 할 가능성이 높아진다. 신도시나 새로운 택지개발로 인해 도로가 생기고 철도가 뚫리는 경우가 이에 해당한다.

교통 호재는 여러 호재 중에서도 부동산 가격에 가장 큰 영향을 미치지만, 단순히 예측만으로 미리 투자를 하기에는 위험성이 따른다. 하나의 교통 호새가 완성되기까지는 오랜 기간에 걸쳐 분석 및 준비가 필요하기 때문이다.

⑤ 부동산 규제 정책 완화

정부는 부동산 시장의 완급을 조절하기 위해 다양한 정책을 발표한다. 그중에서도 부동산 규제를 완화하는 정책이 발표되면 당연히 부동산을 사려는 수요가 늘어나면서 가격이 올라간다.

정부의 정책이 완화되는 것은 어떤 상황일까? 이것은 단순하다. 내부 또는 외부의 영향으로 인해 경기침체 현상이 일어나거나 부동산 가격의 하락이 장기간 이어질 때. 부동산이 과열되어도 곤란하지만 지나치게 침체되어도 곤란하기 때문에 정부는 완화 정책을 폄으로써 시장을 활성화하려는 것이다. 따라서 지금의 경기 흐름이 어느 지점에 와 있는지를 살펴보면 언제쯤 규제 완화 발표가 나올지 어느 정도 타이밍을 짐작할 수 있다.

·》 가격 하락의 3가지 포인트

이번에는 반대로 부동산 가격이 하락하는 포인트에 대해서도 생각해보도록 하자. 기본적으로는 공급이 과하게 늘어나거나, 수요가 과하게 줄어들면 가격이 하락할 것이다. 나의 경우는 크게 다음과 같은 세 가지 경우를 고려한다.

① 주변의 과도한 입주물량으로 공급이 많아질 때

② 단기간에 가격이 급등할 때

③ 어떠한 대외적 이유로 경제 전반에 타격을 받게 되었을 때

세 번째 경제 전반의 위기에 대한 것은 투자자 개인이 사전에 방어하기가 어렵다. 1997년 IMF 사태나 2008년 글로벌 금융위기를 생각하면 쉽다. 그러나 나머지 두 가지에 대해서는 상황을 미리 감지하고 방어할 기회를 잡을 수 있다.

이렇게 부동산 가격이 오르는 포인트와 현상들을 살펴보면 어떤 데이터를 이용해서 부동산을 분석해야 할지를 보다 구체적으로 알 수 있다.

•〉〉 수요-공급 데이터가 포인트를 알려준다

데이터 분석은 상승 포인트와 하락 포인트를 잡아내도록 도와주는 유용한 기술이다. 여기에서 말하는 데이터란 정확히 말하면 수요와 공급(수급)에 대한 자료를 이야기한다. 수요가 공급보다 많다면 가격 상승의 요인이 되고, 수요가 공급보다 적다면 가격 하락의 요인이 된다.

수요 〉 공급 → 가격 상승 가능성

수요 〈 공급 → 가격 하락 가능성

공급 부분을 살펴보려면 지역별로 분양되는 아파트 및 오피스텔의 물량을 조사해야 한다. 전국의 공급 물량을 수집하는 데 상당한 시간이 걸릴 수 있지만 요즘은 비교적 정확한 정보들이 온라인에 공개되고 있으므로 크게 어려운 변수는 아니다.

중요한 것은 역시 수요 부분이다. 지역별로 결혼, 이혼, 그리고 1인 가구수의 증가로 인해 세대수는 자연적으로 증가하는데 이는 주택에 대한 수요가 늘어남을 의미한다.

이렇게 말하면 수급(수요 공급)을 통해 부동산 시장을 예측하는 것이 쉬울 것 같지만 실제로 여기에는 보이지 않는 변수들이 존재한다. 여기에 지역별 특성까지 고려해야 하므로 생각보다 쉬운 일이 아니다. 그러므로 데이터 분석을 단순히 숫자만 보면 되는 것이라고 생각하면 곤란하다.

① 가격의 추세

예를 들어, 가격 자체도 중요한 판단 근거가 된다. 어떤 지역에 1억 원짜리 주택이 있는데 이것이 최근에 올라서 1억 원이 된 것인지, 떨어져서 1억 원이 된 것인지, 아니면 몇 년째 그대로 1억 원을 유지하고 있는지에 따라 접근법이 달라져야 한다. 이미 많이 오른 상태라면 향후 상승할 여력이 더 있을지를 고민해 보고, 앞으로 더 오를 것이라 생각될 때 투자해야 한다. 반대로 떨어진 가격이라면 앞으로도 회복될 가능성이 있을지, 아니면 제자리를 찾아가는 것인지를 판단해야 한다. 이런 곳은 설령 다시 회복되더라도 전고점(前高点), 즉 이전에 가장 높았던 가격보다 더 오르기는 힘들 것이다. 몇 년째 같은 가격을 유지하고 있다면 오랫동안 바닥을 다지면서 한 번에 튀어 오르려고 그러는 건지, 아니면 원래부터 이 지역이 크게 가격변동이 없는 곳인지를 판단해야 한다.

② 거래량

지역별 자료를 살펴볼 때에는 거래량을 중요하게 봐야 한다. 거래량을 통해서 실제 수요가 적당히 존재하는지 아니면 다른 요소 때문에 가격이 변동되는지를 살펴볼 수 있다. 즉, 실제 수요가 적당히 존재하는 지역이라면 사고 파는 행위도 적당이 이루어질 테니 거래량도 어느 정도 존재할 것이다. 반면 거래량이 너무 적다면 집을 팔고 싶어도 사려는 사람이 없거나, 반대로 사려는 사람은 있는데 팔려는 사람이 없는 것일 수 있다. 아니면 그냥 그 지역의 상황이 좋지 않아서 부동산 거래가 잘 이루어지지 않는 경우일 수도 있으니 원인을 따져봐야 한다.

만약 거래량이 충분히 많지 않으면 현재 시세가 정확한지 의심해 봐야 한다. 시세는 최근 거래된 가격을 근거로 이야기되는데, 만약 거래량이 별로 없이 한두 건의 거래만 가지고 시세가 형성되었다면 아무래도 믿기 어렵다. 집주인이 특별한 사정으로 급매로 처분했을 수도 있고, 반대로 정확한 시세를 모르고 비싸게 팔린 것일 수도 있다.

③ 미분양

아파트를 공급했는데 팔리지 않고 남아있는 미분양물량이 많다면 이 지역에서는 자연적으로 증가하는 수요보다 공급이 많다는 증거가 될 수 있다. 이제 막 지은 새 아파트도 아직 미분양된 마당에 기존 아파트가 잘 팔릴 리가 없으니, 미분양이 많다는 것은 곧 가격이 오르기가 어렵다는 것을 뜻한다.

그런데 중요한 것은 미분양의 물량 자체가 아니라, 과거에 비해 얼마나 빠른 속도로 줄어들고 있는지의 여부다. '미분양이 소진된다'라고 표현하는데, 대규모 단지가 지어지면서 일시적으로 공급이 많아져서 미분양이 생겨났지만 빠른 속도로 소진되고 있다면 이 지역 사람들이 집을 열심히 사고 있다는 뜻이다. 이런 지역에서는 미분양이 다 소진되고 나면 공급량이 0에 가까워질 것이므로 가격이 올라갈 가능성이 생긴다.

④ 지역별 연령

지역별 연령에 대한 비중이 어떻게 움직이는지도 예의주시할 필요가 있다. 평균연령과 경제활동인구비중을 중심으로 살펴보면 도움이 된다.

지역별로 차이가 있지만, 평균연령이 33~35세 정도라면 초등학교, 35~37세 정도라면 중학교, 38~40세 정도라면 고등학교 주변 아파트에 대한 수요가 높다는 것을 알 수 있다. 뿐만 아니라 주택을 구입하게 되는 가장 큰 계기가 결혼인데, 젊은 세대가 많이 거주하는 곳은 결혼으로 인해 주택 수요가 많아질 가능성이 높다. 실제 경제활동을 하는 경제활동인구의 숫자도 중요하다. 경제활동인구가 많을수록 주택을 실제로 구입할 인구가 많다는 의미이기 때문이다. 따라서 부동산 투자의 가장 큰 약점인 환금성에서 보다 유리한 물건을 가질 수 있게 된다. 단, 경제활동인구는 시·군·구마다 인구수의 차이가 심하기 때문에 단순 비교할 수 없다. 따라서 인구수보다는 경제활동인구의 비중으로 살펴보아야 한다.

경제활동인구

노동을 통해 생산활동을 하는 만 15세 이상의 숫자를 '생산활동가능인구'라고 하는데, 그중에서 실제 경제활동에 참여하는 인구를 말한다. 생산활동가능인구 중에서 취업을 했거나, 취업을 할 의사 및 능력이 있는 사람들이다. 실업자는 포함되지만 취업을 포기한 사람들이나 군인, 기결수 등은 제외된다.

경제활동인구 비중

시·군·구별 전체 인구수 대비 시·군·구별 경제활동인구수를 나타낸다. 공식은 '(경제활동인구수/시군구의 인구수) × 100'

⑤ 심리적 한계가격

어떤 지역에서는 수요가 많아져서 집값이 상승하더라도 어느 순간부터 가격이 오르지 않는 경우가 있다. 이는 지역주민들에게 집값의 한계치라고 생각하는 한계가격이 존재하기 때문이다. 즉 '아무리 그래도 집값이 ○○○○만 원을 넘으면 좀 그렇지'라는 심리적 마지노선이 있는 것이다.

집값이 한계가격을 넘어서면 사람들은 집 사기를 꺼리기 때문에 매매거래가 감소할 수 있고, 또는 매매 대신 전세거래가 활발해질 수도 있다. 심리적 한계가격을 뚫는 것은 좀처럼 쉽지 않은 일이지만, 만약 공급이 매우 부족해져서 전세난이 심각해지면 어느 순간 한계가격도 뚫릴 수 있고 그 이후부터는 급격하게 가격이 오를 수 있다.

·〉〉 데이터를 보는 사람 vs 안 보는 사람

이처럼 데이터 분석은 단순히 숫자만 보는 게 아니라 다양한 원인을 분석하고 지역별 특성을 반영하는 복잡한 과정이다. 그 복잡한 과정을 이 짧은 글에서 소개하는 것은 무척 어려운 일이므로, 여기에서는 데이터 분석을 활용하면 부동산 투자가 어떻게 달라질 수 있는지에 대해서만 이야기하고자 한다. 보다 자세한 내용은 강의 또는 블로그(www.mygnom.com) 를 통해서 전해드릴 기회가 있을 것이라고 생각한다. 시중에 나와 있는 고수들의 다양한 책과 강의를 참고하시는 것도 좋다.

데이터를 보지 않고 감으로 투자할 때와 데이터를 이용해서 나만의 울타리를 만들었을 때 어떤 차이점이 생기는지 살펴보도록 하자. 부동산, 특히 아파트에 투자하는 사람들 중 상당수가 갭투자(매매가격과 전세가격의 차익으로만 아파트를 매입하는 방법)를 한다.

그런데 그중 대부분은 앞에서 알려드린 데이터를 살피는 것이 아니라 아파트 단지의 분위기와 매매가격과 전세가격의 차이(갭의 높낮이)만 살펴보다가, 갭이 조금 낮다 싶으면 바로 투자를 하곤 한다. 갭의 하락, 즉 전세가율의 높이만 확인하고 투자했을 경우 어떤 일이 일어나는지 살펴보자.

단지명	지역	평형	매매시세(원)	전세시세(원)	갭(원)	전세가율(%)
S아파트	천안시 쌍용동	33	2억5,500만	1억9,500만	6,000만	76.4
D아파트	순천시 왕지동	33	2억5,600만	2억	5,600만	78.1

(참조 : KB부동산 시세)

위의 표는 2015년 9월 비슷한 시기에 천안시 S아파트와 순천시 D아파트의 실제 가격을 나타낸 것이다. S아파트는 전세가율이 76.4%로 나름 높았고, D아파트 역시 78.1%로 비슷했다. 전세가율만 보면 둘 다 갭투자를 하기에 나쁘지 않은 조건처럼 보인다.

S아파트에 투자한 사람은 2년 뒤 오히려 시세가 500만 원 떨어 지는 불상사

S아파트(천안시 쌍용동)의 시세 변화

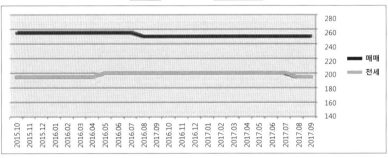

D아파트(순천시 왕지동)의 시세 변화

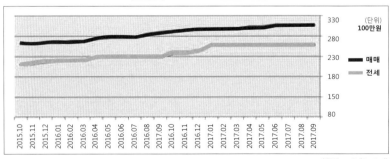

(출처 : 그놈(GNOM))

를 겪게 되었다. 2년 전에 들어간 투자금은 6,000만 원이었는데 2년이 지난 지금도 전세시세가 전혀 오르지 않았으므로 다시 전세를 놓더라도 투자금은 전혀 회수할 수 없다. 이분은 전세를 한 번 더 연장한 상태에서 2년 더 기다려 보려고 했다가, 그 투자금으로 차라리 다른 곳에 투자하는 게 낫겠다는 생각에 손해를 감수하고 매도를 결심하게 되었다.

D아파트에 투자한 사람은 2년 뒤 매매시세가 오르면서 5,150만 원의 시세차익을 얻게 되었다(3억750만 원 – 2억5,600만 원 = 5,150만 원). 뿐만 아니라 전세시세 역시 올랐으므로 들어갔던 투자금을 모두 회수할 수 있게 되었다. 2년 전 갭은 5,600만 원이었는데 그 사이에 전세시세가 5,750만 원 올랐으니, 지금 다시 전세를 놓는다면 투자금이 회수되는 것이다. 단, 여기에서는 편의상 중개수수료나 세금 등 부대비용은 고려하지 않고 순수하게 갭 차이만 따진 것이다.

두 사람의 투자 결과는 아래와 같이 정리된다. 2년 전 두 아파트는 갭과 전세가율과 시세가 모두 비슷했지만 결과는 전혀 달랐다. 이렇게 갭과 전세가율만 보고 투자하는 것에는 위험이 따른다.

두 사람의 투자 결과 정리

투자지역	투자 기간	투자금	시세차익	연간 수익률
천안시	2년	6,000만 원	– 500만 원	– 4.2%
순천시	2년	5,600만 원	5,150만 원	46.0%

이런 상황을 보면 사람들은 "지역이 서로 다르니 다른 양상으로 움직이는 것이 당연하지 않은가"라고 말할지 모른다. 그러나 그렇게 말할 수 있는 것은 순천시와 천안시가 서로 다르다는 것을 이미 알고 있을 때에만 가능하다. 대부분의 경우 순천시에서 임장 활동을 하는 사람이라면 순천시 지역만 살펴보게 되고, 천

안시에서 임장활동을 하는 사람은 천안시 지역만 살펴보게 된다. 애초부터 두 지역을 비교할 생각을 좀처럼 하지 못한다는 뜻이다.

·⟩⟩ 천안시의 사례 : 현재의 관점에서만 입지를 살피다

두 사람은 모두 내가 알고 있는 투자자들이다. 이분들은 둘 다 천안시나 순천시에 거주하고 있지 않다. 그런데 어떻게 한 사람은 연간 -4.2%의 손해를 안겨준 천안시에 투자를 하게 되었고, 다른 사람은 연간 46%의 수익률을 얻을 수 있었던 순천시에 투자를 하게 된 것일까? 먼저 천안시에 투자를 했던 투자자 K씨로부터 투자하게 된 이유를 들어보도록 하자.

> **플스** : K님, 어떻게 천안시에 투자를 감행하게 되었나요?
>
> **K님** : 먼저 1호선과 KTX 그리고 2016년 12월에 개통한 SRT가 한 번에 연결되는 천안아산역이라는 큰 호재를 등에 업고 있었고요. S아파트 옆에는 대형마트, 초등학교, 도서관, 그리고 대학교로 인한 상권이 잘 형성이 되어 있었어요. 이 아파트에서 쌍용역과 천안아산역까지는 가까운 거리라서 교육, 상권, 그리고 교통에 대한 입지적인 면에서 모두 안성맞춤이었기에 투자를 감행하게 되었습니다. 여기에 전세가율도 높았기 때문에 상당히 매력적으로 보였습니다.

K씨는 현재의 좋은 입지와 높은 전세가율을 기준으로 아파트 단지를 선택하였다. 적은 투자금으로 투자할 수 있는 곳을 선택한 것이다. 그것은 과연 나쁜 선택이었을까? 결과적으로는 성과가 좋지 않았지만, 다시 2015년 10월로 돌아간 시점에서 생각해보면 이분의 분석이 틀렸다고 하기도 어렵다. 다만 놓친 것이 있었을 뿐이다.

이분은 입지 여건을 철저하게 분석하고, 전세가율을 토대로 적은 투자금으로 투자를 했다. 문제는 현재 시점만 생각했다는 점이다. 즉, 향후의 입지나 전세가율이 어떻게 변화될지 예측하지 않았다는 것이다. 구체적으로 말하자면 가격에 변화를 줄 만한 입주물량, 미분양물량, 거래량 등에 대한 고민을 하지 않았다.

천안시의 경우는 입주물량만 살펴봤더라도 쉽게 투자를 감행하지는 못했을 것이다. 아래의 입주물량 차트를 살펴보도록 하자. 2015년 3분기부터 2019년 1분기까지 어마어마한 입주 물량이 예정되어 있다.

천안시 입주물량 (2010 1분기 ~ 2020년 4분기)

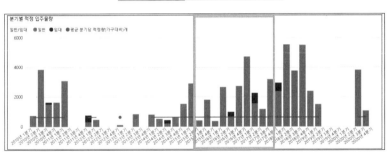

(출처 : 그놈(GNOM))

앞서 이야기한 아파트 가격 하락의 세 가지 원인을 다시 한 번 짚고 넘어가도록 하자.

① 주변의 과도한 입주물량으로 공급이 많아질 때

② 단기간에 가격이 급등할 때

③ 어떠한 대외적 이유로 경제 전반에 타격을 받게 되었을 때

천안시의 경우는 이 중 첫 번째인 '주변의 과도한 입주물량으로 공급이 많아질 때'에 해당한다. 나는 운영하고 있는 부동산 빅데이터 포털 '그놈(GNOM)'에서 입주물량의 적정량을 판단할 때, 먼저 해당되는 시·군·구 마다 적정한 가구수를 계산하고, 그것을 기준으로 현재의 입주물량이 많은지 적은지 아니면 적당한지를 분석한다. 그 지역의 수요에 딱 맞는 적정한 입주물량이 어느 정도인지는 시·군·구마다 평균연령과 증가하는 세대수에 따라 다르지만, 대략 인구수의 0.5% 또는 가구수의 1%를 기준으로 하면 어느 정도 들어맞는다. 이 상수는 과거의 매매가격 증감률이 변화되는 시점과 입주물량률(인구수 또는 가구수)을 비교해 보면서 찾아낸 수치이다.

위 표에서 보듯 천안시의 적정 입주물량은 분기별 642세대이다(빨간색 가로선). 하지만 그와 비교해서 상당히 많은 입주물량이 2015년 10월 이후에 대기하고 있음을 알 수가 있다. 2015년 10월은 '2015년 3분기'에 속해 있는데 이때에는 한창 입주물량이 많이 예정되어 있다. 부동산 가격이 보합세이거나 또는 하락할 수 있음을 쉽게 예견할 수 있다.

그나마 다행인 것은 이분이 꼼꼼히 분석해서 좋은 입지의 아파트에 투자한 덕분에 그나마 500만 원만 하락하였다는 점이다. 매매가격이 2억5,500만 원이었으니 그의 2% 정도에 해당하는 하락률이다. 똑같은 천안시지만 입지가 좋지 못한 아파트는 같은 시기에 약 15% 정도의 하락률을 보이고 있다.

입지를 보아야 하는 가장 중요한 이유는 이처럼 입지가 좋으면 그 지역이 상승할 때 더 많이 상승하고, 하락할 때는 다른 단지들보다 적게 하락하기 때문이다. 그러나 아무리 입지가 좋다고 해도 지역 전체가 하락하는데 혼자서 가격이 오르는 아파트는 없다. 그러니 입지 분석에 앞서 지역의 기본 데이터를 분석하는 작업이 반드시 필요하다.

이번에는 순천시에 투자한 L씨로부터 투자하게 된 이유를 들어보자.

플스 : L님, 어떻게 순천시에 투자를 하게 되었나요?

L 님 : 순천시라는 지역은 2015년만 하더라도 관심 받지 못한 지역이었습니다. 당시에는 모두 '인(in) 서울'에만 투자를 해야 한다고 이야기하던 때였으나, 저는 서울에 투자할 만큼 투자금이 충분하지 못했습니다. 그래서 지방으로 눈을 돌리던 중에 인구의 순이동자 수가 증가하고 있는 곳이 눈에 띄었습니다. 근방의 다른 지역들은 세대수가 증가하더라도 인구수는 줄어들기 마련인데, 순천시는 2014년 1월부터 2015년 10월까지 인구가 2,261명 증가하는 추세로 움직였습니다.

순천시의 인구이동 추이 (2014년 1월 ~ 2015년 12월)

(출처 : 그놈(GNOM))

순천시의 입주 물량 (2010년 1분기 ~ 2020년 4분기)

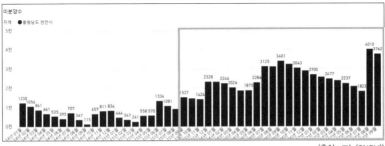

(출처 : 그놈(GNOM))

제가 투자한 왕지동 D아파트 주변에는 법원이 위치하고 있어 중산층 거주자가 많았으며, 호수공원과 중심상권이 잘 어우러져 유동인구가 점차 많아지고 있었습니다. 그리고 가격대를 살펴보니 2014년 10월부터 매매가격과 전세가격의 상승이 원활하게 이뤄지지 못했습니다. 하지만 다량의 입주물량으로 인해 부동산 가격 하락을 걱정하는 거주자가 많아지면서, 매매보다는 전세 수요가 많아져 전세가격이 가파르게 상승하게 되어 나중에는 매매가격과 전세가격의 차이가 점차 좁혀지고 있었습니다.

이처럼 A씨는 데이터를 이용해서 자신이 투자할 만한 지역을 좁혀 나가는 전략을 썼다. 먼저 자신의 투자금 규모에 맞지 않는 서울 · 수도권을 배제했고, 나머지 지방도시 중에서 인구가 몰리는 지역을 골랐다. 그 다음에는 입주물량을 살펴봄으로써 공급이 많지 않을지 검증했고, 그렇게 선택된 순천시라는 도시 내에서 최종적으로 입지를 분석해서 좋은 아파트를 골랐다. 큰 방향을 세우고 점차 작은 전략으로 좁혀 나갔던 것이다.

·〉〉 기본은 입주예정 물량과 미분양주택 현황이다

K씨와 L씨는 둘 다 나름의 분석을 통해 투자할 지역을 선정했다. 그런데 어떤 차이가 있었기에 서로 다른 수익 결과가 나왔을까? 만약 K씨가 몇 개의 데이터만 더 살펴보았다면 투자를 하지 않았어야 할 지역을 쉽게 걸러낼 수 있었을 것이다.

가장 먼저 살펴보아야 할 것은 향후 입주할 물량이다. 특히 투자할 부동산 주변으로 반경 10km 이내에 입주예정 아파트가 있는지 확실히 살펴보아야 한다. 입주예정 시기와 투자한 아파트의 잔금을 치를 시기가 비슷할 경우 전세 및 월세 세입자를 구하기가 어렵고, 임대보증금 역시 낮아질 가능성이 크다. 매수시점뿐만 아니라 매도시점도 잘 살펴야 한다. 매도할 시점에 주변 아파트의 입주가 예정되어 있다면 새 아파트로 이동하는 사람들이 많기 때문에 살고 있던 기존 아파트는 매물로 내놓게 된다. 그러면 공급물량이 쌓이는 것과 똑같은 현상이 나타나므로 원하는 가격에 매도하기가 어렵게 된다.

입주물량과 함께 살펴보아야 할 것은 미분양주택 현황이다. 아래 도표와 같이 천안시의 상황을 예로 들어보면 2015년 3월 이후로 미분양주택이 점차 증가하고 있음이 감지된다. 집이 남아돌고 있다는 뜻이다. 여기에 앞으로 다가올 입주예정 아파트의 물량을 함께 살펴보면 현재의 미분양이 점차 감소할지 아니면 더욱 늘어날지를 예상할 수 있다. 앞으로 당분간 입주예정 아파트가 없다면 미분양이 점차 감소할 테지만, 입주예정 아파트가 있다면 미분양은 더욱 심해질 것이다.

참고로, 주택정보포털(http://housta.khug.or.kr)을 이용하면 더욱 다양한 정보를 확인할 수 있으니 한 번씩 들어가 보는 것도 좋다.

천안시의 미분양주택 현황(2014년 1월 ~ 2017년 9월)

(출처 : 그놈(GNOM))

·〉〉 동일한 생활권의 가격 변화를 주목하라

투자를 하는 사람들이 가장 원하는 것은 단연 '바닥에 사서 머리에 파는 것'이다. 하지만 우리같이 평범한 사람들은 그렇게 하기가 쉽지 않다. 어디가 바닥이고 어디가 머리인지 몰라서일 수도 있지만, 더 큰 원인은 감정을 억누르고 이성적으로 판단하기가 쉽지 않기 때문이다. 머리로는 지금 시점에 팔아야 할 것 같은데 마음으로는 좀 더 올랐으면 하는 욕심이 생긴다.

　부동산뿐 아니라 모든 투자에는 가격이 오르고 내리는 사이클이 형성되어 있다. 주식 시장만 봐도 알 수 있다. 과거의 주식차트를 보면 단기적으로는 예측이 힘들지만 장기적으로 보면 가격이 오르고 내렸던 시기가 반복된다. 그렇다면 부동산에 비해 주식은 오른 기간에 팔거나 내린 기간에 사기가 쉬우니까, 그만큼 수익을 거둔 사람과 손실을 본 사람의 수도 기간별로 비례하지 않을까? 그런데 안타깝게도 내 주변에는 손해를 본 사람들이 대다수다. 심지어는 투자를 계속하는 목적이 본전을 찾기 위해서라는 사람도 있다. 아마 여러분 주위 사람들도 비슷할 거라고 생각한다.

　그 이유는 생각보다 단순하다. '투자심리 사이클'을 나타낸 아래 그림을 살펴보면, 가격의 변화에 따라 투자심리가 어떻게 달라지는지 알 수 있다. 많은 사람들이 관심을 보이거나 투자를 시작하는 시기는 '열광' 또는 '탐욕' 구간이다. 이 시기에는 가격이 많이 올랐다는 사실을 모든 사람이 알게 되고, 실제로 돈을 벌

투자심리 사이클

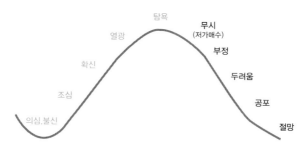

었다는 사람들의 이야기가 들려오기 시작하는 시기다. 그래서 나도 돈을 벌 수 있겠다는 생각에 무모하게 뛰어들지만, 실제로는 '머리에 사서 바닥에 파는 투자'를 하게 된다. 진짜 투자 고수들은 남들이 투자에 관심을 갖지 않는 '의심, 불신'의 시기나 '절망'의 시기에 투자를 시작한다. 좀 더 보수적인 투자자들은 '조심' 단계에서 시작하기도 한다. 그러나 이처럼 가격이 상승하기 전 바닥을 정확히 짚어내고, 뚜렷한 소신을 가지고 투자를 할 수 있는 사람은 드물다. 고수와 하수의 차이는 바로 여기에서 결정된다고 봐도 무방하다.

그렇다면 이미 가격이 상승한 지역이라면 투자를 포기해야 할까? 그런 지역에 투자를 감행할 때 살펴볼 것들에는 무엇이 있을까?

교통, 상권, 자연환경, 학군 등 입지적으로 봤을 때 누가 봐도 살기 좋은 위치에 있으면서 아파트의 상태 또한 우수한 곳은 이미 수요가 많기 때문에 가격이 가장 먼저 상승했을 확률이 높다. 이른바 '대장 아파트'들이다. 이미 상승이 시작된 지역에서 이런 아파트를 살펴보면 가격이 이미 너무 올라서 투자하기가 꺼려지는 경우가 많다. 이런 경우 같은 생활권 내에 있지만 입지적으로 약간 뒤쳐져 있어 상승률이 조금 떨어지는 곳을 살펴보는 방법을 추천한다. 여기서 포인트는 '같은 입지를 누리고 있다'는 것과 '대장 아파트보다 상대적으로 낙후되어 있다'는 것이다.

실제로 서울의 한 도심 지역에 위치한 세 아파트의 사례를 가지고 이야기해보도록 하자. 이 지역은 더블 역세권으로서 유동인구가 많고 교통, 상권, 학군이 고루 발달되어 있다. 이 지역에 위치한 A단지, B단지, C단지 세 곳을 비교해 보자. 그중에서 대장 아파트는 선호도가 가장 높은 A단지라고 할 수 있는데, 어느 순간부터 A단지 시세가 조금씩 상승하기 시작한다면 이 지역의 부동산 시장이 상승기에 접어들었다는 신호일 수 있다.

단지명	세대수	평형	연식	선호도
A단지	850세대	33	2003년	가장 높음
B단지	813세대	33	2000년	높음
C단지	120세대	33	1997년	보통

시세 누적상승률 (2015년 1월 ~ 2015년 9월)

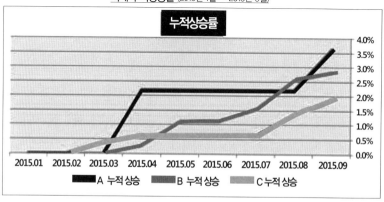

(출처 : KB부동산)

위 그래프를 보면 2015년 1월과 비교했을 때 2015년 9월에 A단지는 6억 8,500만 원에서 7억1,000만 원으로 3.6% 상승했으며, B단지는 5억4,250만 원에서 5억5,800만 원으로 2.9% 상승했다. 그리고 이곳에서 가장 선호도가 낮은 C단지는 3억9,750만 원에서 4억500만 원으로 1.9% 상승하는 데 그쳤다. 여기까지만 본다면 상대적으로 선호도가 낮은 아파트는 역시 가격이 별로 오르지 않으니 투자하기에 좋지 않다고 생각할 수 있다. 하지만 비교 시점을 2017년 10월까지로 좀 더 늘려보면 어떤 변화가 일어났을까?

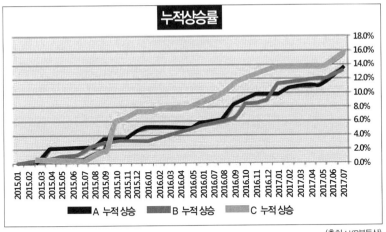

시세 누적상승률 (2015년 1월 ~ 2017년 10월)

(출처 : KB부동산)

    2015년 1월과 비교했을 때 2017년 7월의 누적상승률을 살펴보면 A 단지는 13.4%가 올랐고, B단지는 13.4%가, 그리고 C단지는 15.3%가 상승한 것을 볼 수 있다. 상승률로 보았을 때 가장 높게 상승한 것은 바로 C단지였다. 연식도 가장 오래되고, 지역 내에서 선호도가 가장 낮았던 아파트가 상승률 측면에서는 결과적으로 가장 높았던 것이다. 뿐만 아니라 금액으로만 놓고 보았을 때 C단지는 셋 중에 매입가가 가장 저렴하기 때문에 투자금이 적게 든다. 즉, 투자금 대비 수익률은 훨씬 높다는 것이다.

    그 이유는 무엇일까? 우선 대장 아파트인 A단지는 가장 먼저 가격이 상승하기 시작했지만, 지역 내 실거주자들이 감당할 수 있는 적정 가격을 어느 순간 넘어서기 시작했다. 그러면서 이 지역보다 훨씬 입지가 좋은 아예 다른 지역의 아파트와도 가격대가 비슷해지기 시작한 것이다. 그러자 A단지를 매입할 만한 여력이 되는 실거주자들은 아예 다른 지역으로 넘어가기 시작했고, A단지는 가격 상승률의 한계를 보여주었다. 반대로 C단지는 입지적으로는 다소 부족하지만 절대가격이 저렴하기 때문에 아직 이 지역 내에서 수요가 있는 것이다.

지역 이름을 밝히지는 않았지만 이것은 실제 사례다. 중요한 것은 선호도가 가장 높은 아파트가 무조건 가장 많이 오르는 것은 아니라는 사실이다. 실거주를 목적으로 매입하려는 거라면 선호도가 높은 아파트가 분명 유리하겠지만, 투자를 목적으로 매입하려는 거라면 조금 다른 측면에서 생각해 볼 필요가 있다.

• 〉〉〉 투자의 기본은 '잃지 않는 것'

현재의 시점에서 미래를 예측하는 것은 누구에게나 어렵다. 그런 상황에서 우리가 할 수 있는 것은 과거의 데이터를 거울삼아서 내가 생각했던 내용이 맞았는지 틀렸는지에 대한 기준을 세우는 것이다.

"고수들은 데이터 보지 않고 감만으로도 척척 투자만 잘 하던데?"라고 말하는 사람도 있을 것이다. 그런 고수들도 물론 있다. 하지만 그런 분들은 수치화되어 있지만 않을 뿐 오랜 경험을 통해 나름의 기준과 분석법을 가지고 있다고 보는 게 옳다. 이제 투자를 시작한 지 얼마 안 된 사람들이 그런 고수의 감을 찾기란 어렵다. 그래서 보다 객관적인 데이터를 활용하는 것이다.

데이터를 활용해서 적절한 매수·매도 타이밍을 찾아내기 위해서는 그밖에도 엄청나게 다양한 기술과 방법이 존재한다. 지면관계상 이러한 내용을 모두 설명하지 못하는 점이 아쉽다. 다만 이 글에서는 부동산 투자에서 데이터 분석이 어떤 역할을 하는지, 그리고 무엇을 중심으로 봐야 하는지에 대한 맥락만 간단하게 파악하시기 바란다.

데이터 분석 작업을 직접 한 번 해보면 생각보다 어려운 일이 아님을 알게 될 것이다. 그럼에도 불구하고 실제로 이러한 작업을 하는 투자자는 많지 않아서 아쉽게 생각한다. 물론 마치 주식에서 데이트레이딩을 하듯이 데이터만 바라보고 부동산 투자를 감행하라는 이야기는 아니다. 데이터를 보는 가장 큰 이유는 전국을 투자 대상으로 삼을 때 어느 지역에 우선적으로 가야 하는지를 가늠하기 위해서다.

데이트레이딩(day-trading)
주식이나 채권 투자에서 주가나 거래량 등 하루 동안 움직이는 지표의 변화를 이용해 짧은 시간 동안 사고 팔아서 수익을 올리는 초단기투자 방식

부동산 가격은 전국적으로 똑같이 움직이지 않는다. 지역의 상황에 따라 어떤 지역만 유난히 가파르게 상승할 수도, 반대로 가파르게 떨어질 수도 있다. 이 지역이 오를 때 함께 오르는 지역이 있는가 하면, 이 지역과 일정한 간격을 두고 한 발 늦게 움직이는 곳도 있다. 그 모든 지역을 일일이 발품을 팔아서 확인할 수는 없기에 나름의 기준을 이용해서 매달 적절한 지역을 추려볼 필요가 있다. 이렇게 큰 지역이 정해진 후에 직접 발품을 팔면 불필요한 시간을 낭비하지 않아도 된다. 다시 말해 손품으로 팔 수 있는 것은 손품으로, 발품으로 팔 수 있는 것은 발품으로 진행해야 한다는 것이다.

직접 몸으로 뛰면서 확인하고 시장조사를 하는 것의 가치를 무시하는 것이 아니다. 데이터로는 알 수 없고 반드시 현장에서만 확인할 수 있는 내용들도 분명 존재한다. 다만 투자자들에게는 돈보다 더 아까운 것이 시간이므로, 손품으로 확인할 수 있는 사항까지 굳이 발품을 팔면서 조사하는 분들을 위해 좀 더 효율적인 방향이 존재한다는 것을 알려드리고 싶다.

뿐만 아니라 데이터 분석은 좀 더 객관적인 투자를 가능하게 해 준다. '촉'과 '감'으로 투자하는 것은 오랜 경험을 통해 엄청난 내공을 쌓은 투자자들만이 할 수 있는 일이다. 투자는 도박이 아니다. 잃지 않는 게임을 하고 싶다면 데이터가

보여주는 객관적 사실을 편견 없이 읽어내는 연습이 필요하다.

·》》 인생의 공백기란 '앎'과 '실행'의 사이에 있다

투자는 이익을 얻기 위해 시간, 노력, 자본을 쏟는 행위이다. 하지만 대부분 사람들은 좀처럼 그렇게 하려고 하지 않는다. 아니, 정확히 말하자면 시간과 노력과 자본을 쏟아 부어 무언가를 공부해놓고 나서 그것을 실행에 옮기는 사람은 생각보다 많지 않다. 투자도 마찬가지다. 머리로는 이해를 하고, 주위 사람들의 성공담을 들으면서 마음은 꿈틀대지만, 막상 몸을 움직이기는 쉽지가 않다. 왜 그럴까?

인간으로 살아가면서 가장 포기하기 어려운 것이 무엇일까? 바로 '이미 가지고 있는 것'이다. 가지고 있는 것을 잃을 수 있다는 공포심은 어떤 도전을 하든지 항상 최악의 경우를 상상하게 만든다. 그로 인해 많은 사람들은 고개를 절레절레 흔들며 실행에 옮기지 못하고, 몇 년이 지난 후 다른 사람이 잘됐다는 이야기를 듣고 나서야 "나도 그때 그것을 생각했었는데… 내가 그때 했었다면 지금 ○○○는 아무것도 아닌데…"라면서 술잔을 기울인다. 이러한 이야기를 하는 이유는 부동산 투자라고 하면 안 좋은 상상으로 일관하면서, 첫 단추를 끼워 보기는커녕 만져보지도 않는 사람들이 너무나 많기 때문이다.

그럼 무엇부터 시작해야 할까? 바로 나 자신을 설득하는 일이다. 아무리 다른 사람이 부동산이 좋다고 혹은 나쁘다고 이야기해도 스스로를 설득시키지 못한다면 아무 소용없다. 스스로를 설득시키지 못한 상태라서 시작조차 하지 못했다면 차라리 낫다. 더욱 위험한 것은 스스로를 설득시키지 못한 상태에서 시작함으로써 투자가 아닌 투기로 이어지게 되는 것이다.

나는 투기란 '나 자신을 잃어버리는 것'이라고 생각한다. 내가 주체가 되지 못

했기 때문에 어떠한 결과가 나타났을 때 그렇게 될 수밖에 없었던 원인을 찾아낼 수가 없다. 내가 주도적으로 결과를 만든 게 아니라 그저 운이나 주변 상황에 끌려 다니는 것이다. 그렇게 되면 한두 번 성공 또는 실패를 하더라도 그것이 지속적인 성공으로 이어지기는 어렵다. 모든 투자 속에는 '나'라는 존재가 확실하게 묻어 있어야한다.

나를 설득시키려면 어떻게 해야 할까? 내 투자의 방향이 틀리지 않았음을 확신하려면 어떻게 해야 할까? 나의 경우는 나만의 시나리오를 만들어보고, 과거의 데이터를 이용하여 그것을 검증하는 과정을 많이 거쳤다. 그 과정을 통해서 내가 생각했던 투자 방향이 맞는지 틀린지, 틀렸다면 어떻게 보완해야 하는지를 고민했던 것이다.

물론 처음에는 그 과정에서 데이터를 직접 가공하며 살피다 보니 작업에 손이 많이 가서 쉽지 않았다. 독자 여러분 중에서도 '투자 방향을 검증하려면 저 데이터를 모두 다룰 줄 알아야 하나'라고 두려워하는 분들이 계실 것이다.

그러나 핵심은 데이터를 스스로 다루는 능력이 아니라, 나의 예측을 검증하는 안목이다. 데이터 분석이 아닌 다른 방법으로 나의 예측을 검증해 볼 수 있다. 예를 들어 내가 과거에 예측했던 시나리오가 있다면 시간이 지난 뒤에 그 시점의 뉴스를 검색해보고 과연 내 생각대로 흘러갔는지를 살펴보는 것도 좋은 방법이다.

모든 내용을 정확하게 이해하지 못한다 해도, 혹은 내 생각이 완전히 빗겨 나갔어도 괜찮다. 적어도 그것을 검색해 보았던 사람은 스스로 고찰을 해 본 사람이다. 그 과정이 몇 번 반복되다 보면 어느 순간 보이지 않았던 것들이 보이기 시작하는 놀라운 경험을 하게 될 것이다.

무언가를 알고 그것을 바로 실천하는 사람은 크든 작든 성과를 만들어낸다. 반면 무언가를 알았지만 바로 실천하지 않고 뭉그적대면, 그 시간은 아무것도 만

들어지지 않는 '인생의 공백기'로 남는다. 실천하지 않으면 인생의 귀중한 시간을 낭비하는 셈이다. 당장의 성과를 내는 것보다 중요한 건 그 공백을 충실하게 채움으로써 더 나은 인생을 만드는 것 아닐까.

부동산 관련 데이터를 살펴볼 수 있는 사이트

① 국가통계포털(http://kosis.kr)

국가통계포털은 말 그대로 국가가 조사한 모든 통계가 모아져 있는 포털이다. 국내 존재하는 대부분의 통계자료는 이곳에서 취합 및 제공한다. 사이트에 접속해서 '국내통계 〉 주제별통계'로 들어가면 투자에 필요한 다양한 데이터를 찾아볼 수 있다.

② 한국감정원 부동산통계정보(www.r-one.co.kr/rone)

한국감정원은 부동산 시장을 조사·관리하고 공시·통계를 만드는 전문기관으로서 시장동향, 아파트 및 오피스텔 시세, 공시가격·실거래가 등을 보기 쉽게 제공한다. 사이트 접속 후 '부동산통계 〉 부동산통계' 메뉴를 이용하면 다양한 정보를 볼 수 있다.

③ 행정안전부 (www.mois.go.kr)

인구 데이터의 기본이 되는 주민등록인구 및 세대현황을 가장 정확히 찾아볼 수 있는 사이트이다. 해당 정보를 매월 갱신하여 제공하고 있다. 사이트에 접속하여 '정책자료 〉 통계 〉 주민등록 인구통계' 메뉴를 이용하면 된다.

④ 국토교통부 실거래가 공개시스템 (http://rt.molit.go.kr)

주택의 매매거래가 체결되면 그 실거래가를 반드시 신고하도록 되어 있다. 국토교통부에서는 매월 신고되는 실거래가격 및 거래량에 대한 자료를 제공하는데, 실제 거래된 날짜와 신고된 날짜 사이에 약간의 시차가 있다는 점은 감안해야 한다. 많은 투자자들이 이 사이트를 이용해서 주로 지역별 거래금액을 찾아보지만 '실거래가 자료제공' 메뉴를 이용하면 거래량까지도 볼 수 있다.

⑤ 한국은행 경제통계시스템 (http://ecos.bok.or.kr/)

앞으로 시장의 동향을 예측해볼 수 있는 거시적 경제동향을 살피려면 한국은행의 경제통계시스템을 살펴보면 좋다. 사이트에 접속해서 '통계검색 〉 간편검색'의 메뉴를 이용하면 원하는 자료를 찾을 수 있다. 다만 거시경제 지표를 이해하기 위해서는 어느 정도 공부가 바탕이 되어야 하는 것이 사실이다.

⑥ 부동산 빅데이터 투자 프로그램 '그놈(GNOM)'

지금까지 소개한 자료들은 내가 투자를 할 때 참고하는 데이터의 원본들을 가져오는 곳들이다. 이 데이터를 나름의 방법으로 분석하기 편하도록 파워B라는 툴을 이용해서 간단한 프로그램을 만들었다. 혼자 쓰기 아까워서 지인들에게 알려주곤 했는데, 그것이 뜻밖에 인기를 끌게 됐다. 그것이 바로 '그놈(GNOM)'의 원 버전이다. 찾는 사람들이 많아지면서 그놈을 정식 프로그램으로 개발할 필요성을 느꼈고, 2017년 말 오픈하게 되었다.

그놈은 투자에 필요한 대부분의 기능을 포함하고 있다. 매월 갱신되는 지역별 순위는 물론 전국의 입주물량 및 실거래가, 미분양, 인구 현황, KB부동산과 한국감정원 지수 등의 차트를 볼 수 있다. 또한 우선순위 아파트를 알려주는 투자용 지도가 매일 업데이트 되며, 다주택자를 위한 수익률 계산기 및 알림 시스템과 초보 투자자를 위한 모의투자 게임 등의 서비스를 제공한다. 이러한 데이터를 바탕으로 매월 안전한 투자처를 선정해 주는데, 여기에는 독자적으로 개발한 시세 기준이 적용된다.

⑦ 그밖의 원 데이터 출처

이밖에도 부동산과 관련된 다양한 데이터를 제공하는 곳들을 알려드리고자 한다. 대부분은 가공되지 않은 로데이터(raw data)로서 분석을 하기 위한 통찰이 필요한 것도 있지만, 하나하나 연구하고 분석해 봄으로써 시장에 대한 안목을 키우는 기회가 될 수도 있을 것이다.

[국내 기관별 URL]

기관	URL
국토교통부	www.molit.go.kr
온나라부동산정보 통합포털	www.onnara.go.kr
국토교통 통계누리	http://stat.molit.go.kr
국가통계포털	www.kosis.kr
한국은행 ECOS	http://ecos.bok.or.kr
국토연구원	www.krihs.re.kr
한국개발연구원(KDI)	www.kdi.re.kr
토지이용규제 정보서비스	http://luris.mltm.go.kr
통계청	www.kostat.go.kr
LG경제연구소	www.lgeri.com
삼성경제연구소	www.seri.org
KB국민은행	www.kbstar.com
부동산114	www.r114.com
네이버부동산	http://land.naver.com
부동산써브	www.serve.co.kr

[해외 국가별/기관별 URL]

국가	기관	수록정보	URL
국제	OECD	OECD국가 거시경제지표 종합	www.oecd.org
	Eurostat	유로지역 거시경제지표 종합	http://epp.eurostat.ec.europa.eu
	ISI	세계통계의 해	www.statistics2013.org
미국	통계청 (U.S. Census Bureau)	신규주택판매, 주택착공호수 등	www.census.gov
	주택도시개발부	공정시장임차료 등	www.hud.gov
	Standard&Poors	주택가격지수, 상업부동산지수 등	www.standardandpoors.com
	전국주택건축업자협회 (NAHB)	주택시장지수 등	www.nahb.org
	링컨토지정책연구소	토지가격, 임대가격 등	www.lincolninst.edu
	시카고연방준비은행	토지가격(농지) 등	www.chicagofed.org

영국	통계청 (UK National Statistics)	건설통계 등	www.statistics.gov.uk
	지역정부부	주택재고통계 등	www.communities.gov.uk
	평가청 (VOA)	토지가격(농지, 주거용지) 등	www.voa.gov.uk
	나이트 프랭크	토지가격(농지, 주거용지) 등	www.knightfrank.co.uk
	토지등기소 (Land Registry)	주택가격지수, 주택평균가격 등	www.landregistry.gov.uk
캐나다	통계청 (Statistics Canada)	신규주택가격지수 등	www.statcan.gc.ca
	담보주택공사	주택착공통계 등	http://cmhc-schl.gc.ca
	부동산중개인협회 (CREA)	부동산통계	www.crea.ca
호주	통계청	건축활동통계 등	www.abs.gov.au
	RP DATA	주택가격지수 등	www.rpdata.com.au
일본	총무성 통계국 (e-stat)	건설공사비 등	www.e-stat.go.jp
	국토교통성	건축동태통계 등	www.mlit.go.jp
	도쿄증권거래소	수도권주택가격지수 등	www.tse.or.jp
	동일본부동산유통기구	맨션거래량 등	www.reins.or.jp
	통계 연구소	토지가격(시가지, 이용상황 및 용 도별) 등	www.stat.go.jp
	일본부동산 연구소	토지가격(시가지), 오피스 및 아파 트 임대지수 등	www.reinet.or.jp
중국	통계국	주택가격지수 등	www.stats.gov.cn
	중국지수연구원	주택, 임대, 토지정보 종합	http://industry.soufun.com
싱가포르	통계청	부동산통계	www.singstat.gov.sg
	도시개발부(URA)	주택가격, 주택판매 등	www.ura.gov.sg

혹은 이러한 데이터를 취합하여 분석해주는 다양한 서비스도 있으므로 이용해보면 좋다. 앞서 설명한 그놈 외에도 램군 님이 개발한 집사(zip4), 시루 님이 개발한 고집(GoZip) 등의 프로그램도 좋고 이러한 데이터를 정리해주는 블로그들도 많으니 관심을 가지고 꾸준히 읽어보시기 바란다.

09

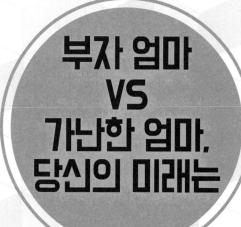

부자 엄마 VS 가난한 엄마, 당신의 미래는

by 아이리쉬

글쓴이 **아이리쉬**는 ─────────────────

세상에는 부자 아빠만 있는 게 아니라, 엄마라서 더 중요한 재테크와 부동산 투자 기술이 있다고 생각하는 젊은 엄마. 소중한 내 아이에게 돈 때문에 상처를 주지 않고, 돈을 대하는 올바른 태도와 습관을 물려주는 엄마가 되는 것이 목표다. 2013년부터 부동산 투자를 시작하여 현재는 20여 채의 부동산을 보유한 임대사업자로 활약 중이다. 저서로 『맞벌이 부부의 돈 버는 부동산 투자』(공저)가 있다.

블로그 : 맞벌이부부 아이리쉬의 부동산 투자 이야기 blog.naver.com/flysky2001

주택임대사업 &
아이에게 돈보다
'돈 버는 습관'을 물려주자

신혼생활을 1년 정도 누리다 아이를 계획했을 때 '복뎅이'는 내 곁에 바로 와 주었다. 그러나 그 행복은 3주 후 신기루처럼 사라졌다. 아기집은 자라고 있는데 아기가 없다는 소식을 믿을 수가 없어서 삼척과 포항까지 병원을 가서 다시 확인했지만 결국 나의 첫 아이는 눈물로 보내야만 했다. 수술을 한 것도 아프고 서러웠지만 천 명 중 한 명 발병할 만한 포상기태(hydatidiform mole)라는 처음 들어본 의학용어에 '왜 하필 나여야 하나' 생각하니 힘들었다.

피검수치가 떨어지길 바라며 산부인과에서 일주일에 한 번씩 피를 뽑는 것도 고역이었지만 나와는 다르게 행복하게 보이는 D라인의 임산부들과 웃고 있는 아이들을 볼 때마다 공허하고 우울했다. 그 이후 2년 반 동안 아이는 오지 않았다. 결혼하고 아이를 가지는 것은 자연스러운 일인데, 나에게는 죽고 싶은 생각이 들만큼 힘든 일이었다. 결국 의학의 도움을 받아 임신을 시도했지만 실패할 때마다 또 마음이 무너져 내렸다.

아이를 기다리고 병원을 다니면서 처음으로 내 몸에 투자했다. 돈 아낀다고 먹는 것을 대충 챙겨 먹었던 식습관을 바꿔 각종 영양제와 한약과 좋은 음식을 챙겨먹으려고 노력했고, 일하면서 스트레스를 굳이 만들어가며 받는 성격이기에 일도 쉬기로 했다. 육아를 하던 친한 친구들과도 잠시 거리를 두고 오롯이 나 자신에게만 집중했다.

엄마가 될 준비를 하는 동안 친정엄마가 다섯 딸을 어떤 마음으로 길렀을지 생각하며 울기도 많이 했다. 잠깐이지만 뱃속에 품었던 아이 덕분에 친정엄마를 한 여자로 이해하며 내가 꿈꾸는 엄마상을 마음속으로 그렸다.

가난한 엄마로 사는 것이 얼마나 가슴 아프고 불안한지, 친정 엄마의 삶을 떠올리면 밤잠을 설치곤 했다. 가난한 종갓집 맏며느리로 시집와서 벼농사와 밭농사, 공장, 야외작업 등 온갖 일을 하면서 증조할머니, 할머니, 작은아버지 네 명과 고모 둘을 뒷바라지하고 딸 다섯까지 키우신 엄마의 삶은 어린 내가 보기에도 너무나 안쓰럽고 고달팠다. 내가 또래들보다 돈을 안 쓰는 생활이 몸에 밴 것은 그 영향이 크다.

소중한 내 아이에게 좋은 것만 주고 싶은 마음은 가난한 엄마나 부자 엄마나 마찬가지일 것이다. 그렇지만 우리 엄마처럼 가난한 엄마는 자신의 상황에서 최선을 다해 길러놓고도 자식에게 많은 것을 주지 못했다는 미안한 마음을 평생 가지고 산다. 그러면서 내 아이는 꼭 당신보다 더 잘 살길 간절하게 바란다.

나는 언젠가 올 아이를 위해 스스로 '부자 엄마'가 되자고 다짐했다. 부자 엄마라고 하면 대부분은 경제적으로 돈이 많아서 아이가 원하는 모든 것을 해 주는 사람을 생각할 것이다. 하지만 나는 삶을 사는 태도가 부자다워야 진정한 부자 엄마라고 생각했다. 로버트 기요사키는 『세컨드 찬스』에서 이런 말을 했다.

"부자 아빠는 내가 '무엇을 할 수 없다'라고 말하는 것을 절대 허락하지 않았다. 그는 종종 이런 말을 했다. '할 수 없다'는 말을 하는 사람은 '할 수 있다'고 말하는 사람을 위하여 일하게 된다."

부자 엄마도 부자 아빠처럼 아이가 할 수 없는 이유가 아닌 할 수 있는 이유와 방법을 찾도록 도와주는 사람이라고 생각한다. 아이에게 어느 정도의 결핍과 좌절을 경험시키되 인생교육의 기회로 생각하며 미안한 마음을 가질 필요가 없는 엄마, 자식이 무엇이든 물어봤을 때 심지어 돈을 어떻게 벌었는지까지도 떳떳하고 당당하게 말해 줄 수 있는 엄마, 자신만 아는 게 아니라 남을 위해 기부하고 봉사하며 사는 모습을 삶에서 자연스럽게 보여주는 엄마가 진정 부자 엄마다. 물론 경제적 부를 이루는 방법을 아이에게 알려주는 엄마도 되고 싶었다.

·》》 부자 엄마가 되기 위한 3박자

부자 엄마가 자고 결심을 했지만 과연 내가 부자 엄마가 될 수 있을까 의심했다. 부자 엄마를 만나본 적이 없었기 때문에 모든 것이 도전일 것임을 알았기 때문이다. 부자 엄마가 되기 위해서 어떻게 해야 하나 고민하면서 부자에 관한 책과 경제 책을 많이 봤다. 배울 점을 받아 적고 큰 소리로 읽으며 부정적인 생각을 마음속에서 밀어냈고, 특히 성공한 여성 저자들의 책을 보면서 어떻게 하면 부자가 될 수 있을지 연구했다.

돈을 벌지 않았던 10대나 처음 일을 하며 돈을 벌던 20대 초반에는 절약하고 저축만 잘하면 부자가 될 수 있다고 생각했다. 예닐곱 살 때 작은 아버지(그때는 삼촌)께 조그마한 돼지저금통을 선물 받았는데 동전을 넣었을 때의 '쨍그랑' 소리를 들었던 첫 기쁨을 또렷이 기억할 정도로 일찍 저축의 즐거움을 알았다. 그렇기에 양가 부모님의 경제적 지원 없이 결혼했고, 결혼 후에도 수입의 60~80%를 모았다. 그 정도로 절약과 저축은 당연한 일이었다.

그러나 부자 엄마가 되기로 결심한 내 나이 31살에는 절약과 저축만으로 부자가 되는 길은 요원하다는 것을 이미 경험한 상태였다. 이제는 돈을 불리는 방법이 관건이었다. 어떻게 경제적으로 부유해질 수 있을까? 어떻게 하면 평범한 능력을 가진 내가 부자 엄마가 될 수 있을까? 고민을 하면서'부자 엄마가 되기 위한 3박자'를 실행하기로 했다.

1박자 : 지출 통제

절약은 기본 중에 기본! 짠순이가 되자. 예산을 짜고 가계부를 쓰며 생활하자.

2박자 : 저축

저축도 당연하다! 경제적으로 빠듯함을 느낄 때까지 저축하자. 강제 저축으로 한 번, 예산 중에서 남은 돈으로 한 번 더 저축하자.

3박자 : 수입

월급 이외의 부수입을 만들자! 직접 투자함으로써 배우자. 펀드, 주식, 채권, 금투자, 최종 투자처는 부동산이다.

처음으로 생각한 것은 지출 통제였다. 어렸을 때부터 아버지, 어머니가 일기장에 각자 가계부를 쓰시는 모습을 보고 자랐기에 자연스럽게 용돈기입장과 종이가계부를 사용했었고, 20대 중반부터는 종이가계부와 인터넷(모바일) 가계부를 병행하면서 돈을 아꼈다. 그러나 오랫동안 가계부를 사용하니 내가 사용한 돈의 흔적만 기록하는 일기의 수단으로 변해서, 나중에는 예산을 짜고 생활하도록 바꿨다.

잘 보이도록 냉장고에 한 달 예산과 현재 지출 내용을 기록하면서 절약했다. 가령 다음과 같은 표다.

변동지출 내역표 예시 (실제 2011년 예산, 2인 기준)

내역		예산 월 일	실제 사용비	
			월 일	월 일
식비	주식, 부식, 외식, 배달식 등	20만 원		
교통비	버스, 유류비, 통행료 등	20만 원		
병원비	병원, 약국 등	5만 원		
교육비	등록금, 교재비 등	5만 원		
통신비	휴대폰, 인터넷 요금 등	12만 원		
의복비	구매, 수선 등	3만 원		
생활용품		3만 원		
경조사비		10만 원		
여행경비		10만 원		
꾸밈비	미용 등	2만 원		
총 변동지출 비용		90만 원		

날마다 보게 되는 냉장고에 예산과 현재 소비액을 붙여놓으니 외식 두 번 할 것도 한 번 하거나 안 하게 되었다. 어차피 고정지출은 거의 비슷해서 변동지출을 통제하는 것에 집중했다. 또 지출은 수입의 변동에 따라 달마다 다르게 예산을 짰다.

두 번째로 생각한 것은 저축이었다. 먼저 강제 저축으로 일정 금액이 미리 나가도록 자동이체 해두고, 짠내 나는 지출 통제를 하고 남은 금액을 다시 한 번 저축했다. 예산을 짰던 비용에서 남은 금액을 저축하는 기분은 경험하지 않은 사람들은 모를 기쁨이었다.

마지막으로 생각한 것은 수입이었다. 직장에서는 시간과 노력을 다해 일을 해야만 월급과 초과수당이 들어온다. 그렇기에 직장만으로 수입을 늘리기에는 한계가 느껴졌다. 어떻게 하면 수입을 늘릴 수 있을까? 고민 끝에 내린 결론은 투자였다.

결혼 전에는 적금과 예금, 청약과 장기주택마련통장 등으로 모은 종자돈을 이용해서 수익률이 좋다는 펀드도 여러 개 투자했다. 수익도 손해도 모두 봤지만 기본적인 경제흐름과 환율, 금리 등에 관심을 가지고 공부를 하게 된 기회였다. 단순히 예·적금만 했을 때와 비교하면 확실히 큰 소득이었다.

결혼 후에도 예·적금, 펀드뿐 아니라 은행에서 금도 사보고, 주식과 채권에도 투자하는 등 거의 모든 금융 재테크를 해봤다. 은행 예·적금은 안정적이지만 금리가 낮아서 돈을 모으는 데 시간이 많이 걸리고, 펀드는 전문가인 펀드매니저가 하는데도 손해를 본 적이 많았다. 남편이 직접 투자한 주식에서는 처음에는 200만 원 정도의 수익을 보다가 몇 달 지나 투자금 1,000만 원을 전부 날렸다. 안정적이면서 시중은행보다 1% 이상 높은 금리를 적용받으러 지방에서 서울까지 올라가 저축은행에 2,000만 원을 예금 했는데 2011년 저축은행 영업정지 사태로 속앓이를 하기도 했다.

삼박자를 실행하면서 나는 몇 가지 깨달은 점이 있었다. 첫째, 절약하는 것만으로는 한계가 있다는 점이었다. 최대한 노력해서 절약한다고도 해도 한계점 이하로 지출을 줄이기란 여간 힘든 일이 아니었다.

저축은행 영업정지 사태

금융위원회는 2011년 국제결제은행(BIS) 기준 자기자본비율이 미달된 저축은행 7곳을 부실금융기관으로 지정하고 6개월간 영업정지 조치를 내렸다. 2008년 글로벌 금융위기를 겪으며 부실화된 저축은행에 대한 조치로, 예금자보호법에 따라 예금자들은 5,000만 원까지만 보호받을 수 있었기 때문에 크게 혼란이 일어났다.

둘째, 수입을 늘리지 않고 절약만 해서는 돈을 모으기가 힘들다는 것이었다. 그렇기에 다양한 방법을 고민해 보고 여러 금융 재테크를 활용해 보았지만 안정적이면서 동시에 높은 수익을 내기란 쉽지 않았다.

셋째, 모든 기관은 자신들의 이익을 위해 존재하는 것이지 나를 위해 존재하지 않는다는 점이었다. 안정적이라고 믿는 은행까지도 때로는 안정적이지 않았다. 결국 나처럼 종자돈이 많지 않은 사람에게는 금융 재테크로 큰돈을 모으기 힘들다는 결론을 내렸다.

﹂ ⟫⟫⟫ 본격적으로 부동산에 뛰어들다

금융 재테크에 배신을 당한 기분에 그때부터 다른 재테크 방법을 고민했다. 은행 예·적금처럼 안정적이면서 펀드나 주식보다 수익이 높은 방법이 무엇일까 고민하며 여러 책을 보고 인터넷으로 수도 없이 검색했다. 그러다 당시 사용하던 인터넷 가계부 사이트(모네타)에서 다른 가정의 가계부를 보고 있는데, 평상시와는 달리 내 눈을 확 사로잡는 부수입이 눈에 띄었다. 그 단어는 '월세.' 매달 볼 때마다 그저 부럽다고만 여겼는데, 그때는 왠지 설레고 정신이 번쩍 들었다. 유레카라고 외치고 싶은 심정이었다.

'그래! 월세를 받아 보자! 생각만 하지 말고 나도 정말로 받아 보자!'

사실 월세를 받자고 마음을 먹었지만 불안한 마음도 있었다. 2012년 당시에는 부동산으로 돈 버는 시대가 끝났다는 의견이 팽배해 있었다. 뿐만 아니라 가까운 친인척과 친언니들이 집 때문에 고생하는 것을 직접 보고 들었다. 꼭짓점에 사서 몇 년간 이자를 내며 힘들어 하는 하우스푸어와 전세 살던 집이 경매로 넘어가 보증금 일부를 날린 사람들이 바로 내 주위에 있었다.

그렇지만 부정적으로만 생각하면 아무런 변화도, 발전도 없을 것 같았다. 당시 내 인생 계획은 출산하면 몇 년간 일을 쉬는 것이었다. 대

하우스푸어(house-poor)
집을 가짐으로써 가난해지는 사람들을 뜻하는 말. 대출을 받아서 집을 산 후 소득의 상당부분을 대출 원리금 갚는 데에 사용하기 때문에 실제 생활은 가난해지는 현상을 말한다.

학교 때 교육학을 공부할 때부터 아이가 세 살이 될 때까지는 엄마인 내가 직접 아이를 키우겠다고 다짐했기 때문이다. 또 학교에서 일하고는 있었지만 계약직이었기 때문에 얼마나 더 할 수 있을지 불안한 상황이기도 했다. 남편 혼자 돈을 벌어 수입이 줄게 될 때를 떠올리지 않을 수 없다 보니 꼬박꼬박 들어오는 월세라는 부수입은 생각하는 것만으로도 안정감을 줬다.

그렇다면'어떤 물건을 사서 월세를 받지?'라는 고민이 되었다. 결혼 전의 기억을 떠올려보면 빌라는 살기는 편했지만 안전한 주변 환경과 편의시설이 잘 갖춰진 아파트에 대한 갈망이 있었고, 20년 넘는 5층 아파트나 다가구 반지하는 살면서 몸이 불편한 점이 굉장히 많았기에 이런 물건들은 배제했다.

로망이었던 대학가 원룸을 통해서 월세를 받으면 어떨까 싶어 살고 있던 인근 지역, 경산과 대구의 대학가를 보러 갔다. 그런데 우리가 가진 돈으로는 몇 억원짜리 원룸 건물을 살 수 없었다. 그때 부동산 중개사님께서 30년이 넘는 소형 아파트를 소개해 주셨는데 7,000만 원이라는 소리를 듣고 너무 비싸다는 생각에 물건을 보지도 않고 그냥 나왔다. 그때 남편 고향인 광주의 아파트는 보통 5,000만~6,000만 원 정도라고 들었기 때문이다. 그랬던 대구가 2013년부터 가파르게 오르기 시작했다. 투자 경험이 부족하다보니 저평가된 물건의 가치를 볼 줄 몰랐던 때였다.

그렇게 원룸을 보기만 하고 투자는 안 한 채 또 몇 개월을 흘려보냈다. 책을 보며 일상에 젖어 사는데 '자신이 가장 잘 아는 지역에 투자하라'라는 문구가 강하게 눈에 들어왔다. 그래서 2013년 1월, 비장한 마음으로 부동산 책을 품고 광주로 향했다. 더 이상 지체하면 아예 시작도 안 할 거 같아서 맘에 드는 물건이 있으면 바로 계약하겠다고 결심하고 떠난 1박2일 부동산 투어였다.

첫째 날 부동산 중개사무소에서 브리핑을 듣고, 물건을 보고, 그날 밤 남편과 숙소에서 노트에 내용을 정리했다. 우리가 고민한 물건은 17평 아파트 두 곳과 도시형생활주택이었다. 먼저 매매가격, 교통, 편의시설, 예상 수요자와 예상 월세 등을 적어보고 남편과 의논을 했다.

<u>투자 후보 물건 정리</u>

구 분	A	B	C
종류	소형아파트	소형아파트	도시형생활주택
형태	복도식	복도식	복도식
연식	1996년	1992년	2013년
평형	17평	17평	10평
실면적	11.4평	13.49평	7평
매매	6,900만 원	5,900만 원	6,700만 원
월세	보증금 500만 원 월세 35만~40만 원	보증금 300만 원 월세 30~35만 원	보증금 300만 원 월세 35~40만원
부대비용 (수리비 등)	150만~385만 원	130만~300만 원	0원 (빌트인)
취득세	약 76만 원	약 65만 원	0
중개수수료	35만 원	30만 원	약 36만 원
교통편	좋음	좋음	보통
편의시설 및 주변환경	좋음	좋으나 주위에 모텔이 많음	좋음
수요분석	산업단지 근로자	대학생, 산업단지 및 화물 차 근로자	대학생, 근로자
발전가능성	호재는 없지만 강 조망권이 좋음 (현재 지하철 2호선 연장 호 재 있음)	호재가 특별히 없음	크게 없음
공실률	가능성 있음	거의 없음	공실률 높음
시세차익	오를 가능성	보통	잘 모르겠음
난방	중앙난방	중앙난방	개별난방
장점	① 대단지 아파트(10단지까 지 있는 아파트 중 하나) ② 초·중학교 가까움 ③ 강 조망권 있음	① 실평수 큼 ② 공실 위험성 적음 ③ 대학교가 5분 이내 ④ 로열층 물건 ⑤ 가격 쌈	① 모든 가전제품이 빌트 인 ② 편의시설 쉽게 이용가 능
단점	① 공실 위험성 큼 ② 꼭대기층 물건	① 임대아파트와 함께 있 음 ② 특별한 호재 없어 보임	① 방이 작아서 1인 가구 수요로 한정적 ② 가전제품 관리 어려움
투자 선택	△	O	X

첫 번째로 본 A아파트는 17평짜리로 10단지까지 있는 아파트 중 한 단지였다. 대단지에 걸맞게 편의시설이 좋고 초·중학교가 가까이 있었다. 물건이 위치한 꼭대기층에 올라가보니 탁 트인 전망에 강과 들판이 보여서 마음에 들었다. 그런데 중개사님이 그 일대에는 월세를 40만 원까지 낸 정도의 여유 있는 사람이 많지 않아서 공실의 위험성이 있다고 이야기를 해줬다.

두 번째로 본 B아파트 역시 17평으로 2단지까지 있지만 세대는 2,500세대 정도로 많았다. 5분 정도 걸으면 대학교가 나오는 곳이었는데 들어가자마자 놀랐다. 왜냐하면 A아파트에 비해 실평수가 두 평이 컸는데 그 차이가 정말 크게 느껴졌기 때문이다. 또 B아파트 물건은 15층 중 12층으로 로열층이었고 수리를 하면 월세 35만 원까지는 쉽게 받을 수 있다는 점도 마음에 들었다. 대학생 수요와 인근에 있는 공단의 근로자들이 많이 산다고 했는데, 임대가 잘 구해진다고 했다. 무엇보다 B아파트는 1,000만원이 더 쌌다.

세 번째로 본 C주택은 분양 중인 도시형생활주택으로 200세대가 넘는 규모였는데, 도로가에 있었지만 모든 가전제품들이 갖춰져 있었다. 근처 여대생들을 수요타깃으로 삼아 지어서 그런지 아기자기하고 예쁘게 꾸며져 있어 한 눈에 보기에도 좋았다. 그러나 실평수가 7평으로 좁아 가족 단위 임차인을 받을 수는 없었기에 공실 위험성이 높아보였다. 게다가 분양한 지 몇 달이 지났는데 아직 로열층이 남아있다는 사실도 왠지 의심스러웠다. 그렇게 좋은 물건이었다면 중개사들이 처음 만난 우리에게 선뜻 내놓았을까?

그러고 나서 부동산 투자를 경험했던 지인에게 조언을 구했더니 새로 분양 중인 도시형생활주택은 배제하라고 했다. 실면적(전용면적)에 비해 매가가 싸지 않고 공실의 위험이 높다는 점 때문이었다. 그러면서 첫 투자이니 가격이 저렴하면서 수요가 많은 B아파트를 추천했다. 남편과 나도 B아파트라면 첫 월세 투자로 나쁘지 않겠다고 판단이 들었다. A아파트나 C주택에 비해 실제 면적이 크면서 가격도 더 싸니 좋다고 판단한 것이다. 게다가 첫 투자라 가능하면 적은 금액으로 투자하고 싶기도 했다.

투자 5년차에 접어들고 보니 처음 시작하는 사람에게는 B아파트를 권하는 게 맞는 것 같다. 소형아파트는 매수가격이 싸고 실투자금이 크게 들지 않으므로 그만큼 실패의 위험도 덜하기 때문이다. 첫 투자는 개인에게 굉장히 중요한 경험인데 한 번 실패하면 다시는 투자를 하지 않을 확률이 크다.

물건을 보던 오후에 부동산에서 만난 할아버지와 아주머니의 말도 결정적으로 영향을 미쳤다. 할아버지는 B아파트와 그 일대 아파트를 30채 정도 보유하고 있고, 아주머니는 B아파트만 5채 가지고 있다고 했는데 두 분 다 우리에게 B아파트를 강력하게 추천했다. 그분들은 수수한 차림의 보통 사람처럼 보이셨는데 월세를 받으면서 자식들에게도 베풀고 산다고 하셨다. 훗날 우리도 그렇게 될 날을 떠올리며 B아파트를 선택하기로 했다.

그날 밤에는 흥분되어 잠을 설쳤다. 잠을 잔 듯 만 듯 아침 일찍 일어나 부동산 중개사무소에 가서 궁금했던 내용을 다시 한 번 물어보고 B아파트를 계약했다. '우리 집 1호'였다.

그 이후는 부동산 중개사, 부동산 중개사가 연결해 준 은행 대출, 그리고 인테리어 업체를 통해 일사천리로 진행했다. 2013년 1월에 계약을 하고 수리한 후 일주일 만에 월세 세입자를 구했다. 이 집은 3년 동안 월세를 잘 받다가 2016년에 매도하였다. 이 집이 안겨준 투자수익은 뒤쪽의 표와 같다.

'우리집 1호'의 초기 투자금액은 수리, 등기, 세금, 기타 부대비용 등을 포함해 3,254만 원이었고 연 수익률은 8.5%였다((35만 원 × 12개월 - 연간이자 144만 원) / 실투자금 3,254만 원).

'우리집 1호'의 투자 성과 정리

		지출	수입
매수가격		5,900만 원	
매도가격		6,900만 원	1,000만 원
대출	대출금	3,000만 원 → 4,200만 원	
	총이자	299만5,761원	
임대료	보증금/월세		300만 원 / 35만 원
	총 월세수입		1,166만3,000원
	총 월세순익*		804만9,889원
기타 비용	취등록세	64만9,000원	
	법무비용	64만9,000원	
	중개수수료	69만5,000원	
	수리비	240만8,000원	
	재산세(4회)	21만400원	
	양도소득세	23만1,810원	
	마이너스통장이자	50만 원	
총계		511만6,210원	1,804만9,889원
실제차익(순수익)		1293만3,679원	

(※ 총 월세순익 = 총 월세 - 총 이자 - 장기수선충당금 - 말소비용 - 관리비)

그런데 1년이 채 안 되어 이 집의 KB부동산시세가 높아졌다. 처음에는 5,000만 원으로 감정되어 그 중 60%인 3,000만 원밖에 대출이 되지 않았지만, 1년에 채 되지 않아 7,000만 원으로 상향조정되면서 60%인 4,200만 원의 대출로 바꿀 수 있었다. 1,200만 원을 더 받은 것이다.
대출을 1,200만 원 더 받을 수 있게 되자 실
투자금은 2,054만 원으로 줄었고, 수익률은
13.4%로 올라갔다({35만 원 × 12개월 - 연
간이자 145만 원} / 실투자금 2,054만 원).

KB부동산시세

KB국민은행이 조사해서 매주 금요일에 발표하는 전국의 아파트 시세. 국민은행뿐 아니라 많은 수의 금융기관들이 주택담보대출액 한도를 정할 때 이 금액을 기준으로 시세를 산정하므로 대출을 받을 때 중요한 지표가 된다. 줄여서 'KB시세'라고도 한다.

그러나 당시까지만 해도 대출은 사회악
인 줄만 알고 있었기 때문에 빨리 갚아야 한다는 일념으로 남편과 신나게 갚았
다. 강제적으로 저축을 하게 되니 더 돈이 잘 모였다.

나는 '우리 집 1호'를 마련한 이후 자주 기분이 좋아졌다. 회사에서 스트레스
받는 일이 있어도 '우리 집 1호'를 생각하면 괜히 웃게 되고 마음이 든든했다. 월
세 금액이 그리 많지는 않았지만, 그리고 비록 내가 살지는 않지만 '내 집 마련'을
한 기분이 이런 것이구나를 느꼈다.

·》》 주택임대사업자가 되다

월세를 몇 채 더 받아서 돈을 모으자고 마음먹고 같은 단지의 아파트 두 채를
더 매입했다. 매도수익은 크지 않았지만 나오는 월세의 수준은 은행처럼 안정적
이고 펀드나 주식보다는 수익이 컸으면 하는 나의 기준에 잘 맞았다. 또한 원래부
터 월세가 목표였고 시세차익은 덤이라고 생각했기에 이 수익도 정말 감사했다.

1세대2주택자일 때와 1세대3주택자일 때의 느낌은 달랐다. 세금이나 대출이
많아지는 것 때문에 매입 전에 고민을 많이 했다. 또 집을 여러 채 가지고 있으면
왠지 투기꾼이 된 것 같은 죄책감이 느껴져서, 그런 편견을 깨는 데에도 시간이
필요했다.

당시 활동하던 카페에서 여러 채를 가진 분들이 해 주신 조언이 많은 힘이 되었다. 그에 따르면 1세대 3주택자이지만 그 집들이 모두 소형주택이므로 세금은 걱정할 정도로 많지 않을 것이며, 대출도 자신이 감당할 수 있는 내에서 받으면 문제가 되지 않는다.

뿐만 아니라 법을 준수하는 선한 임대인들을 투기꾼이라고 매도할 수는 없다. 문제는 시세보다 지나치게 높은 임대료를 받거나 세입자들의 불편은 상관하지 않은 채 돈 버는 데만 급급한 일부 임대인들일 뿐, 실제로 대다수의 임대인들은 부동산 시장에 주택을 공급함으로써 주거 안정에 기여하는 중요한 역할을 한다.

그분들의 조언과 투자 경험에 힘입어 세 번째 집을 구입하면서 본격적으로 주택임대사업을 해야겠다고 마음먹었다. 적금통장 늘리듯 한 채 두 채 집을 늘려보자고 결심했다. 목표를 세우니 직장에서 일하는 것도 더 신나고 감사했다. 열심히 일하고 더 알뜰하게 저축해서 농사를 짓는 마음으로 씨를 뿌리듯 월세 투자와 전세 투자를 했다.

2013년 10월 지방의 분양전환 아파트인 '우리 집 5~8호'를 임대사업용 주택으로 등록하면서 나는 정식으로 주택임대사업자가 되었다. 이를 통해 취득세 면제 혜택을 받을 수 있었다. 최초 분양하는 아파트나 분양 전환을 한 아파트 중 전용면적 $60\,m^2$ 이하인 물건은 임대사업용으로 등록하면 취득세를 전부 면제받기 때문이다. 단 감면혜택이 200만 원을 초과하면 85%만 감면받는다.

참고로, 투자를 시작한지 얼마 안 된 사람들 중에서는 일찌감치 주택임대사업

> **주택임대사업자 등록**
>
> 부동산 관련 사업자에는 임대사업자와 매매사업자가 있는데, 임대사업자 중에서 주택을 대상으로 하면 주택임대사업자가 된다. 거주지의 시·군·구청에 사업등록을 신청한 후 관할 세무서에 한 번 더 신청하면 된다. 보유하고 있는 모든 주택을 등록할 필요는 없으며 임대사업용으로 활용할 주택만 등록하면 된다. 등록된 주택은 개인의 주택이 아니라 사업용 자산으로 취급되므로 종합부동산세가 적용되지 않지만, 4년 이상 팔지 않고 임대를 지속해야 할 의무가 있다.

자 등록을 고려하는 경우가 꽤 있다. 그러나 각자의 상황에 따라 주택임대사업자가 유리할 수도, 불리할 수도 있으므로 장단점을 잘 따져보는 게 좋다. 특히 본업을 따로 가지고 있고 거기에서 나오는 소득이 꽤 된다면 주택임대사업자로 등록함으로써 소득세가 더 많아질 수 있다. 임대사업자의 임대소득은 기존 소득에 합해지므로 소득세의 과세표준 구간이 높아질 수 있다. 우리나라의 소득세는 과세표준이 높아질수록 세율도 높아지는 누진세 제도이므로 세금이 늘어날 수 있다는 점을 명심하자.

과세표준

세금의 기준이 되는 금액. 소득세의 경우 연봉이나 사업소득 전체가 아니라, 그중에서 법률로 정해진 비용이나 공제항목을 모두 제외한 금액이 과세표준이 된다. 과세표준에 세율을 곱한 것이 세액이다.

주택임대사업자의 장점과 단점

장 점	단 점
① 신규건축 주택이나 분양전환된 공공임대아파트에 대해 취득세 면제(전용면적 60㎡ 이하) 혹은 감면(2억 원 이상이면 15%는 개인이 부담) ② 재산세 감면(단, 국내에 2채 이상 보유시) ③ 임대 등록한 물건은 주택의 소유 채수로 포함하지 않음(종합부동산세에서 자유로움) ④ 양도소득세 장기보유특별공제 혜택이 있음	① 보증금 및 월세 인상률이 연 5% 이하로 제한 ② 의무임대기간 내에 팔게 되면 받은 혜택을 돌려줘야 하므로 시장 흐름에 유연하게 대처하기 어려움(현재 의무임대기간은 단기임대 4년, 준공공임대 8년) ③ 계약 변동 사항이 있을 때마다 임대조건을 신고해야 함 ④ 소득신고를 해야 함 ⑤ 건강보험료와 국민연금 등 준조세 부담

정부는 갈수록 부동산임대로 수익을 올리는 사람들을 임대사업자로 등록하게끔 유도함으로써 이들을 법적인 테두리 안으로 끌어들이기 위해 노력하고 있다. 현재까지는 주택임대를 할 때 임대사업자 등록을 반드시 해야 하는 것은 아니지만, 시간이 흐를수록 순차적으로 의무화될 수도 있다. 주택임대사업자의 장·단점

과 실익을 따져보고 어떻게 대처해야 할지 고민해 보기 바란다.

·⟩⟩⟩ 드디어 엄마! 부동산으로 출산과 육아 비용을 마련하다

주택임대사업자로 등록하면서 나는 직장인인 동시에 사업자가 되었다. 그러나 그보다 더 되고 싶었던 것은 엄마였다. 이미 아픈 기억이 있었기 때문에 나는 엄마가 되기 위한 몸을 만들기 위해 퇴사를 결심했다. 그때가 2014년 2월, 수중에는 남편과 내 이름으로 된 열네 개의 등기권리증과 네 개의 월세통장이 있었다. 모두가 1억 원 이하의 싸고 작은 지방 아파트뿐이었지만, 수익을 떠나 도전의 결과물이 있었기에 퇴사를 하면서도 크게 불안하지 않았다. 아무 것도 실행하지 않았던 예전의 삶과 열네 채의 부동산을 가진 나의 삶은 완전히 달라져 있었다.

퇴사한 이후 건강한 엄마가 되기 위한 준비도 했지만, 임대물건을 관리하면서 더 많은 집을 사고파는 경험을 했다. '얼마짜리 이상의 물건은 살 수 없다'라는 가격에 대한 편견과 '이 지역은 사면 안 된다'라는 지역에 대한 편견을 깨고 다양한 아파트를 구입했다. 아쉬운 점도, 후회되는 점도 있지만 두려움을 벗어나 실행하기로 한 것은 내 인생에서 가장 잘한 일이라고 생각한다.

2015년 2월 10일, 기다리고 기다리던 아이가 왔다. 혼자서 배에 주사를 놓던 날들, 자꾸만 임신에 실패하며 마음이 무너졌던 날들이 파노라마처럼 지나갔다. '세상 평안한 날'이었다. 남편은 지금도 그날 나의 표정을 잊지 못한다고 한다.

안정기가 찾아온 후 나는 뱃속에 아이를 품고 다시 임장을 다니기 시작했다. 부동산 강의를 듣고 아파트를 보기 위해 대전과 서울을 오갔다. 기존 물건을 관리하느라 전라도, 강원도, 경기도를 돌아다녔다. 남편과 함께 가기도 했지만 혼자서 버스를 타고 다닌 적이 더 많았다. 아이가 없었을 때는 막연하게 부자 엄마가 되고 싶다고 생각했다면 아이의 태동을 순간순간 느끼던 그때는 부자 엄마가 되어야겠다는 생각이 더욱 절실했던 것이다.

2015년 8월 29일, 임신 8개월차의 무거운 몸으로 남편과 2박 3일 휴가 겸 서울 임장을 떠났다. 3일 동안 경기도 부천과 서울 강서구, 구로구, 금천구, 성동구의 아파트를 보고 다녔다. 그중에서 지인의 조언을 참고하여 성동구 아파트를 눈여겨보게 됐다. 초역세권은 아니지만 역에서 걸어서 10분 정도 걸리고 평지에 있는 대단지 아파트였다. 3억 원이 넘는 가격 때문에 고민이 많이 되어서 남편과 다투기도 했지만 결국 매입하기로 결심했다. 대출은 받지 않고 전세세입자를 구해서 갭투자를 하기로 했다.

그런데 새로운 전세세입자가 좀처럼 안 구해졌다. 인근에 나와 있는 전세 물량이 많은 것도 아니고 딱 두 개 있었는데 이상하게도 우리 물건은 인연이 닿지 않았다. 잔금일자뿐 아니라 출산예정일도 다가오면서 불안한 마음이 커져서 자다가도 자주 깨곤 했다. 그럴 때마다 뱃속의 아가에게 괜찮으니 안심하라고 말했지만 정작 엄마인 나는 안심할 수가 없었다.

그러던 중에 실거주용으로 이 집을 사겠다는 사람이 나타났다. 결국 이 집은 등기를 넘겨받은 후 곧바로 팔게 되었다. 그것이 출산 3일 전이었다. 계획대로 되지는 않았지만 그전까지 쌓인 스트레스가 다 풀리는 느낌이 들며 출산 선물인가 보다 생각하니 행복했다.

이 물건의 수익은 세후 약 650만 원이었다. 이 돈이면 나의 입원비, 수술비, 산후조리원비를 충당하고도 남는다. 사실 외벌이를 하는 입장에서 출산비용이 많이 부담스러웠는데 이때 번 수익 덕분에 마음 편히 몸조리를 할 수 있었다. 친정 엄마는 "아이들은 제 복을 타고 태어난다"고 자주 말씀하셨는데 우리 아이가 그런가 보다.

크지는 않았지만 현실적으로 생활에 도움이 되는 보너스 같은 수익을 얻었기에 육아 중에도 계속 투자를 했다. 그렇게 할 수 있었던 것은 2013년도부터 투자한 집 중 몇 채를 팔면서 수익금이 생겼고, 들어오는 월세에서 대출이자를 제외한 나머지와 월급의 일부를 저축해서 계속 제투자했기 때문이다. 부동산 투자에서 나온 수익을 소비로 쓰는 것보다 모으는 것이 더 재미있었다. 내 취미는 통장 모으기인데, 통장을 모으는 것처럼 집문서(등기권리증)를 모으는 것도 재미있고 든든했다. 수익 중 일부는 아이 양육비로 쓰고, 경제적으로 힘든 이웃을 도와주거나 아이의 이름으로 기부하며 의미를 부여했다.

한국에서 한 아이를 키우는 데 평균 2억 원이 넘게 든다고 한다. 자식의 교육자금 혹은 결혼자금을 대느라 노후준비를 제대로 하지 못하는 부모들 이야기도 주위에서 많이 듣는다. 그런 소리를 들으면 가슴이 답답하다. 우리 아이를 어떻게 키워야 하나 고민이 많이 된다.

아직 아이가 어려서겠지만 육아비용은 최소한으로 쓰고 있고 앞으로도 그럴 예정이다. 임신을 하고 출산용품을 준비할 때 임부복은 따로 사지 않고 친언니에게서 얻은 옷을 입었고 손수건과 물티슈, 내복, 배냇저고리 등은 임산부 모임에서 무료로 받은 것을 썼다. 따로 구입한 건 태아보험을 들었던 회사에서 사은행사로 6만 원에 제공하는 카시트와 휴대용 유모차, 그리고 신생아 기저귀가 다였다. 아이가 태어난 후에도 꼭 필요한 물품만 사고 지인들이 물려준 옷, 책, 장난감으로 키우고 있다.

물론 가끔 사주고 싶은 마음은 굴뚝같다. 어렵게 얻은 아이니 얼마나 잘해주고 싶겠냐마는, 진정으로 아이를 위하는 일은 그것이 아니라고 생각한다. 지금 좋은 옷과 장난감을 사주기보다는 미래를 위해 투자하자고 마음을 되새기며 부동산 투자와 육아를 병행하고 있다.

엄마는 한 집안의 CEO다. 아빠들이 반발할 수도 있겠지만 엄마의 위치는 아빠들보다 훨씬 복잡하다. 살림만 전담하는 엄마도, 맞벌이를 하는 엄마도 정도의 차이는 있지만 집안의 모든 업무를 다 아우르며 관리한다. 일반적으로 집을 선택할 때도 아내 혹은 엄마의 의견이 더 많이 반영된다. 신혼집을 구한 경험이 있다면 신랑측보다 신부측 의견이 더 많이 반영된다는 점을 이해할 것이다. 그렇기 때문에 부동산 투자의 핵심 수요자는 바로 엄마들이라고 보는 것이 좋다.

여자의 마음에 드는 집, 특히 엄마의 마음에 드는 집을 구하기 위해서는 엄마의 마음으로 임장하는 것이 좋다고 생각한다. 나는 투자자이기 이전에 엄마이기 때문에 엄마의 마음으로 임장하고 투자처를 선택한다. 엄마가 되면 모든 초점이 아이에게 맞춰지다보니 집을 구할 때도 아이를 먼저 생각하게 된다.

① 교통

서울이나 경기도에서는 지하철과의 접근성을, 지방에서는 버스의 접근성을 먼저 따진다. 역세권 아파트는 생활의 편리성 때문에 수요가 많아 공실이 발생할 우려가 적고 가격이 상승할 때 가장 먼저 오르는 편이다. 지방 광역시에서는 역세권이라는 게 투자에서 큰 의미가 없는 경우도 있지만, 서울이나 수도권에서 역세권을 일순위로 따지는 이유 중 하나는 신혼부부나 어린 자녀를 둔 부부의 수요가 많기 때문이다. 같은 세입자라도 신혼부부들은 대체로 집을 조심스럽게 사용하고 도를 넘어서는 수리를 요구하는 경우가 별로 없다. 또한 신혼부부들이 사는 집에는 새로운 가구와 가전제품이 많기 때문에 나중에 매도를 위해 집을 보여줄 때에도 화사한 느낌을 주고, 짐이 많지 않아 집이 넓게 보이기도 한다. 그 때문에 임대인들이 가장 선호하는 임차인이기도 하다.

엄마의 눈으로 역세권 아파트를 볼 때 추가로 보게 되는 것 중 하나는 지하철역 안에 엘리베이터가 있는지 여부다. 유모차를 끌고 다니는 엄마들은 역 안에 계단만 있으면 난감할 수밖에 없다. 그렇기에 어린 아이를 데리고 다녀도 불편함이 없는 역인지 꼭 확인하는 습관이 있다.

② 학군

보통 어린 아이가 있는 부부들이 많이 사는 20평대 아파트에 투자하다 보니 좋은 학군보다는 초등학교를 품고 있는 아파트(초품아)인지를 더 중요하게 생각한다. 물론 평판이 좋은 중학교나 고등학교에 보낼 수 있는 곳이라면 금상첨화이기 때문에 학교알리미(www.schoolinfo.go.kr) 사이트나 지역 맘카페를 통해 학교 정보를 미리 알아본다.

직접 가서 볼 때는 초등학교가 아파트와 얼마만큼 떨어져 있는지 혹은 큰 길을 건너야 하는지 직접 걸어보며 확인한다. 엄마들이 선호하는 아파트는 초등학교까지 큰 길을 건너지 않고 갈 수 있는 곳이다. 등하교 때 가끔 데려다 줄 수 없는 일이 생기더라도 아이 혼자 큰 위험 없이 다닐 수 있는 곳, 그래서 엄마도 마음을 내려놓을 수 있는 곳을 투자처로 선택한다.

학군이라고 하기는 다소 애매하지만, 우리가 선호하는 임차인이 신혼부부이기 때문에 가정 어린이집을 비롯한 어린이집이 얼마나 있는지도 세어 본다. 또한 30평대나 40평대가 같이 있는지도 살펴본다. 이런 평형대에 사는 사람들은 초·중·고 자녀를 둔 경우가 많아서 학군을 중요하게 생각한다. 경험상 소형으로 단일평수만 있는 곳보다 대형평수가 같이 있는 곳의 가격 오름폭이 더 크다.

③ 편의시설

주변에 대형마트나 백화점이 있는지, 응급실을 갖춘 종합병원이 있는지, 은행이 다양하게 있는지, 스타벅스나 파리바게뜨 등 유명 프랜차이즈 매장이 있는지 살펴본다. 또 도서관이 아파트 내에 있는지 아니면 단지 근처에 있는지도 확인한다.

어린 자녀를 둔 엄마들은 대형마트나 백화점 문화센터를 이용하면서 육아 정보를 수집하고 친목을 도모하기 때문에 그 근방 아파트는 보통 선호도가 높은 편이다. 또한 아이가 아플 상황을 대비해 응급실이 있는 종합(대학)병원이나 소아과가 가까운 곳을 선호한다. 입지를 보고 까다롭게 입점하기로 유명한 스타벅스나 파리바게뜨, 유기농 식품 가게 등이 있으면 생활 수준을 예상할 수 있다. 마지막으로 도서관이 단지 내에 있다면 아이가 책을 가까이 했으면 하는 엄마의 마음으로 더 높은 점수를 준다.

④ 주변환경

엄마들은 아이가 사계절의 변화를 느끼면서 뛰어놀 수 있는 자연환경, 즉 공원이나 하천이 있는 곳을 선호한다. 그래서 아파트 단지를 볼 때 공원이나 어린이 놀이시설의 상태는 어떤지(예를 들어 넘어져도 안전한 바닥인지 등), 공간은 충분한지 살펴본다. 또 아이의 안전을 생각해서 주차장은 지하에 있는지, 엘리베이터로 바로 연결되어 있는지도 본다. 보통 1990년대 후반에 지어진 아파트는 지하주차장과 아파트가 바로 연결이 되지 않지만 연결되어 있는 곳이라면 더 높은 점수를 주게 된다.

그리고 아파트 근처의 길거리를 오가며 사람들의 표정이나 옷차림, 적혀 있는 문구들도 유심히 본다. 가령 '소변금지'라는 문구나 현수막이 걸려 있는 동네, 물건을 아주 싸게 팔아야만 팔리는 동네, 유흥시설이 너무 많은 동네나 외국인이 많은 곳은 아무래도 투자하기가 꺼려진다.

⑤ 기타

이 외에도. 임장할 때 아파트 규모와 향, 동간 간격(사생활 보호나 시야 확보를 위해), 난방 방식 등도 본다. 보통 대규모 아파트는 소규모 아파트에 비해 관리가 잘 되고 관리비도 저렴한 편이라 선호한다. 이왕이면 정남향을 원하지만 아니라면 남서향 아파트도 좋아한다. 난방 방식(개별난방, 중앙난방, 지역난방)에 따라 관리비 차이가 많이 나기 때문에 그 부분도 반드시 확인을 한다. 나부터도 그렇지만 보통 지출을 관리하는 엄마의 입장에서는 주거비용에 많은 돈을 쓰고 싶지 않다.

이 모든 조건을 충족한 아파트는 당연히 가격이 비쌀 것이다. 그렇기에 나는 이러한 조건 중 몇 가지만 부합하면 투자한다. 예를 들어 편의시설이 살짝 부족해도 가격이 상대적으로 저렴하고 역세권에 학군이 좋다면 투자하는 식이다. 임장할 때 여러 조건들을 생각하면서 이곳이 엄마들의 마음에 드는 곳일지 엄마의 눈으로 보려고 노력하고, 동시에 내가 감당할 수 있는지도 자문해 본다.

·〉〉 돈보다는 '부자의 생각'을 물려주고 싶다

부동산 투자를 하면서 많은 사람들을 만나는데, 겉보기에는 다들 흔히 마주칠 수 있는 보통 사람들이지만 부동산에 관심이 없는 사람들과는 다른 무언가가 있다. 내가 만나온 사람들 대부분은 돈이 많든 적든 간에 부자가 되고자 하는 열망이 크고, 삶의 태도가 긍정적이며, 생각으로만 끝내지 않고 실천한다는 공통점이 있었다. 남들이 휴식을 취하는 퇴근 후나 주말에도 자발적으로 부동산 강의장과 세미나장을 찾거나, 혼자서 공부하거나, 혹은 부동산 사무소를 방문하여 현장의 소리를 듣는 사람들이 많다.

또 옷이나 화장품 등 자신에게는 인색하리만큼 돈을 안 쓰지만 배우기 위해서는 기꺼이 쓰는 사람도 많다. 대부분은 절약이 일상화되어 있다. 100만 원, 200만 원으로도 투자할 수 있기에 허투루 쓰지 않고 모으는 것이다. 그들과 이야기하면 긍정과 열정 에너지가 강렬하게 느껴지며 더 열심히 살고 싶은 자극을 받는다.

테시마 유로라는 작가가 쓴 「가난해도 부자의 줄에 서라」라는 책이 있다. 탈무드의 서른두 가지 지혜를 설명하면서 부자의 사고방식과 행동은 어떻게 다른지를 담고 있다. 제목 그대로 어떤 생각을 하는 사람들의 곁에 있는지가 참 중요하다고 생각한다. 나 스스로 몸소 느끼기 때문에 우리 아이 곁에도 부자를 꿈꾸며 노력하는 사람들이 있었으면 좋겠다고 생각한다.

사람들은 공부를 마치고 취업을 하거나 혹은 취업을 준비하는 동안 세상의 불편한 진실을 마주하게 된다. 금수저로 태어난 사람들은 많은 노력을 하지 않아도 편안하게 살 수 있다는 사실, 흙수저는 열심히 노력하지만 돈을 모으기 힘들다는 사실을 깨달으며 상실감과 박탈감을 느끼게 된다. 그 감정은 시간이 지날수록 커진다. 나 또한 그랬다. 성장하면서부터 '돈' 이야기를 참 많이 들었다. 돈이 많지 않다는 걸 알았기에 중·고등학교 때 학원 보내달라는 이야기도 못 꺼냈고, 원하는 대학교를 가게 해달라고 말하지도 못했다. 취업을 준비하는 동안 몇 년 혹은 몇 달만 공부에 매진할 수 있도록 저에게 투자해 달라고도 말 못했다. 어린 나이였지만 돈이 없다는 건 기회를 잃는 것임을 알았기에 슬프고 또 아팠다.

기회를 잃는 것도 문제였지만 더 큰 문제는 가난한 생각이었다. 내가 했던 가난한 생각을 내 아이에게만은 물려주고 싶지 않다. 내 아이에게 선생(先生), 즉 먼저 태어난 사람으로서 돈 자체보다는 부자의 생각과 행동을 보여주는 부자 엄마이고 싶다.

누워 있던 아이가 뒤집고, 기어 다니고, 그러다가 일어서서 걷고 뛰는 동안 아이의 생각은 부모의 시간을 먹고 자란다. 아이에게는 부모가 우주라서 부모의 생각과 행동과 말을 모두 배우고 자란다. 말 못하는 어린 아이라도 부모가 어떤 감정을 가지고 이야기하는지 알아차린다. 아이가 두발자전거를 처음 배울 때를 떠올려 보자. 대부분 부모가 뒤에서 자전거를 잡아 준다. 아이가 페달을 밟으며 나아가다 중심을 잃고 수없이 넘어져도 부모는 "할 수 있어! 다시 해 보자"라고 격려하며 다시 도전하게 도와준다. 결국 아이는 숱한 실패 끝에 혼자서 타는 방법을 배운다.

부자의 생각도 부모가 도와주거나 직접 가르치는 것이 효과적이라고 생각한다. 아이에게 회사에 취직해서 월급을 타서 꼬박꼬박 적금을 부어야만 돈을 모을 수 있다고 이야기하는 대신 다양한 방법이 있다는 것을 알려주고 싶다. 월급뿐 아니라 사업소득과 임대소득으로 돈을 버는 방법도 있고, 저축뿐 아니라 투자로 돈을 모으는 방법도 있다고 말이다.

무조건 공부를 잘 해서 좋은 대학을 가고 좋은 직장에 취직해야 한다고 이야기하기보다 여러 기회를 제공해 주어 아이 스스로 어떤 삶을 살고 싶어 하는지 답을 찾도록 도와주고 싶다. 아이의 미래를 찾는 길 중에는 부동산 투자도 한 가지 방법이 될 수 있다고 생각한다. 부동산 중개사무소에 항상 아이와 함께 가는 이유도 아이가 자연스럽게 그 상황을 받아들이고 사람들로부터 많은 것을 배우고 느낄 수 있길 바라기 때문이다.

또 하나, 아이의 욕구대로 뭐든 채워주는 풍족한 상태만이 아니라 다소 부족하고 결핍이 있는 어린 시절도 경험하게 해주고 싶다. 가난은 힘들고 불편했지만 지금까지 삶을 이루는데 원동력이었기에 나에게는 선물과 같았다.

마지막으로, 나와 우리 가족만 잘 살길 원하는 이기적인 사람이 아니라 물질적으로나 육체적으로 남을 도울 줄 아는 사람으로 키우고 싶다. 우리가 아이의 돌잔치를 생략한 대신 이전까지 모은 돈을 아이의 이름으로 기부를 한 것도 그런 의미였다. 앞으로도 꾸준히 아이 이름으로 일정 금액을 기부할 예정이다.

돈이 없어서 아이에게 "돈, 돈" 하는 엄마가 아닌, 돈을 이야기하지 않아도 되는 부자 엄마가 되고 싶다. 부자가 되기 위해 책을 읽고, 공부하고, 현장에 나가 배우는 엄마의 모습을 자연스럽게 받아들여 아이 또한 밥을 먹는 것처럼 책을 읽고, 공부하고, 현장에 나가 배우는 습관을 익혔으면 좋겠다. 나의 성공 사례와 실패 사례, 그 속에서 배웠던 교훈들을 숨김없이 이야기해주며 부자처럼 생각하고 부자처럼 행동하도록 도와주고 싶다. 글의 마지막은 내가 끊임없이 도전할 수 있게 도와준 글귀로 마무리하고자 한다.

지금부터 20년 뒤 당신은
잘못해서 후회하는 일보다는
하지 않았기 때문에 후회하는 일이 더 많을 것이다.
그러니 밧줄을 던져 버려라.
안전한 항구에서 벗어나 멀리 항해하라.
무역풍을 타고 나아가라.
탐험하라. 꿈꿔라. 발견하라.

– 마크 트웨인

아이에게 알려줄 수 있는 돈 관리 노하우

① 아이 이름의 통장을 만든다

아이가 말로 표현할 수 있는 나이라면 통장을 만들기 전 아이와 충분히 이야기하고 통장 발급에 직접 참여할 기회를 준다. 아이가 이해하지 못하더라도 상황을 차분하게 설명해준다. 시중은행 중에서는 아이가 생애 첫 통장을 만들 때 혜택을 주는 곳도 있으므로 기회를 놓치지 말자.

나의 경우 아이에게 들어오는 모든 돈은 입출금통장(일명 '부자통장'이라고 이름 붙임)으로 먼저 모으고 지정된 날에 주택청약저축과 적금통장으로 자동이체를 신청했다. 적금이 만기되면 그 돈으로 예금 혹은 펀드에 투자하거나 주식을 사줄 예정이다. 아이에게 만들어줄 수 있는 일명 '4가지 통장'은 다음과 같다.

입출금통장 (부자통장)	양가 어르신과 친척들, 정부에서 주는 돈 등 아이에게 들어오는 모든 돈은 이 통장에 먼저 넣는다.
주택청약통장 (내집마련통장)	성인이 되어 새 아파트 청약을 할 수 있는 기회를 가질 수 있다.
적금통장 및 예금통장	적금은 보통 1~3년 등 단기목적용으로 종자돈을 모으는 방법이다. 적금을 시작하기 전 이 돈이 모이면 무엇을 하고 싶은지, 몇 년으로 적금할지, 혹은 자유적금인지 정기적금인지 아이와 함께 정한다. 만기가 되면 이자를 받을 수 있음을 보여주고, 목표를 달성한 것에 대한 칭찬과 선물을 통해 적금의 기쁨을 느끼게 해 준다. 적금이 만기되었을 때 이자를 소비해 버리지 말고 입출금 통장의 돈과 합쳐 예금하는 방법을 알려준다.
펀드 또는 주식 계좌	펀드나 주식은 손실 위험이 있기에 장기적으로 접근해야 한다는 것을 알려준다. 적립식으로 할지 혹은 거치식으로 맡겨 둘지는 아이와 함께 정한 후 시작한다. 정기적금이 만기된 돈을 이용해서 주식을 한 주씩 사주는 것도 장기적인 측면에서 좋은 방법이다.

미성년자 아이들은 직접 돈을 벌기보다 부모님이나 친지들로부터 받는 경우가 많다. 이 부분은 증여와 관련되기에 주의해야 한다.

참고로, 자녀에게는 10년에 한 번씩 증여과세공제로 증여세 없이 증여를 할 수 있는데 가령 1세에 2,000만 원을 증여했다면 11세에 2,000만 원, 21세에 5,000만 원, 31세에 5,000만 원까지 증여할 수 있다. 증여는 세무서에 신고를 해서 투명하게 관리할 필요가 있다.

② 정기적으로 용돈을 주고 용돈기입장을 쓰게 한다

초등학교 저학년이면 일주일에 한 번, 고학년부터는 2주일에 한 번씩 용돈을 주고 중학교 때부터는 한 달에 한 번 지정일에 용돈을 주어 기간 내에 돈을 아껴 쓰는 방법을 알려준다. 또 스스로 일을 하거나(세차, 아빠 구두닦이 등), 어려운 친구를 돕거나, 외할머니의 농사일을 돕는 등 외부적으로 일을 했을 때는 보너스로 용돈을 벌 수 있다는 사실도 알려준다.

단, 공부를 열심히 하거나 아빠 엄마 심부름을 하는 것은 학생과 가족 구성원의 역할(의무)에 해당하기에 보너스를 주지 않고, 칭찬을 해주거나 칭찬 스티커를 활용하여 소원을 들어주는 식으로 보상한다.

아이의 성향에 따라 관리법은 다를 수 있다. 이 방법은 돈을 버는 것이 얼마나 어려운 일인지 알려주고 합리적인 소비 습관을 들일 수 있도록 도와주는 것이 목표이다.

또한 전체 용돈을 100으로 생각했을 때 조그마한 돈, 가령 10분의 1이라도 기부하는 습관 역시 길러주도록 하자.

③ 정기적으로 자산상태표와 현금흐름표를 통해 가계의 흐름을 의논한다

나는 모바일 및 인터넷 가계부를 이용해 수입 · 저축 · 지출 내역을 기록하고, 이를 출력해서 분류한 후 월별로 자산상태표와 현금흐름표를 작성해 파일로 만든다. 그리고 남편과 함께 파일을 보면서 이야기를 나눈다.

아이가 있기 전까지는 둘이서 했지만 이젠 아이가 함께 있을 때 이야기를 한다. 지금은 어려서 알 수 없겠지만 아이가 자신의 생각을 표현할 수 있을 때에는 이 파일로 가족회의를 하고자 한다. 우리 집 재정 상태와 한 달 예산과 실적은 어떻게 되는지 이야기함으로써 아끼고 저축하는 습관, 합리적인 소비 습관이 몸에 배도록 도와주고 싶다.

우리 가족의 자산상태표와 현금흐름표 예시

일정시점의 자산과 부채를 나타낸 표

자 산			부 채		
구 분	세부항목	금 액 (단위:만원)	구 분	세부항목	금 액 (단위:만원)
현금성 자산	현금		부 채	마이너스 통장	
	보통예금			신용카드 잔액	
	CMA/MMF			할부금	
	기타 현금성 자산			주택담보대출	
	현금성 자산 계	만원		기타 부채	
투자 자산	정기예적금		총 부 채		만원
	수익증권(펀드)				
	채권				
	주식				
	기타 투자 자산				
	투자 자산 계	만원			
은퇴 자산	일반 연금보험				
	개인 연금저축/보험				
	퇴직연금				
	기타 은퇴 자산				
	은퇴 자산 계	만원			
사용 자산	주거용 부동산		순자산		만원
	임차보증금				
	자동차				
	기타 사용 자산				
	사용 자산 계	만원			
총 자 산		만원			

일정기간동안의 현금흐름을 나타낸 표

수 입			지 출		
구 분	세부항목	금액 (단위:만원)	구 분	세부항목	금액 (단위:만원)
고정수입	본인 근로소득		저축 및 투자	정기적금	
	배우자 근로소득			장기주택마련저축	
	이자/배당소득			개인연금/보험	
	사업소득			저축성보험	
	임대소득			변액연금/유니버셜	
	연금소득			적립식펀드	
	기타 소득			기타	
	고정수입 계	만원		저축 및 투자 계	만원
비정기수입	비정기수당		고정지출	대출상환액	
				소득세	
				세금/공과금	
				각종관리비	
				보장성보험료	
				기타	
				고정지출 계	만원
			변동지출	피복비	
				식비/외식비	
				교통비	
				통신비	
				교육비	
				기타	
	비정기수입 계	만원		변동지출 계	만원
총 수 입		만원	총 지 출		만원

그리고, 남은 이야기들

사회 시작을 앞둔 자식이 있다면, 부모로서 무슨 이야기를 들려주어야 할까. 자식이 몇 살이든, 어디에서 무엇을 하고 있든 말이다.

"아들아, 공부하기 힘들지? 남들 다 가는 대학에 그렇게 목 맬 필요는 없단다. 아빠는 서른 살 중반이 넘어서야 대학 졸업장을 받았지만, 별거 없더라. 하고 싶은 게 생기니 공부는 시키지 않더라도 하게 되더라.

아들아, 경험을 쌓아라. 알바를 해도 좋고, 해외여행을 다녀와도 좋다. 집에만 있는 책쟁이가 되지 마라. 밖으로 나가라."

어쩌면 사실, 나한테 하는 말이다.

– 상상력부자

집? 안 사기로 했으면 평생 안 사도 된다. 하지만 그게 아니라면, 필요하니까 차를 사듯이 살아가는 데에 꼭 필요한 집도 웬만하면 사면 좋겠다. 이제 우리 나

이는 서른여섯, 내 집이 있어야 할 때가 되었다. 우리의 이야기가 여러분의 내 집 장만에 조금이나마 용기를 주었으면 한다.

집을 살 수 있도록 부채질해 준 아내에게 고마움을 전한다. 아내가 아니었다면 내가 신혼집을 살 이유가 없었을 것이다. 가시야, 사랑해♡

– 바를공반운

남은 말은 딱 하나.

여덟 명의 동료 작가 겸 친구들, 이 책을 함께 만들 수 있어서 영광이었다.

– 돈읽녀

가족과 함께할 시간이 도무지 없는 일상, '월화수목금금금'의 직장 생활을 하면서 '내 삶이 이래도 되는 건가'라는 생각을 많이 했다. 아이가 태어나면서 그런 생각은 더욱 강해졌다. 하지만 당장 먹고는 살아야 했기에 직장생활에 목맬 수밖에 없었다. 그러다가 부동산 투자를 알게 됐고, 한동안 부동산 투자에 미쳐 있었다.

그리고 그곳에서 새로운 길을 찾았다. 36세, 지금의 나는 인생의 전환점을 맞이하고 새로운 인생을 준비하고 있다.

당신도 얼마든지 가능하다. 도전하시라!

– 드리머

그저 가족들과 평범하고 행복하게 살고 싶다. 작은 집에서 맛있는 음식을 먹으며 책과 영화를 보면서 즐거워하고, 종종 운동으로 땀 흘리며 살고 싶다. 오늘